湖北省学术著作
Hubei Special Funds for
Academic Publications
出版专项资金

司法改革背景下我国民事诉讼运行机制完善研究丛书／总主编　占善刚

民事诉讼身份关系案件审理程序研究

郝晶晶　著

WUHAN UNIVERSITY PRESS
武汉大学出版社

图书在版编目(CIP)数据

民事诉讼身份关系案件审理程序研究/郝晶晶著.—武汉:武汉大学出版社,2021.11

司法改革背景下我国民事诉讼运行机制完善研究丛书/占善刚总主编

湖北省学术著作出版专项资金资助项目

ISBN 978-7-307-22600-5

Ⅰ.民… Ⅱ.郝… Ⅲ.民事诉讼—研究—中国 Ⅳ.D925.104

中国版本图书馆 CIP 数据核字(2021)第 197374 号

责任编辑:张 欣　　　责任校对:汪欣怡　　　版式设计:马 佳

出版发行:**武汉大学出版社** （430072　武昌　珞珈山）
（电子邮箱:cbs22@ whu.edu.cn　网址:www.wdp.com.cn）

印刷:武汉中远印务有限公司

开本:720×1000　1/16　印张:14.75　字数:212 千字　插页:2

版次:2021 年 11 月第 1 版　　2021 年 11 月第 1 次印刷

ISBN 978-7-307-22600-5　　定价:88.00 元

总　序

民事诉讼乃为解决民事纠纷而设的司法程序。为妥当地解决民事纠纷，在民事诉讼运行的不同阶段，除应恪守各自固有的程序规范外，更应自觉遵循民事诉讼的基本原理。各国民事诉讼立法虽然具有各自不同的具体程序设计，但蕴含的基本法理是共通的。譬如，各国民事诉讼立法殆皆将处分权主义、辩论主义奉为民事诉讼运行的圭臬，将直接原则、言辞原则立为民事诉讼程序展开的基石。

自 1999 年最高人民法院颁行第一个司法改革五年纲要迄今，中国的司法改革已推行二十余载。从最初的民事审判方式改进、举证责任的落实到近来的互联网法院、诉讼电子化，我国民事诉讼总体上已由职权主义转向当事人主义。在民事诉讼运行中，体认并遵守处分权主义、辩论主义的本旨，明了并贯彻直接原则、言辞原则的要义已成为我国民事诉讼学者与法律职业共同体的共同鹄的。在当前司法改革的大背景下，立足于立法论及解释论，进一步探究民事诉讼运行的基本法理，并就我国民事诉讼运行机制的完善提出科学的学术方案是吾人责无旁贷之职责。受湖北省学术著作出版专项资金项目资助，笔者主持完成的《司法改革背景下我国民事诉讼运行机制完善研究丛书》正是因循这一思路的学术成果。

《司法改革背景下我国民事诉讼运行机制完善研究丛书》以民事诉讼运行原理与我国民事诉讼运行机制的完善为立论基点，分别研究了民事诉讼运行的内在机理及各具体制度良性运作应有的逻辑起点与妥当路径。本丛书共计九册，具体如下：

1. 占善刚博士的《民事诉讼运行的内在机理研究》以程序的整体推进为视角，对民事诉讼运行应遵循的基本法理做了深入的比较法研究；

2. 刘显鹏博士的《民事证明制度改革的架构与径路研究》宏观分析了我国民事诉讼证明制度存在的问题，指出了我国民事证明制度应有的改革方向；

3. 朱建敏博士的《民事诉讼请求研究》厘定了我国民事诉讼请求的特有意涵，探讨了诉讼请求与诉讼标的在规范层面与实务中的不同功能；

4. 杨瑜娴博士的《民事诉讼鉴定费用制度研究》阐释了民事诉讼鉴定费用的性质、构成及给付路径，提出了完善我国民事诉讼鉴定费用制度的建议；

5. 刘丹博士的《民事诉讼主张制度研究》以主张内涵的界定为逻辑起点，缕析了民事诉讼中主张的类型及机能，提出了完善我国主张制度的建议；

6. 郝晶晶博士的《民事诉讼身份关系案件审理程序研究》立足于身份关系诉讼与财产关系诉讼之二元论，讨论了如何科学设计民事诉讼身份关系案件审理程序；

7. 刘芳博士的《民事诉讼担保制度研究》全面梳理了诉讼担保的性质、特征、类型，指出了完善我国民事诉讼担保制度的建议；

8. 黄鑫淼博士的《民事诉讼发回重审制度研究》以发回重审与程序违法之关系为主线，探讨了构成发回重审事由的条件，界分了发回重审事由的类型；

9. 倪培根博士的《民事诉讼听审请求权研究》阐明了听审请求权在民事诉讼中的确立依据，在我国民事诉讼规范中的体现以及未来的改进方向。

需要特别提及的是，《司法改革背景下我国民事诉讼运行机制完善研究丛书》从最初的项目策划到最后的顺利付梓都倾注了武汉大学出版社张欣老师的心血，没有他的辛苦付出，丛书的面世断无可能。在此对张欣老师表示最真挚的谢意！

占善刚

2020 年 1 月 1 日

于武汉大学珞珈山

目　　录

导　论

一、问题的缘起

身份关系纠纷是指特定的自然人在身份关系方面的一种权利义务纠纷，其不仅涉及当事人双方，而且事关社会安定和公序良俗，故不同于财产法上的法律关系，需要对当事人的自由处分进行限制。同时，与普通民事纠纷相比，身份关系纠纷更多地涉及感情、伦理、道德、隐私等诸多问题，也就决定了其不宜适用与普通民事案件完全相同的程序规则，有必要对身份关系纠纷设置专门的解决机制。

从实体法角度来看，民事法律关系包括财产关系及身份关系两类，与民法上财产法与身份法之分类相对应的，民事诉讼程序也相应地分为财产关系之诉讼程序和身份关系之诉讼程序两类。财产关系纠纷仅涉及双方当事人的利益，多不涉及第三人利益或社会公益的问题，故当事人对其享有充分的处分权；后者往往牵涉社会公益，当事人的处分权会受到严格的限制甚至排斥。根据程序相称原理，[1] 对财产关系纠纷和身份关系纠纷应设置不同的解决机制。域外主要国家和地区除了针对财产关系纠纷规定普通诉讼程序外，还针对身份关系纠纷规定了专门诉讼程序，即人事诉讼（或家事诉讼）程序。

---

[1]　据此原理，程序的设计应当与案件性质、争议金额、争议事项的复杂程度等因素相适应，以求使案件得到妥当的处理。参见刘敏：《论我国民事诉讼法修订的基本原理》，载《法律科学》2006 年第 4 期。

　　反观我国民事诉讼领域，民事司法改革的实践探索已开展了若干年，并取得了许多重大进展，以当事人为主导的诉讼模式已在我国基本确立，当事人主导诉讼、尊重当事人的程序主体地位、保障当事人程序性权利的行使和实现等已经成为我国民事司法的重要理念。然而，这一司法改革是以完善偏重解决财产关系纠纷的普通诉讼程序为出发点的，故而在改革的过程中忽略了不同类别民事案件的个性特征。随着改革的深化，人们逐渐认识到，原本与身份关系案件性质相称的诉讼原理如法官职权主义、处分原则的限制、裁判的对世效力等正随着这场司法改革的推进而被不当削弱，用普通民事诉讼程序来解决身份关系纠纷已在理论支撑和实践操作上日渐显露出彼此矛盾和不尽协调。

　　当前，在我国法院处理的涉及身份关系的民事案件中，婚姻家庭案件所占的比重较大，例如：2014 年全国各级法院审结的一审民事案件 522.8 万件，其中婚姻家庭、抚养继承等案件 161.9 万件，占同期审结一审民事案件总数的 30.96%。① 根据《民法典》的相关规定，婚姻家庭、抚养继承等案件具体包括婚姻诉讼案件、离婚后夫妻共同财产分割案件、未成年子女的抚养案件、扶养案件、赡养案件、收养案件、遗产继承案件、亲子关系案件、监护案件、认定无民事行为能力和限制民事行为能力案件等。上述案件有的是财产型争议，有的是身份型争议，有的则根本没有权利义务争议。② 其中，财产型争议适用普通民事诉讼程序处理；没有权利义务争议的案件适用非讼程序处理；而身份型争议案件的自身性质决定了其应当适用专门的诉讼程序，婚姻诉讼案件、亲子关系案件、

---

　　① 周强：《最高人民法院工作报告——2015 年 3 月 12 日在第二届全国人民代表大会第三次会议上》，载《人民法院报》2015 年 3 月 21 日第 1 版，总第 6270 期。

　　② 有些婚姻诉讼案件如离婚诉讼中也会涉及夫妻财产分割问题从而兼有身份型争议和财产型争议，在此类案件的审理中，针对身份型争议，应当适用婚姻诉讼程序之法理与规则；针对财产型争议，则适用普通民事诉讼法理与规则即可。

收养关系案件即是其中最具代表性的案件类型。①

　　目前我国的身份关系诉讼依附于普通民事诉讼制度，这一模式已不能适应身份关系诉讼程序的理论和实践发展的需要。当前我国以婚姻关系纠纷为主的身份关系纠纷呈现高发态势，而且婚姻家事案件本身较为复杂，结合域外发达国家和地区的立法技术与司法制度，总结我国有关身份关系诉讼的已有程序规定及实践经验，设立我国专门的身份关系诉讼程序势在必行。

二、立法背景

　　现行《中华人民共和国民事诉讼法》（以下简称《民事诉讼法》）涉及身份关系纠纷的特殊程序规定共有 7 个条款，分别为身份关系特殊地域管辖（第 22 条）、离婚诉讼代理（第 62 条）、调解和好的离婚案件和维持收养关系案件可不制作调解书（第 98 条第 1 款）、特定条件下的离婚案件和收养关系案件不予受理（第 124 条第 7 款）、离婚案件依申请不公开审理（第 134 条）、离婚案件判决宣告的特殊规定（第 148 条）、离婚判决不得再审（第 202 条）、离婚及收养关系案件终结诉讼的特殊情形（第 151 条第 3 款）。其中有一条涉及婚姻诉讼程序的独特规定，即第 202 条："当事人对已经发生法律效力的解除婚姻关系的判决、调解书，不得申请再审。"该项规定早在我国 1991 年施行的《民事诉讼法》（仍为"现行《民事诉讼法》"）中即已存在。② 上述规定不仅数量较少，且在内容上多是涉及婚姻纠纷和收养纠纷，对其他身份关系案件的特殊程序规则几未涉及。

　　2015 年《最高人民法院关于适用〈中华人民共和国民事诉讼法〉的解释》（以下简称《民诉法解释》）中，关于婚姻诉讼方

---

　　①　需要指出的是，在与婚姻家庭有关的身份型争议中，"重婚"这一事由不仅是判断夫妻感情确已破裂继而判决离婚的情形之一，同时可能在满足法定要件的前提下构成《中华人民共和国刑法》上的"重婚罪"而涉及刑事诉讼程序。该种情形不在本书的讨论范围之内。

　　②　1991 年《民事诉讼法》第 181 条规定："当事人对已经发生法律效力的解除婚姻关系的判决，不得申请再审。"

面有别于 1991 年最高人民法院出台的《民诉法适用意见》的规定有两处，分别是第 297 条关于第三人撤销之诉①以及第 329 条关于二审法院一并审理离婚请求②的相关内容。

在我国的民事实体法及相关司法解释，也涉及了对婚姻诉讼程序等身份关系纠纷的特殊规定：经 2001 年修订的《婚姻法》对离婚案件的调解和提起离婚诉讼的限制等方面作了规定，并正式引入了"婚姻无效"制度和"可撤销婚姻"制度。对于这些实体法上的变化，《民事诉讼法》及其司法解释在其后的修改中均未涉及。2001 年 12 月 27 日起施行的《最高人民法院关于适用〈中华人民共和国婚姻法〉若干问题的解释（一）》（以下简称《婚姻法解释（一）》）则明确规定了申请婚姻无效的主体，对申请婚姻无效案件不适用调解。2004 年 4 月 1 日起施行的最高人民法院《关于适用中华人民共和国婚姻法若干问题的解释（二）》（以下简称《婚姻法解释（二）》）继续扩充了对申请婚姻无效程序的规定。③ 2011 年 8 月 13 日起施行的《最高人民法院关于适用〈中华人民共和国婚姻法〉若干问题的解释（三）》（以下简称《婚姻法解释（三）》）进一步完善了婚姻无效的申请以及撤销结婚登

---

① 第 297 条规定："对下列情形提起第三人撤销之诉的，人民法院不予受理：……（二）撤销或者解除婚姻关系等判决、裁定、调解书中涉及身份关系的内容。"

② 第 329 条规定："一审判决不准离婚的案件，上诉后，第二审人民法院认为应当判决离婚的，可以根据当事人自愿的原则，与子女抚养、财产问题一并调解；调解不成的，发回重审。双方当事人同意由第二审人民法院一并审理的，第二审人民法院可以一并裁判。"

③ 第 5 条规定，夫妻一方或者双方死亡后一年内，生存的一方或者利害关系人依据《婚姻法》第 10 条的规定申请宣告婚姻无效的，人民法院应当受理。第 6 条规定，利害关系人依据《婚姻法》第 10 条的规定，申请人民法院宣告婚姻无效的，利害关系人为申请人，婚姻关系当事人双方为被申请人；夫妻一方死亡的，生存的一方为被申请人；夫妻双方死亡的，不列被申请人。第 7 条规定，人民法院就同一婚姻关系分别受理了离婚和申请宣告婚姻无效案件的，对于离婚案件的审理，应当待申请宣告婚姻无效案件作出判决后进行。

记的"双轨制"。① 2020 年《民法典》婚姻家庭编对婚姻身份关系案件之特殊规则在上述规定的基础上作了较大幅度的调整：修改禁止结婚的条件，不再禁止"患有医学上认为不应当结婚的疾病者"缔结婚姻；修改了因受胁迫请求撤销婚姻的受理机关和受理时限；② 新增患有重大疾病未如实告知的可撤销婚姻的规定，赋予疾病婚姻之善意主体的知情权；在婚姻无效或被撤销的法律后果上，确立婚姻无效或被撤销的无过错方之损害赔偿请求权；增加准予离婚的法定理由：经人民法院判决不准离婚后，双方又分居满一年，一方再次提起离婚诉讼的；将"有其他过错"增加为离婚赔偿请求的法定情形。

其他涉及身份关系的主要程序性规定还有 1989 年最高人民法院颁布的《关于人民法院审理离婚案件如何认定夫妻感情确已破裂的若干具体意见》（以下简称《感情破裂具体意见》）列举了14 种可视为夫妻感情确已破裂的判断标准之具体情形。2002 年 4 月 1 日起施行的最高人民法院《关于民事诉讼证据的若干规定》（以下简称《证据规定》）第 8 条规定了自认不适用于身份关系案件。③ 2003 年 12 月 1 日起施行的最高人民法院《关于适用简易程序审理民事案件的若干规定》（以下简称《简易程序规定》）要求人民法院审理婚姻家庭案件，应当在开庭审理时先行调解。

从上述规定来看，我国以婚姻诉讼程序为主的身份关系案件之审理程序的规定很不完善：其一，立法规定较为散乱，不具有系统性，相关规定散布于实体法和程序法以及它们的司法解释之中，具

---

① 第 1 条规定，当事人以《婚姻法》第 10 条规定以外的情形申请宣告婚姻无效的，人民法院应当判决驳回当事人的申请。第 2 条规定，当事人以结婚登记程序存在瑕疵为由提起民事诉讼，主张撤销结婚登记的，告知其可以依法申请行政复议或者提起行政诉讼。

② 将"受胁迫的一方可以向婚姻登记机关或人民法院请求撤销该婚姻"修改为"受胁迫的一方可以向人民法院请求撤销婚姻"；受胁迫请求撤销婚姻的期限由"自结婚登记之日起一年内提出"改为"自胁迫行为中止之日起一年内提出"。

③ 该项规定在 2020 年《证据规定》中仍予保留。

体规则混杂在通常的诉讼程序中，特有的程序法理尚未形成。其二，相关规定较为原则、抽象，例如：《简易程序规定》中关于婚姻家庭案件之先行调解只有原则性规范，对于调解的案件范围及具体步骤并未明确。其三，已有规定中存在不合理之处，例如关于解除婚姻关系的判决、调解书不可再审的规定，由此创制了通过再审程序纠正错误判决、调解书的例外，这一规定是否合理？确有错误的离婚判决、调解书应当如何救济？诸如此类的问题，目前尚待研究解决。

从立法及司法现状不难看出，婚姻诉讼案件在我国的民事诉讼身份关系案件中占据绝对的优势地位。国内学者多以"人事诉讼"或"家事诉讼"为关键词研究身份关系诉讼程序，鲜有学者专门研究"婚姻诉讼程序"。本书在总结身份关系诉讼之共性规定及特征的前提下，拟选取"婚姻诉讼程序"为重点论述对象，以此为基础为我国身份关系诉讼程序的构建提出观点及意见。

三、研究意义

（1）从理论层面上讲，对身份关系诉讼程序进行研究，有利于丰富民事程序理论，完善诉讼理论体系。我国的法学理论体系建设虽已取得长足的进步，但不可否认的是，不平衡现象仍然突出：在建构实体法和程序法理论体系的过程中，重实体轻程序的顽疾依旧存在；在程序研究方面也存在重法条解释及实践研究而轻法理研究的现象；即便是在程序法理研究的范围内，也是重普通程序之法理研究，轻特殊程序尤其是身份关系案件的诉讼程序之法理研究。鉴于此，探索身份关系诉讼的特殊程序规则并对其进行系统研究，有利于明确我国身份关系诉讼的特殊程序法理，促进民事程序法理论体系的丰富和发展。①

（2）从规则层面上讲，对身份关系诉讼程序进行研究，可以促进我国民事诉讼程序之相关立法及司法解释的完善。我国身份关

---

① 参见陈爱武：《人事诉讼程序研究》，法律出版社 2008 年版，第 5 页。

系诉讼的立法现状及存在的问题，在前一部分已有列举，婚姻家庭实体法的快速发展，需要有相应的程序规则对其进行保障，如我国现行诉讼程序立法对于《民法典》中婚姻无效、婚姻可撤销制度等新规定均未作出回应。在此背景下，笔者拟针对身份关系诉讼程序领域存在的立法零散、程序法与实体法不匹配、现有程序立法不尽合理等诸多问题进行探究，力求搭设身份关系诉讼程序规则的初步框架，为我国婚姻诉讼乃至身份关系诉讼制度的发展作出力所能及的有益探索。

（3）从实务层面上讲，对身份关系诉讼程序进行研究，可以提升此类纠纷的民事司法水平，为身份关系诉讼案件的顺利解决提供科学的操作样本。我国目前的民事司法改革主要系以普通的民事诉讼程序为基本定位，但司法实践中以婚姻诉讼为主的身份关系诉讼案件早已占据了较大比重，这一实践发展先于既有理论的司法现状，使当事人甚至司法人员在司法实践中遭受了诸多困惑乃至障碍。婚姻家庭领域内的身份关系纠纷实质上是熟人之争、亲人之争，案件中蕴含着情感因素、亲情因素甚至血缘因素，难以轻易"案结事了"。没有科学理论指导的实践是盲目的，构建身份关系诉讼程序，完善理论及规则体系，才能为身份关系诉讼的司法实践提供有力的支撑，妥善处理好婚姻家庭中以身份关系为核心的纠纷，从而防止矛盾的激化，给家庭的和谐稳定带来积极的影响。

四、研究方法

（1）规范分析法。作为法学研究的基本方法，规范分析的方法主要是指依据一定的价值判断和预设目标，对现有法律规范进行剖析，并进一步探讨通过规范之建构而达到这种价值判断和预设目标的步骤。在域外及我国的民事诉讼立法中，身份关系诉讼程序均在相关的法律文本中或多或少地予以体现。本研究将以规范分析法为手段，对域外成功的立法例进行分析借鉴，并对我国现行的相关立法规范进行剖析和检讨，去粗取精，从而提出完善我国身份关系诉讼程序的规则构想。

（2）比较研究法。比较研究法可分为纵向比较法和横向比较法。纵向比较法又称历史研究法，是比较同一法学理论或法律制度在不同时期的形态，从而认识其变化过程，揭示其发展规律。研究身份关系诉讼程序应当追根求源，追溯该制度在我国发展的历史轨迹，探究其中的发展规律，从而揭示该制度的未来走向。横向比较法是对空间上同时并存的法学理论或法律制度的既定形态进行比较。对于身份关系诉讼程序而言，主要是对不同国家和地区对该制度的不同规定予以比较，分析异同，判断各自的优势和缺陷，进而探寻完善我国身份关系诉讼制度的可行路径。

（3）理论与实践相结合的研究方法。理论研究的目的是解决实践中出现的问题，而行之有效的实践则需要成熟的理论作为指导。理论与实践相结合，即是将域外有关身份关系诉讼程序的优秀理论成果与中国国情结合起来，进而针对我国身份关系诉讼之司法实践中存在的棘手问题提出解决方案。本选题将立足现实情况，在充分吸收域外有益理论养分的基础上，提出能够满足我国现实需求、解决我国身份关系诉讼程序之理论及实践问题的建设性意见。

第一章 身份关系诉讼程序概述

第一节 身份关系诉讼概述

一、身份关系与身份权

"身份关系"来源于民法对于社会关系的分类。《民法典》第2条明确规定,民法调整平等主体之间的人身关系和财产关系。即我国民事法律关系包括人身法律关系和财产法律关系,人身法律关系是指自然人之间因人格和身份而形成的法律关系,具体涉及人格权和身份权。不同于财产权,人身权与特定主体的人格与身份密切相连,具有不可转让性,因此,两种权利受到损害的保护方式也有所不同。

早期的"身份权"源于家族、宗法、身份关系的约束,自然人的身份涵盖了其社会地位、家族及资历条件,是一切权力的来源和基础。身份权主要表现为家族内的家父权、家长权等。伴随经济社会的发展,个体权利意识和平等意识增强,身份才逐渐失去了此前的决定性意义。身份不再是权力分配的根据,国家公平地赋予每个人权利和义务。在现代社会,身份关系的意义主要存在于家庭领域。家庭是组成社会的基础细胞,法律应当对其中的民事关系进行规范。《民法典》第112条明确,自然人因婚姻家庭关系等产生的人身权利受法律保护。该条规定宣示了自然人身份权的内涵:身份权仅存在于婚姻家庭亲属身份关系中,权利主体限于自然人,权利客体为特定的身份利益。《民法典》第1001条指出,对自然人因婚姻家庭关系等产生的身份权利的保护,适用总则编、婚姻家庭编等的规定，若无规定的可参照人格权编的内容。《民法典》人格权编的本条规定，首次在民法中明确使用了"身份权"的概念。由此可见，自然人的身份权利大多产生于婚姻家庭关系中，身份关系常与婚姻关系、家事关系紧密相连。①

　　身份关系与婚姻家事关系的紧密联系在我国关于身份权之学理研究上也可见一斑。关于身份权的概念，我国的学理表述基本都与婚姻家庭权利的概念相关。② 有学者认为身份权即为亲属权，③ 也有学者将身份权视为亲属权的上位概念，在亲属权之外，身份权还包括配偶权、亲权、监护权等婚姻家事身份关系中的权利。④《民法典》婚姻家庭编虽未明确使用身份权、配偶权等具体的身份权概念，但其立法安排也提示了身份权的具体范围：本编第三章"家庭关系"分为"夫妻关系""父母子女关系和其他近亲属关系"两节，分别对应配偶权、亲权和亲属权，上述三项权利构成了我国现行民事实体法上的身份权体系。⑤ 因此，我国的身份权应当定义为：自然人在婚姻家庭亲属关系中享有的、与财产利益无关的法定权利。

　　明确了身份权的概念和具体范围，还应关注该类权利相较于财产权利的特有属性。民事主体的身份关系包含内部和外部的双重属性。在家庭内部，身份权的相对性较为突出：随着经济社会的发展和民事主体个人意识的觉醒，封建社会的家长权、夫权等等级特权

---

① 秦思涵：《论身份关系诉讼中第三人的程序保障》，西南政法大学2016年博士论文。

② 段厚省：《论身份权请求权》，载《法学研究》2006年第5期。

③ 王泽鉴：《民法总则》，中国政法大学出版社2001年版，第86页。

④ 王利明：《民法总则研究》，中国人民大学出版社2003年版，第209页。

⑤ 也有学者认为，身份权体系还应包括监护权。鉴于父母子女之间的监护关系和亲属之间的监护关系是配偶权、亲权和亲属权的当然内容之一，此处的监护权应作限缩解释，仅限于配偶权、亲权和亲属权之外的监护关系，包括其他近亲属、居委会、村委会、民政部门等为监护人的监护关系。以上主体和被监护人不存在亲属身份关系，但是存在法律拟制的身份关系。段厚省：《论身份权请求权》，载《法学研究》2006年第5期。

日渐瓦解，随着各家庭主体的权利意识和平等意识的提高，家庭成员之间平等的权利义务关系开始明朗，身份权的相对性在婚姻家庭关系内部确定下来。一方主体身份权的行使需要另一方主体相应义务的履行，权利义务关系的相对性和平等性是自然人身份权的显著特征。在家庭外部，身份权与人格权均属于人身法律关系，具有对世性的共同特征：特定家庭关系中的自然人中对其身份权享有绝对的占有和支配权力，身份关系主体外的第三人负有不得侵害该种权利的法定义务。因此，身份权在权利性质上是相对权和绝对权的统一体，具有对内对外双重属性。

二、身份权案件的界定

我国身份权制度在现有立法中基本由《民法典》《民事诉讼法》《未成年人保护法》等法律法规及相关司法解释进行规制，可能发生纠纷的身份权案件因具体权利的不同而呈现不同的内容，总体上仍有财产类案件和身份类案件之分。

（一）配偶权及配偶权案件

《民法典》第 1041 条明确，我国实行婚姻自由、男女平等的婚姻制度。《民法典》婚姻家庭编对我国的婚姻制度作出了全面的规定，虽然在立法中未直接提出"配偶权"的概念，但相关法条及司法解释已基本呈现了我国婚姻双方当事人配偶权的具体内容。第一，结婚自由和离婚自由权。与婚姻关系的产生、变更、消灭相关的诉讼案件是我国婚姻诉讼纠纷的最主要内容，包括婚姻无效之诉、可撤销婚姻之诉和离婚之诉。第二，同居权。《民法典》第 1042 条第 2 款规定，禁止有配偶者与他人同居。同居关系从形式上表现为夫妻双方持续、稳定的共同居住，实质上是要求夫妻在共同生活中相互扶持。目前我国的婚姻诉讼中没有单独的同居关系之诉，夫妻一方的同居权受到侵害时，仅能据此提起离婚诉讼。此外，有配偶者与他人同居的，无过错方可申请离婚损害赔偿。第三，忠实义务。我国实行一夫一妻制的婚姻制度，《民法典》第 1043 条第 2 款规定，夫妻应当互相忠实、互相尊重、互相关爱。目前，对于不负忠实义务等不道德行为的规制方式同样是无过错方当事人的离婚损害赔偿请求权。第四，家事代理权。该项权利是《民法典》的新增内容，第 1060 条规定，夫妻一方因家庭日常生活需要而实施的民事法律行为对双方发生效力，夫妻一方与相对人另有约定的除外。除此之外，自然人基于配偶身份关系享有的权利义务还包括生育权、相互继承权、扶养义务等。

（二）亲权相关的身份权案件

亲权保护的相关规定主要集中于《民法典》《未成年人保护法》《义务教育法》等法律及司法解释中。《民法典》第 27 条是关于亲权的原则性规定，内容为"父母是未成年子女的监护人"。与亲权保护相关的规定集中于《民法典》婚姻家庭编，包括抚养费给付请求权和探望障碍排除请求权。《民法典》第 1067 条规定，父母不履行抚养义务的，未成年子女或不能独立生活的成年子女可要求父母给付抚养费。《民法典》第 1086 条第 1 款规定，离婚后不直接抚养子女的一方父或母有探望子女的权利，另一方有协助的义务。除亲生子女外，因收养事实而形成的亲权关系之保护也适用上述规定。《民法典》第 1111 条明确，自收养关系成立之日起，养父母与养子女的关系适用本法关于父母子女关系的规定。除此之外，司法实践中出现较多的与亲权相关的身份关系案件主要有亲子关系确认之诉、收养无效之诉、撤销收养之诉、解除收养关系之诉等。

《民法典》总则编第二章"自然人"第二节（第 26-39 条）对民事实体法中的监护关系作出了系统规定。关于监护权之权利救济的内容主要包括：监护人不履行监护职责或侵害被监护人合法权益的，应承担法律责任；对于怠于履行义务的监护人，法院可根据个人或组织的申请，撤销其监护权。

（三）亲属权相关的身份权案件

根据《民法典》第 1067 条的规定，父母不履行抚养义务的，未成年子女或虽成年但不能独立生活的子女可要求不履行抚养义务的父母给付抚养费；对于不履行赡养义务的成年子女，缺乏劳动能力或生活困难的父母享有赡养费请求权。《民法典》第 1075 条规定，未成年弟、妹对有负担能力的兄、姐享有扶养费请求权，无劳动能力和生活来源的兄、姐对由其扶养长大的弟、妹享有扶养费请求权。《民法典》第 1118 条对解除收养关系的养父母子女之间的抚养费给付作出规定，缺乏劳动能力和生活来源的养父母对成年养子女享有生活费请求权；成年养子女有虐待遗弃养父母情形的，养父母对其享有抚养费补偿请求权。由此可见，亲属权相关的身份权案件以抚养费、赡养费等费用请求权为主要表现形式。

（四）民事诉讼身份关系案件的具体范围

综上所述，从民法之身份权的概念和范围出发，可梳理出我国民事身份权案件的主要内容：婚姻关系诉讼、亲子关系诉讼、收养关系诉讼以及与之相关的赡养义务、扶养义务、抚育义务纠纷。上述纠纷中既有身份关系纠纷，又有自身份权纠纷引发的财产关系纠纷，如赡养费、扶养费、抚育费纠纷等。本书的论证对象是民事诉讼中的身份关系案件，考虑到财产关系纠纷与身份关系纠纷在诉讼原理和规则上的差异，对身份权纠纷中相关费用的给付请求不做重点研究。研究范围限定于因身份权引发的以特定身份关系为诉讼标的的民事案件，包括：婚姻关系诉讼（婚姻无效之诉、婚姻撤销之诉、离婚之诉），亲子关系诉讼（亲子关系确认之诉），收养关系诉讼（收养无效之诉、解除收养关系之诉）。在上述身份关系案件中，婚姻诉讼案件在现有法规数量、理论研究基础和审判实践需求方面都占据优势地位，笔者对身份关系诉讼原理和审判程序的研讨也主要以婚姻诉讼案件为对象进行展开。

第二节　身份关系诉讼相关概念辨析

一、身份关系诉讼与婚姻诉讼

1. 婚姻诉讼的概念

婚姻诉讼是以特定内容为标的的诉讼类型，其并非一个严格意义上的法律概念，我国迄今为止在立法及学理上均未对"婚姻诉讼"作出权威的界定。从字面意义上看，婚姻诉讼是指以婚姻关系为诉讼标的的一类诉讼。"婚姻，是男女双方以永久共同生活为目的，以夫妻的权利和义务为内容的结合。"① （随着社会的发展和宽容度的增加，在域外一些国家和地区承认了同性婚姻的合法性。我国的婚姻实体法中尚不承认其为合法，因此本书对于"婚姻"这一概念仍仅限于异性婚姻。应当注意的是，本书对婚姻诉讼程序的探讨不因婚姻双方为异性或同性而有所区别，即便日后我国立法上承认同性婚姻的合法性，其在婚姻诉讼程序之适用上也不存在障碍）。此种结合便形成了夫妻之间的婚姻法律关系，这在本质上是一种身份关系，夫妻双方在财产上的权利义务则是附随于其身份上之权利义务的。② 以婚姻关系为诉讼标的，便要涉及婚姻关系的产生、变更及消灭。依据我国《婚姻法》的规定，婚姻关系的产生采用形式婚主义，且采取登记制，男女双方在婚姻登记机关依法进行结婚登记，取得结婚证，即确立了婚姻关系。③ 婚姻登记不仅是婚姻成立的特殊形式要件，而且是唯一的形式要件，因此婚姻关系的成立并不涉及民事诉讼程序。与此同时，我国的婚姻关系采一夫一妻原则，④ 同一个合乎法定条件的自然人在特定的时间段以内仅允许存在唯一的婚姻关系。婚姻关系仅有存在或消灭两种状态，因此，婚姻关系的变更即意味着既存婚姻关系的消灭。我国关于婚姻诉讼的立法规定目前主要集中在《婚姻法》及相关司法解释中，在程序法上则仅有零星出现。《婚姻法》自 1950 年颁布至今，先后经历了 1980 年和 2001 年两次修改，现被《民法典》婚姻家庭编继受。主要涉及婚姻家庭生活中可能发生的以下纠纷：解除非法同居关系纠纷、婚姻无效纠纷、可撤销婚姻纠纷、夫妻财产关

① 杨大文：《亲属法》，法律出版社 2003 年版，第 66 页。

② 参见杨大文：《亲属法》，法律出版社 2003 年版，第 66 页。

③ 《婚姻法》第 8 条规定："要求结婚的男女双方必须亲自到婚姻登记机关进行结婚登记。符合本法规定的，予以登记，发给结婚证。取得结婚证，即确立夫妻关系。未办理结婚登记的，应当补办登记。"

④ 一夫一妻原则，是指一男一女结为夫妻，互为配偶，任何人不得同时有两个或两个以上的配偶，有配偶者在婚姻终止之前不得再行结婚，一切公开的或者隐蔽的一夫多妻或一妻多夫的两性关系都是非法的。参见余延满著：《亲属法原论》，法律出版社 2007 年版，第 60 页。

系纠纷、离婚纠纷、离婚财产纠纷、离婚损害赔偿纠纷、抚养纠纷、扶养纠纷、赡养纠纷、家庭成员侵害纠纷等。在上述诸项纠纷中，涉及诉讼的关于婚姻关系之变更及消灭的具体诉讼种类有：确认婚姻无效之诉、可撤销婚姻之诉、离婚之诉。

2. 域外人事诉讼的概念

在大多数大陆法系国家和地区，关于自然人身份上权利义务关系的诉讼被称为"人事诉讼"，其最早在 1898 年的《日本人事诉讼程序法》中作为一个专有名词出现。① 由于各国法律制度的差异，即便在大陆法系各国及各地区之间，对人事诉讼这一概念也存在相异的理解。

日本的人事诉讼制度最初的调整范围较为广泛，1898 年颁布的《日本人事诉讼程序法》不仅用于调整身份关系的有关案件，还用于调整禁治产、准禁治产等涉及身份能力的事件。后一类有关身份能力的事件在 1947 年《日本家事审判法》颁布后已经另按家事事件处理。2003 年《日本人事诉讼法》第 2 条规定："人事诉讼是指以身份关系的形成或确认为目的的诉讼。" 由此一来，日本现行的人事诉讼程序便只调整身份关系事件，而不包括身份能力方面的事件。② 我国台湾地区的人事诉讼程序是指以自然人之身份关系或身份能力为标的之特别诉讼程序。③ 该程序的适用范围具体包括婚姻事件、亲子事件、禁治产事件和宣告死亡事件。该程序在"民事诉讼法"中独立成编，以区别于普通诉讼程序。

3. 婚姻诉讼为身份关系诉讼的重要部分

在采取人事诉讼制度的国家和地区，婚姻诉讼均是人事诉讼制度中最重要、最核心的组成部分。如：德国人事诉讼案件的范围即包括婚姻事件、其他家庭事件及同居关系事件；日本在 1898 年

---

① 参见郭美松：《人事诉讼程序研究》，西南政法大学 2005 年博士学位论文，第 8 页。

② ［日］冈恒学、吉村德重：《注释人事诉讼手续法》，青林书院 1987 年版，第 6 页。

③ 参见吴明轩：《中国民事诉讼法》第三版，台湾三民书局出版公司 2013 年版，第 1533 页。

《人事诉讼程序法》中就设专章规定了婚姻案件程序，现行立法中人事案件的范围具体包括婚姻关系案件、收养关系案件、亲子关系案件；我国台湾地区"民事诉讼法"中的"人事诉讼程序编"之第一章即为婚姻事件程序。由此可见，人事诉讼与婚姻诉讼即为包含与被包含的关系：人事诉讼中包含了婚姻诉讼，婚姻诉讼则是人事诉讼程序中最为主要且重要的内容。我国没有人事诉讼的概念，婚姻诉讼与身份关系诉讼的关系亦遵循此种联系，婚姻诉讼是身份关系诉讼中最重要的内容。

二、身份关系诉讼与家事诉讼

1. 家事诉讼的概念

相较于人事诉讼仅在大陆法系若干国家和地区适用，家事诉讼这一概念的适用范围则更为广泛。大陆法系中除了法国、日本及我国台湾地区，其他国家和地区更多地系采用家事诉讼的称谓，英美法系国家，迄今尚无人事诉讼的提法而均采"家事诉讼"的概念。家事诉讼，是指家庭成员以司法程序预防家事纠纷的发生或解决已经发生的纠纷，包括婚姻、亲子、家庭财产等多个方面，范围较为广泛，既可能发生于夫妻之间，也可能存在于父母与子女或其他亲属关系之间。[1]

值得注意的是，英美法系国家所称的家事诉讼与大陆法系所言的家事诉讼在适用范围上并不完全相同，前者的范围要大于后者。英美法系国家一般并未区分诉讼事件和非讼事件，只要是与婚姻家庭相关的案件均可作为家事诉讼的审理对象，其适用范围不仅包括家事身份关系案件，还包括家事财产关系事件以及家庭暴力、流产、生育限制等案件，范围非常广泛。[2] 而大陆法系国家和地区的家事事件则是包括"诉讼事件"和"非讼事件"，主要包括：诉讼

---

[1]　张晓茹：《家事裁判制度研究》，中国政法大学 2004 年博士学位论文，第 2 页。

[2]　参见夏吟兰：《美国现代婚姻家庭制度》，中国政法大学出版社 1999 年版，第 24 页。

事件中的身份关系事件；非讼事件中的监护、继承、禁治产等家事事件；其他与婚姻、家庭密切关联的民事事件，包括财产分割、扶养费请求等。①

2. 身份关系诉讼与家事诉讼的联系

从上述两者的概念中可以看出，家事诉讼和身份关系诉讼均是用于解决婚姻家庭关系中相关纠纷的程序设置。立法中存在这两种诉讼制度的国家和地区将其具体诉讼规则与普通的民事诉讼程序区分开来，在诉讼程序的诸多环节给予特别规定，以便适应婚姻家庭相关案件在性质上的特殊性。两者的适用范围及适用程序存在交叉之处。这一特征尤其体现于兼采家事诉讼程序和人事诉讼程序的若干大陆法系国家和地区，如日本和我国台湾地区等。

关于家事诉讼与身份诉讼的关系，学界尚没有形成统一的认识，学者们的观点并不一致，主要观点有三种：第一种观点并未严格区分这两个概念，认为两者只是在不同国家和地区对婚姻家庭纠纷解决机制的不同称谓，就概念本身来说代表的是同一类诉讼程序。② 持该种观点的学者取家事诉讼最狭义的含义，将其界定为调整婚姻家庭纠纷中特定身份关系的诉讼。另外两种观点均承认二者范围的不同，并且承认家事诉讼的范围远大于身份关系诉讼，其分歧主要在于家事诉讼是否能够完全包含身份关系诉讼。③ 笔者认为，在英美法系国家和地区，因其不存在"人事诉讼"的概念，

---

① 参见郭美松：《人事诉讼程序研究》，西南政法大学 2005 年博士学位论文，第 11 页。

② 如有学者认为："家事诉讼程序在性质上属于诉讼程序，其诉讼标的是基于婚姻家庭而产生的身份关系争议，其诉讼目的就是要形成（包括变更、解除）或确认身份关系。……在日本，与家事诉讼程序相当的程序是日本《人事诉讼法》中的人事诉讼程序……"刘敏：《论家事诉讼程序的构建》，载《南京大学法律评论》2009 年秋季卷，第 128 页。

③ 如有学者认为：人事诉讼的标的仅是家庭身份关系，不涉及家庭财产关系，家事诉讼处理的事件则既包括家事身份关系事件又包括家事财产关系事件，人事诉讼的适用范围要小于家事诉讼的适用范围。参见张晓茹：《家事裁判制度研究》，中国法制出版社 2011 年版，第 11 页。

因此两者的关系也无从谈起；在大陆法系国家和地区，两者的关系也因"人事诉讼"的外延大小而有不同：若人事诉讼只调整身份关系事件，则可以被家事诉讼完全囊括，如日本；若人事诉讼在身份关系事件外，还调整身份能力事件如禁治产事件、宣告死亡事件等，此时的"人事诉讼"便无法被"家事诉讼"的概念所完全包含，如我国台湾地区。

3. 身份关系诉讼与家事诉讼的区别

首先，在适用范围上，采用"家事诉讼"这一概念的国家和地区要多于采用"人事诉讼"的国家和地区；其次，在规制对象上，家事诉讼也明显大于身份关系诉讼，身份关系诉讼与家事诉讼最主要的不同即在于前者仅处理家庭身份关系事件，而后者既处理家事身份关系事件又处理财产关系事件；① 最后，在程序设置上，家事诉讼中不仅包含特殊的诉讼程序，也有一些案件需要适用普通的诉讼程序进行审理，而身份关系诉讼案件一般均按照区别于普通程序的特殊诉讼程序进行审理。

综上所述，根据我国国情，笔者认为家事事件应该是包括婚姻事件、亲子事件、收养事件，宣告死亡、确认当事人无行为能力、确认当事人限制行为能力事件，财产分割、未成年子女监护、抚养费请求等三大类案件在内的关于家庭成员的身份关系、身份能力、财产关系在内的所有民事事件。其中，涉及身份关系的事件即为我国身份关系诉讼，适用特别诉讼程序，而婚姻诉讼程序是其中的重要组成部分；涉及身份能力的事件在我国现行立法中由《民事诉讼法》中的特别程序进行规制；涉及财产关系的事件则可通过普通民事诉讼程序进行规制。

4. 婚姻诉讼与家事诉讼的关系

婚姻关系是家庭关系中极重要的关系之一，婚姻诉讼与家事诉讼同样存在紧密的联系。在采取人事诉讼及家事诉讼并行模式的若干大陆法系国家和地区的立法中，家事诉讼、人事诉讼、婚姻诉讼

---

① 参见张晓茹：《家事裁判制度研究》，中国法制出版社 2011 年版，第 11 页。

表现为广义上的逐级包含关系，而在其他大陆法系及大多数英美法系国家和地区，虽然没有人事诉讼的专门概念，但均未妨碍立法上对于婚姻诉讼的系统规制。如：法国在其《民事诉讼法》第三卷中规定了"关于家庭案件的司法程序"，婚姻案件诉讼程序便是其中的重要部分。与此同时，其实体法《法国民法典》中，第一卷第六编第二章则设有"离婚程序"的详细规定；英国没有专门的家事诉讼程序立法，但却有诸多相关的法令与规则，所涉对象以离婚案件为核心，具体包括离婚、婚姻无效、别居、扶养、同居等；我国香港地区并没有统一的家事诉讼程序法，实践中家事诉讼事项表现为以离婚为核心的家庭案件，依照《婚姻诉讼条例》进行处理。由此可见，在采用家事诉讼制度的国家和地区，不论其家事案件的规制范围大小抑或程序设置繁简，婚姻诉讼均是其中最主要、最核心的诉讼类型，其他的家事诉讼案件大多围绕着婚姻诉讼案件而展开。

三、身份关系诉讼与非讼事件的关系

身份关系诉讼程序区别于普通民事诉讼案件的一个重要特点即为诉讼过程中某些程序的非讼化处理，如采用职权探知主义、不公开审理等，而这一特点在婚姻诉讼中的体现尤为突出。与此同时，身份关系诉讼作为一项诉讼程序，与非讼程序的区分也是很明显的。因此，厘清该类诉讼与非讼程序的关系，对于明确身份关系诉讼的概念和特征具有显著意义。

1. 非讼程序的概念及特征

依照民事诉讼领域的传统法理，根据原告或申请人要求法院裁判的请求是否涉及权益争议，可将广义上的民事案件分为诉讼案件和非讼案件，且有必要在民事诉讼立法中相对应地分别设置诉讼程序与非讼程序。其中，诉讼案件是指平等主体之间的民事权利义务存在争议，需要通过诉讼程序，请求法院居间裁判的讼争案件；①

---

① 参见赵钢、占善刚、刘学在著：《民事诉讼法》（第三版），武汉大学出版社 2015 年版，第 5 页。

而非讼案件则是"利害关系人在没有民事权益争议的情况下，请求人民法院确认某种事实是否存在，从而使一定的法律关系发生、变更或消灭的案件"。① 非讼程序的特殊之处在于其在当事人的处分权、辩论原则、裁判公开原则等规定的适用方面有所保留，而且在一定程度上提倡职权干预主义、职权探知主义、书面主义等原则。②

目前我国非讼程序的相关内容主要规定于现行《民事诉讼法》第十五章"特别程序"之中，案件范围具体包括宣告公民失踪、宣告公民死亡案件，认定公民无民事行为能力、限制行为能力案件，认定财产无主案件，确认调解协议案件、实现担保物权案件、监护人不服指定的案件，失踪人的财产代管人申请变更代管的案件等。

我国没有专门的非讼事件立法，对该类案件的散见规定亦相对简单，但即便如此，非讼案件的自身特征与审判规律仍较为明显：第一，非讼程序的适用对象是非讼案件，其仅就某种法律事实进行确认，如失踪或死亡的事实等，而不涉及对民事权益争议的解决。第二，非讼程序不存在对立的双方当事人，③ 其案件本身通常无权利义务争议，只有申请人，没有被申请人，因此，非讼程序中不设置反诉、辩论等与被告有关的程序。第三，非讼程序中实行职权主义原则。"职权主义原则具体包括职权进行主义和职权探知主义。"④ 职权进行主义是指法院不问当事人的意思如何，依照职权

---

① 江伟主编：《民事诉讼法学原理》，中国人民大学出版社 1999 年版，第 713 页。

② 参见江伟主编：《民事诉讼法学原理》，中国人民大学出版社 1999 年版，第 721 页。

③ 在域外有些国家的非讼程序立法上，某些特殊类型的非讼事件也存在双方当事人，但是其没有民事权益争议，仅是为了预防将来发生纠纷而利用非讼程序的，如夫妻财产契约登记。

④ 江伟主编：《民事诉讼法学原理》，中国人民大学出版社 1999 年版，第 189 页。

进行诉讼之主义,① 职权进行主义与当事人进行主义②相对应。而职权探知主义主要是体现在诉讼资料的搜集方面,具体是指法院对于诉讼资料的搜集拥有主导权,③ 职权探知主义的对应概念是辩论主义。④ 非讼案件往往与公共利益密切相关,会涉及当事人以外的不特定多数人的利益,因而有必要在相关程序设置中对当事人的程序权利进行适当的限制,同时赋予法官较大的自由裁量权,以促使其充分发挥主观能动性、积极进行事实调查而不囿于申请人的陈述范围。第四,非讼案件实行不公开审理。非讼程序仅是为了确认某种事实或法律状态,故不存在公开审理的必要性。第五,非讼程序禁止调解,考虑到非讼程序可能会涉及第三人利益或者社会公益,所以不实行意思自治,进而也不宜适用调解程序。第六,非讼案件系以简易之裁定程序加以处理,并且以裁定方式结案,而诉讼程序则是以较为繁杂的判决程序加以处理,并以判决方式结案。第七,非讼程序裁定对法院的拘束力较弱,相较于诉讼程序注重判决结果的稳定性,非讼程序更强调结果的合目的性和妥当性,故其裁定不具有终局效力,可随时在事实变化或结果错误的情形下进行变更或撤销。⑤

2. 身份关系诉讼与非讼程序的关系

---

① 参见陈计男:《民事诉讼法论》,台湾三民书局出版公司 2006 年版,第 279 页。

② 当事人进行主义是指民事诉讼的开始及开始后的进行与终结,依当事人的意思为之。参见陈计男:《民事诉讼法论》,台湾三民书局出版公司 2006 年版,第 279 页。

③ 参见〔日〕三月章:《日本民事诉讼法》,汪一凡译,台湾五南图书出版公司 1997 年版,第 196 页。

④ 辩论主义是指将确定裁判基础事实所需资料的提出作为当事人的权能及责任。以什么样的事实为请求的依据,又以怎样的证据证明所主张的事实,法院均充分尊重当事人的自治自由,这就是辩论主义的根本要义。参见〔日〕谷口安平:《程序的正义与诉讼》,王亚新、刘荣军译,中国政法大学出版社 2002 年版,第 139 页。

⑤ 参见赵蕾:《非讼程序论》,中国政法大学出版社 2013 年版,第 101 页。

上文总结的数项非讼程序之特征是参照普通诉讼程序而言的。身份关系诉讼虽然有其自身的特点，但其本质上还是属于诉讼程序的范畴，因此，身份关系诉讼与非讼程序的区别也主要是集中在与非讼程序诸项特征的比较上，如：身份关系诉讼的适用对象是身份关系案件，具有争讼性；身份关系诉讼存在对立的双方当事人；身份关系诉讼的目的是化解纠纷，而不是预防纠纷的发生；身份关系诉讼不仅应适用调解，有些案件还以调解作为审判的前置性程序；身份关系诉讼不适用一审终审，裁判结果对法院有较强约束力等。

论述身份关系诉讼与非讼程序的关系，重点乃是在于两者的联系。身份关系诉讼作为与非讼程序相对而言的普通诉讼程序中的一种特殊类型，在诉讼程序的框架中也具有一些与非讼程序相类似的特征，从而体现出"你中有我""我中有你"的"混搭"状态，这主要体现在：在审理原则方面，身份关系诉讼程序采用职权主义原则，不公开审理；在程序价值方面，身份关系案件具有很强的公益性；在证据制度方面，身份关系诉讼程序限制自认等制度的适用而采用职权探知主义等。这些联系主要可以概括为身份关系诉讼案件的非讼化处理，即诉讼案件的非讼化。① 值得注意的是，身份关系诉讼案件的非讼化与身份非讼案件是完全不同的。最高人民法院于 2015 年 1 月 14 日发布的《关于婚姻民事案件 49 个审判实务问题的解答》中将宣告婚姻无效案件定性为非讼案件，适用特别诉讼程序的规定进行裁决，② 这一观点是值得商榷的。一方面，我国的特别程序规定的案件中未有与宣告婚姻无效案件性质相近或可通用或参见的类型，另一方面，虽然法院拥有司法裁量权，对婚姻诉讼案件实行非讼化处理，但婚姻诉讼程序包括宣告婚姻无效程序中

---

① 诉讼案件的非诉讼化，就是将依诉讼程序处理的两方当事人对立的纷争事件依据具体案件的性质，按一定的原则或规范，而采用非诉讼程序来处理。邱联恭：《诉讼法理与非讼法理之交错适用》，载《民事诉讼法之研讨》，台湾三民书局出版公司 2008 年版，第 8 页。

② 原文中第 7 个问题：对宣告婚姻无效的案件应适用什么程序？答：宣告婚姻无效属非讼案件，人民法院可适用特别诉讼程序的规定予以裁决。将财产问题、子女抚养问题与婚姻无效问题分开处理。

有对立的双方当事人、存在民事权益争议，在本质上仍是诉讼案件，故其上述特征并不会改变其诉讼案件的本质。

第三节　身份关系诉讼程序的理论基础

一、程序相称原理

程序相称原理具体是指"程序的设计应当与案件的性质、争议事项的重要性、复杂程度、争议的金额等因素相适应，由此使案件得到适当的处理"。① 民事诉讼程序的设置和具体诉讼法理的适用需要依待解决之具体案件的特性不同而有所区分，程序相称原则的贯彻落实也是民事纠纷多元化发展的必然要求，正如我国台湾地区学者邱联恭所言："立法者及法院须因应各该事件之特性需求，设立相当之程序制度。"② 日本学者我妻荣认为："身份关系是家事纠纷的基础，虽然其从表面上看有财产分割、养育费等支付金钱的要求，但在根本上则是夫妻间、亲属间在感情心理上的纠葛，即埋藏着非理性因素，适用理性的一般基准对待这些因素是不适当的。"③ 作为家事纠纷基础之一的婚姻纠纷，则更是需要适用区别于普通民事诉讼程序的特殊诉讼程序。反观我国现行的民事诉讼程序，以财产性纠纷为解决对象，实行以当事人为主导的诉讼模式，以此种民事诉讼程序来解决身份关系纠纷显然不尽协调。

在我国身份关系诉讼程序的构建中，程序相称原理应有两个方面的体现。一方面来说，应当针对身份关系事件的自身特性设置有别于普通民事纠纷解决程序的特殊诉讼程序即身份关系诉讼程序。作为家事事件的重要组成部分，身份关系事件的处理涉及社会公共

---

① 刘敏：《论我国民事诉讼法修订的基本原理》，载《法律科学》2006年第4期。

② 邱联恭：《程序保障之机能》，台大法学论丛第十七卷第一期，第172页。

③ ［日］我妻荣：《家事调停序论》，载《家族法的诸问题（穗积先生追悼论文集）》，有斐阁1952年版。

利益，强调实体真实的发现，且由于其中的权利义务关系较为复杂，纠纷的解决往往不限于简单地分清是非，而是将促进双方当事人恢复感情、消除对立、化解矛盾作为根本目标。另一方面来说，为贯彻程序相称原理，在身份关系诉讼程序内部，也应当针对不同的事件设置不同的程序规则。以婚姻事件为例，我国现有的婚姻事件包括确认婚姻无效事件、婚姻撤销事件、离婚事件，婚姻无效的事由涉及社会公益，婚姻撤销的事由限于被胁迫，离婚的事由则较为复杂且私密，因此三类婚姻诉讼程序在调解的适用、适格当事人等具体诉讼规则的设置方面并不完全相同。

二、程序多样化原理

在近代国家确立之前，世界各国的纠纷解决机制通常是多元化的状态：根据矛盾冲突之形式、性质和程度的不同，或选择武力对抗，或选择和平协商，有依赖国家公权力直接介入，也有依靠民间组织间接解决。随着现代化步伐的加快，社会组织和人际关系发生了"从身份到契约"的历史演变。社会主体之间日益陌生，"法"得到了较高程度的利用，诉讼也即成为最佳的解纷方式，诉讼法开始从实体法中分离出来，大陆法系国家相继制定了民事诉讼法，如1806 年法国《民事诉讼法》。"近现代的诉讼制度所提供的正是一种正统的、公开的、最符合形式和理性的程序，其结果是使解纷方式呈现出一元化的局面。"① 现代社会的发展不可避免地导致纠纷数量的激增，并且在主体、表现形式等方面都日益多元，客观上要求根据民事纠纷的不同性质给予不同的解决方案和制度安排，即程序的多样化。

与程序相称原理类似，程序多样化原理也至少包含两个方面的内容：一是在传统的诉讼程序之外增设替代性纠纷解决方式，构建多元化的纠纷解决机制，在婚姻诉讼中即体现为调解程序的适用；二是在诉讼程序内部，也应根据案件的不同类型进行不同的程序安排，如制定有别于普通民事诉讼程序的特殊程序规则、设立专门的

---

① 陈爱武：《人事诉讼程序研究》，法律出版社 2008 年版，第 82 页。

纠纷解决机关、配备专业的纠纷解决人员等，在身份关系诉讼方面则体现为制定身份关系诉讼程序规则，设立家庭法院或婚姻案件法庭，配备专门的家事法官等。

程序多样化原理对于当事人程序权利的保障也有积极意义。根据处分原则，① 为充分尊重当事人的意思自由，使之实体利益和程序利益得到有力保障，应当赋予纠纷当事人充分的程序选择权，诉讼程序的设置也应满足当事人的诉讼需求。"应当强调当事人在诉讼中的主观能动性，激励当事人选择于己最有利的程序，以实现利益的最大化。"② 显而易见，当事人行使程序选择权的前提是存在两种以上的诉讼程序，而对于身份关系诉讼的当事人来讲，不仅没有可供选择的多种程序，而且现存的普通诉讼程序也与身份关系纠纷的性质不相适应。因此，依据程序多样化的原理，设置身份关系诉讼专门程序，为当事人提供可选择的诉讼模式，是保障当事人诉讼利益的应有之义。

三、诉讼程序非讼化原理

对于不同性质的案件设置不同的程序规则、安排不同的程序法理，这是程序相称原则的客观要求，诉讼程序和非讼程序之设置即为此例。需要明确的是，诉讼法理和非讼法理在具体案件的审理中并非全然分割。王亚新教授指出："'二战'后日本等一些国家的司法中出现了'诉讼案件非讼化'的倾向。"③ 其依据是原来在普通法院适用诉讼程序处理的案件如离婚时共同财产的分割、婚姻费用分担等案件后来改为由家庭裁判所管辖的非讼案件。从这个意义上来说，"诉讼案件非讼化"是指传统上依诉讼程序审理的诉讼案

---

① 处分原则，是指当事人有权在法律规定的范围内，自由自配和处置自己的民事权利和诉讼权利。赵钢、占善刚、刘学在：《民事诉讼法》（第三版），武汉大学出版社 2015 年版，第 48 页。

② 郭美松：《人事诉讼程序研究》，西南政法大学 2005 年博士学位论文，第 44 页。

③ 王亚新：《社会变革中的民事诉讼》，中国法制出版社 2001 年版，第246 页。

件，改为依非讼程序适用非讼法理的案件。我国台湾地区的邱联恭教授对"诉讼案件非讼化"的定义作出了进一步明确，并将其细分为"程序上的非讼化"和"实体上的非讼化"：前者是指在程序上不采用传统的诉讼法理如处分权主义、辩论主义等，而是采用职权主义色彩浓厚的非讼程序法理如职权主义等；后者是指将实体法上规定的法律要件及法律效果抽象化，从而赋予法官较大的自由裁量权。①

笔者认为，将之前的诉讼案件转为非讼案件从而适用非讼程序进行审理的情形，不能完全符合"诉讼程序非讼化"的定义，因为该种情形仍旧将诉讼法理和非讼法理进行严格区分，只有具体案件的性质从诉讼案件转为非讼案件后，才可适用非讼法理。日本学者三月章教授认为，诉讼程序非讼化不是用非讼取代诉讼，而是"传统诉讼原则的适当领域的缩小"，这是与非讼案件之范围扩大同时发生的现象。② 从此种意义上说，"诉讼程序非讼化"可以理解为"非讼法理在诉讼程序中的适用"，即弱化传统的诉讼原则对法官权力的制约，赋予法官在事实认定、程序进行等职权裁量方面更多的自由。这一理解的基础即为诉讼程序和非讼程序的交错适用，在以婚姻诉讼程序为主体的身份关系诉讼程序中体现得尤为突出。

日本学者新堂幸司认为，家事案件常介于诉讼与非讼的两极间，处于中间地带，应当根据案件的争讼程度等情况，选择对应的程序。身份关系诉讼案件不仅不同于普通民事诉讼案件，也不同于非讼案件，其诉讼程序的设置与普通程序相比更倾向于采用非讼法理，但与严格意义上的非讼案件相比，又设置了更为复杂的诉讼程序。因此，在身份关系诉讼中，必将呈现诉讼法理和非讼法理交错适用的状态，构建独立于普通诉讼程序亦不同于非讼程序的身份关

---

① 参见孙永军：《诉讼事件非讼化新探》，载《现代法学》2014 年第 1 期。

② ［日］三月章：《诉讼事件非讼化及其界限》，载《民事诉讼研究》1972 年第 5 期。

系诉讼程序乃为必须。①

第四节　身份关系诉讼程序的特征

身份关系诉讼程序的特征主要是由其调整对象的公益性、对世性决定的，婚姻诉讼作为身份关系诉讼的一个"亚种"，与普通的民事诉讼相比，也具有身份关系诉讼的基本共性。与此同时，作为身份关系诉讼中最重要的一种，相较于其他类型的人事诉讼而言，婚姻诉讼自身独有的特殊性也较为明显。

一、身份关系诉讼的基本共性

从上文关于身份关系诉讼的概念界定中可知，身份关系诉讼程序是调整自然人彼此之间部分身份关系案件所适用的特殊程序，而普通的诉讼程序则是调整一般财产权益争议案件所适用的程序，身份关系诉讼程序的基本特征应以普通民事诉讼程序为参照进行归纳。

（一）诉讼标的范围特定且具有公益性

普通诉讼程序以财产关系作为诉讼标的，涉及当事人的个人私益，多与国家或社会公共利益无关，当事人对自己的私人财产享有自由支配权，国家一般不予干涉，因此普通诉讼案件实行"私法自治"原则。与此相反，身份关系是建立于婚姻关系和亲属关系之血统上的社会自然之事实关系，往往涉及未成年人、老年人和妇女的权益保护问题，若允许其随意形成或变更，则必然扰乱公共秩序，甚至影响社会治安、引发刑事案件，对社会的安全稳定带来威胁。因此，既存身份关系的变更或处分必须征得国家同意方可发生效力。凡此种种皆表明，身份关系诉讼的诉讼标的具有公益性，不能实行"私法自治"。日本学者即认为："身份关系诉讼是以社会基石——身份关系的形成、存否的确认为目的的一种诉讼形式，之

---

① 参见郭美松：《人事诉讼程序研究》，西南政法大学 2005 年博士学位论文，第 47 页。

27

所以要对其进行妥当解决，就是因为它具有公益性。"①

(二) 适用特殊的程序法理

缘于适用对象的特殊性，为追求案件处理上之实体正义，保护家庭整体利益，身份关系诉讼程序自有一套区别于普通诉讼程序的特殊法理，以突出法官的积极参与，当事人主义之程序法理如辩论主义、处分权主义等在此则并不适用或不完全适用。为求客观真实，法官可以依职权为其认为合适的行为，包括依职权主动调解，依职权开展证据调查，在当事人提供的证据资料范围外作出裁决等，以上做法均体现了职权主义的要求。在前文对非讼程序的特征分析中笔者已提到，职权主义也是非讼程序的重要法理依据。而身份关系诉讼程序作为诉讼程序的一种，其亦具备诉讼程序的一般要求，即具备诉讼的两造对立结构，从这一维度上看，其与非讼程序是截然对立的。身份关系诉讼中诉讼标的的公益性又决定了其须采用诉讼程序非讼化的处理，这也是两种程序的交叉部分。

值得注意的是，虽然身份关系诉讼程序和非讼程序均适用与通常诉讼程序中当事人主义相对应的职权主义，但两者的适用理由是截然不同的。身份关系诉讼中的职权主义是为维护家庭和社会的健康稳定，力求实现实体真实而采用的诉讼模式。而非讼程序中适用职权主义的法理依据有二：一是非讼程序并不涉及当事人的实体权益争议，在审理过程中，法院可依职权在当事人提供的证据材料外调取证据及查证事实，并大量使用推定对有关法律事实及权利状态作出确认裁判。② 二是非讼程序没有争讼的双方当事人，需要解决的问题比较单纯、程序周期较短，对案件处理的基本要求是：职权容易发动，配合迅速简易的要求，有利于保密，以及便利非讼法院

---

① 参见 [日] 小野濑厚等编著：《新人事诉讼制度（新法、新规则解说）》，商事法务出版社 2004 年版，第 87 页。转引自郭美松：《人事诉讼制度研究》，西南政法大学 2005 年博士论文。

② 参见蔡虹：《非讼程序的理论思考与立法完善》，载《华中科技大学学报（社会科学版）》2004 年第 3 期。

通权达变，发现真实。① 总之，以较少的成本投入获得与诉讼方式同样的效果乃是非讼法理的要旨所在，正如日本学者棚濑孝雄所说："无论审判能够怎样完美地实现正义，如果付出的代价过于昂贵，则人们往往只能放弃通过审判来实现正义的希望。"② 由此可见，保护诉讼标的的公益性、努力实现实体真实乃是身份关系诉讼程序适用职权主义的出发点，而快速、高效、简便的价值追求则是非讼程序适用职权主义的理由所在。

（三）适用特殊的管辖制度

身份关系诉讼程序作为部分大陆法系国家和地区立法上的一种相对独立的诉讼程序，在管辖制度的设置方面也有其特殊性，大多将其设置为专属管辖③，由专门的家事法院或家事法庭对身份关系诉讼案件进行审理，并主要根据被告住所地来确定管辖法院。管辖法院的设置也有两种方式：一种是在基层法院内部设立家事法庭专司身份关系案件的审理，我国台湾地区即是如此；另一种是在法院系统中设立与初级法院平级的家事法院，如德国和日本。

（四）具体庭审规则上的特点

1. 案件审理不公开。公开审判原则是普通民事诉讼程序中极为重要的基本原则之一。将裁判的过程及结果公开，不仅可以防止法官肆意断案、有效遏制司法腐败，还有助于培育、提高社会公众的司法理念，便于公众监督。与此相反，在身份关系诉讼中，由于案件本身与自然人的身份关系密切相关，多涉及名誉、隐私等人身权利，从维持身份关系稳定的角度来看，将当事人的隐私公之于众，不仅不利于彼此间误会的消除，甚至可能会进一步激化矛盾，

① 　参见邱联恭：《诉讼法理与非讼法理之交错适用》，载《民事诉讼法之研讨（二）》，台湾三民书局出版公司，第439页。

② 　[日]棚濑孝雄著，《纠纷的解决与审判制度》，王亚新译，中国政法大学出版社2004年版，第267页。

③ 　我国《民事诉讼法》中的"专属管辖"是指法律强制规定某些案件只能由特定的人民法院管辖，其他法院无管辖权，当事人也不得协议变更管辖，是地域管辖的一种。而此处的"专属管辖"则意义不同，是指由于案件具有特殊性，只能由专门处理这类案件的审判机构来管辖。

无助于纠纷的平和解决。因此，身份关系诉讼程序以不公开审判为原则。①

2. 当事人诉讼能力的扩充。诉讼能力，又称诉讼行为能力，是指当事人能够以自己的名义和行为独立实施诉讼行为，并承担对方当事人所实施的诉讼行为引起的诉讼法上效果的能力。② 在普通诉讼程序中，当事人的诉讼能力受到严格控制，不得随意扩大。与此相反，因身份关系诉讼中诉讼标的的特殊性质，身份关系诉讼尤其尊重当事人自主独立人格之特殊性，故在其诉讼能力上有所扩张，以便使当事人本人能够最大限度地直接参加诉讼。即便行为人本人不具备诉讼行为能力，但只要具有意思能力，未经法定代理人的同意也应使其得为诉讼行为。如我国台湾地区"民事诉讼法"第570条规定："未成年之夫或妻，就婚姻无效或确认婚姻不成立之诉，亦有诉讼能力。"③

3. 当事人适格的特殊规定。当事人适格是审查并受理起诉的条件之一，是诉讼得以开启的必然要求。在普通诉讼程序中，判断当事人是否适格，需要考察其与特定诉讼标的的关系，即适格当事人需要与诉讼标的有直接联系。当然，这一原则规定也有例外，具体包括："对他人的权利或法律关系依法享有管理权的人；为保护死者利益而提起诉讼的近亲属；确认之诉中对诉讼标的有确认利益的人。"④ 在身份关系诉讼中，适格当事人则不囿于与诉讼标的有直接利害关系的要求，也不限于上述三种例外情形，在当事人适格的扩张方面，范围更加广泛。最高人民法院《关于适用〈中华人

---

① 如日本《人事诉讼法》第22条第3项就特别规定："……法院可以做出决定，对该事项的询问不公开进行，并命公众退出法庭，待该事项询问结束后，再使公众重新入庭。"参见［日］松本博之著，郭美松译：《日本人事诉讼法》，厦门大学出版社2012年版，第368页。

② 赵钢、占善刚、刘学在：《民事诉讼法》（第三版），武汉大学出版社2015年版，第98页。

③ 林家祺：《例解民事诉讼法》，台湾五南图书出版有限公司2013年版，第687页。

④ 李浩：《民事诉讼法学》，高等教育出版社2007年版，第88页。

民共和国民法典〉婚姻家庭编的解释（一）》（以下简称《民法典婚姻家庭编解释（一）》）中即明确了申请宣告婚姻无效的当事人范围扩张的具体规定。①

4. 调解程序的特殊规定。在普通诉讼程序中，通常无须对民事案件进行强制调解抑或前置调解，而调解程序却是大多数身份关系诉讼案件的必经程序。采用人事诉讼程序的国家和地区大多要求人事诉讼案件在进入法院的正式裁判前均须经过调解。有些国家的人事诉讼程序甚至明确规定，未经调解官调解的案件不予受理，如日本。② 美国的人事诉讼案件以离婚为主，一般均属于法院建议以调解或和解解决的案件范围。③

二、婚姻诉讼的独有特征

上文分析了域外采身份关系诉讼程序的国家及地区的相关规定中体现出的身份关系诉讼的基本共性。我国的民事诉讼立法未设置人事诉讼的专门概念，一般将其统称为婚姻家庭案件或身份关系案件。婚姻诉讼作为婚姻家庭案件中的重要种类，其本身也具有身份关系诉讼程序的一般特征。在婚姻诉讼之外，我国婚姻家庭案件的范围一般还包括亲子关系案件、收养关系案件等。婚姻诉讼作为其

---

① 第 9 条规定："有权依据民法典第 1051 条规定向人民法院就已办理结婚登记的婚姻申请宣告婚姻无效的主体，包括婚姻当事人及利害关系人。利害关系人包括：1. 以重婚为由申请宣告婚姻无效的，为当事人的近亲属及其基层组织；2. 以未到法定婚龄为由申请宣告婚姻无效的，为未达法定婚龄者的近亲属；3. 以有禁止结婚的亲属关系为由申请宣告婚姻无效的，为当事人的近亲属；4. 以婚前患有医学上认为不应当结婚的疾病，婚后尚未治愈为由申请宣告婚姻无效的，为与患病者共同生活的近亲属。"第 16 条又规定："人民法院审理重婚导致的无效婚姻案件时，涉及财产处理的，应当准许合法婚姻当事人作为有独立请求权的第三人参加诉讼。"

② 如日本《家事审判法》第 18 条规定：人事诉讼之当事人必须在起诉前向家事法院申请调解。

③ 美国大约有一半的州在立法中明确：判决离婚前要进行调解。参见夏吟兰：《美国现代婚姻家庭制度》，中国政法大学出版社 1999 年版，第 170 页。

中最为重要的诉讼种类，与婚姻家庭案件中其他的诉讼种类相比，也具有显著的自身特点：

（一）婚姻诉讼与家庭伦理道德最为相关。与普通民事诉讼追求当事人受损权益的弥补相比，婚姻诉讼多包含当事人的感情纠葛，"清官难断家务事"说的就是这个道理。与其他的家庭关系相比，婚姻关系则是家庭伦理道德中的基础关系，是其他关系如监护关系、扶养关系的基础，因此，对比其他类型的婚姻家庭案件，婚姻诉讼案件的家庭伦理及个人感情特征更为明显。婚姻诉讼案件的当事人既希望顺利解决纠纷、分清是非，又存在亲情受损等顾虑；既要求案件得到公正审理，又出于保护隐私的考虑而不愿公开庭审过程。婚姻诉讼案件涉及的浓厚道德因素、各国在相关法律规范方面的历史沉淀、风俗习惯等都决定了婚姻诉讼与普通家事诉讼的不同特征。

（二）相关程序规定更加完善。我国立法上尚无涉及婚姻家庭案件的专门程序立法，有关规定此前大部分集中于《婚姻法》以及随后陆续出台的三部司法解释中，自 2021 年起，上述规定被《民法典》婚姻家庭编整合，其他规定则散见于《民事诉讼法》及相关法律文件。从总体上看，我国婚姻家庭方面的立法尤其是程序立法不仅在数量上明显不足，而且也存在实体与程序相混淆、人身关系与财产关系相混淆的问题。然而，在此种立法前提下，对比其他两类案件（即监护案件和扶养案件），婚姻诉讼案件在我国现有的涉及婚姻家庭纠纷处理程序之相应规定中明显更为完善。如：我国《婚姻法》中涉及程序性事项的条文有 9 条，① 其中有 5 条为婚姻诉讼的相关内容，1 条为夫妻财产分割的相关内容，1 条为

---

① 分别为第 10 条关于婚姻无效的规定，第 11 条关于可撤销婚姻的规定，第 12 条关于无效或被撤销婚姻的法律后果，第 32 条关于离婚诉讼的相关规定，第 44 条关于遗弃家庭成员受害人请求法院判决支付扶养费、抚育费、赡养费的相关规定，第 45 条关于重婚、家庭暴力、虐待、遗弃犯罪之刑事责任的规定，第 46 条关于离婚损害赔偿的规定，第 47 条关于隐匿、转移共同财产之法律后果的规定，第 48 条关于相关婚姻家庭案件强制执行的规定。

刑事诉讼程序的相关内容，1 条为执行程序的内容，仅有 1 条规定涉及被遗弃的受害人请求支付相关费用的程序规定。之后的三部司法解释中，也分别有 10 条、7 条和 3 条内容涉及对婚姻诉讼程序性事项的进一步明确。《民法典》婚姻家庭编中涉及家事诉讼之程序性规定有 15 条，① 其中有 7 条为婚姻诉讼的相关内容，有 5 条涉及夫妻财产分割及共同债务的处理，有 2 条涉及亲子关系确认之诉和解除收养关系之诉，另有 1 条涉及遗产继承纠纷诉讼。我国现行《民事诉讼法》中对婚姻诉讼方面的规定一共有 7 条，② 分别涉及代理、调解、起诉、不公开审理、判决的效力、终结诉讼、再审程序的排除适用等七个方面的问题。另外，关于收养的内容有 3 条，分别涉及起诉、调解及诉讼终结；关于抚养的程序性事项有 3 处，均是涉及扶养费的处理问题。2015 年《民诉法解释》中，涉及婚姻诉讼相关规定的有 17 条，③ 关于收养的内容有 2 条，分别涉及约定管辖和调解协议的司法确认问题；关于抚养的内容有 4 条，分别涉及管辖、强制措施、二次起诉及小额诉讼问题。

---

① 分别为第 1052 条婚姻撤销之诉，第 1053 条新增隐瞒重大疾病的婚姻撤销权，第 1054 条新增婚姻无效或可撤销中无过错方的损害赔偿权，第 1066 条夫妻共同财产分割请求权，第 1073 条新增亲子关系确认之诉，第 1079 条离婚诉讼先行调解、应当准予离婚的情形，第 1084 条离婚案件子女抚养问题的裁判原则，第 1087 条离婚案件财产分割问题的裁判原则，第 1088 条至第 1090 条离婚案件共同债务的处理，第 1091 条离婚损害赔偿请求权，第 1092 条离婚财产分割中对恶意一方的特殊规定，第 1114 条解除收养关系诉讼，第 1132 条遗产继承纠纷诉讼。

② 分别为第 62 条离婚案件本人出庭问题，第 98 条不予制作调解书的情形，第 124 条起诉情形的分别处理，第 134 条不公开审理，第 148 条离婚判决宣告前当事人不得另行结婚的规定，第 151 条诉讼终结的规定，第 202 条离婚判决不得再审的规定。

③ 分别为第 12-17 条关于离婚诉讼管辖的规定，第 34 条约定管辖的规定，第 143 条、147 条、148 条调解的规定，第 214 条起诉的规定，第 217 条、第 234 条缺席判决的规定，第 297 条第三人撤销之诉的规定，第 329 条关于二审中提出离婚请求的规定，第 382 条离婚案件财产问题再审的规定，第 414 条检察院抗诉的规定。

（三）婚姻诉讼案件的内容相对复杂。这里所说的案件内容的复杂性主要是从两个方面体现的：一方面是我国立法明确规定的婚姻诉讼案件的类型相对多样，包括确认婚姻无效案件、可撤销婚姻案件、离婚案件三类；另一方面是指上述三种类型的案件虽然均属身份关系案件，但在诉讼过程中，不可避免地要涉及相关财产关系纠纷的处理，且司法实务中此类财产纠纷呈现出了愈加复杂的趋势。值得注意的是，离婚诉讼中还有一类涉及财产纠纷的特殊情形，即符合特定条件的离婚案件中无过错一方当事人享有的离婚损害赔偿请求权的提出及其处理问题。

（四）婚姻诉讼的程序规则更加特殊。婚姻诉讼程序涉及的三类纠纷（即确认婚姻无效纠纷、可撤销婚姻纠纷、离婚纠纷），虽然在总的程序法理上具有相似性，但是不同种类之间的具体诉讼规则却有明显的区别，例如：在离婚诉讼中，调解程序是我国现行立法明确规定的前置程序，在可撤销婚姻诉讼中，调解程序的适用与否法律尚未规定；而在确认婚姻无效诉讼中，调解程序则被排除适用。再如，解除婚姻关系的判决、调解书在《民事诉讼法》上被明确排除在可通过再审程序进行救济的案件范围之外。与婚姻诉讼程序的此类特殊规则相比较，我国立法上规定的其他两类婚姻家庭诉讼案件的程序规则较为简单，不具有明显的特殊性。

第五节　身份关系诉讼程序的性质

一、廓清身份关系诉讼程序性质的意义

笔者在前文中已用较大的篇幅探讨了身份关系诉讼程序的特征，接下来即要深入揭示身份关系诉讼案件的程序属性。事物的性质，是指"事物所具有的本质、特点。"[1] 特征则是指"一事物区

---

[1]　辞海编辑委员会：《辞海》（第六版彩图本），上海辞书出版社 2009 年版，第 2571 页。

别于他事物的特别显著的征象、标志等"。① 性质不同于特征，特征倾向于表象、形式，侧重与其他事物的对比，其和性质的本义有差异。因此，前文较多篇幅的特征阐述与此处的性质界定并无冲突或重复。与此相反，廓清身份关系诉讼程序的性质，对于该类诉讼程序的研究具有重大意义。

（一）廓清身份关系诉讼程序的性质有利于明确其研究意义。界定身份关系诉讼程序的本质属性，有利于将其与相近概念做进一步区分，从而凸显其独特性，使本书的程序探究具有一定的创新价值。迄今学界对于婚姻家庭程序的研究成果虽数量较多，但选题种类较为单一，相对集中于我国家事诉讼程序的构建。本书以婚姻诉讼程序作为主要论述对象，其与家事诉讼程序联系紧密，从而不可避免地要在家事诉讼程序现有相关成果的基础上进行论述。此处廓清身份关系诉讼程序的本质属性，有助于进一步将其与相近的诉讼种类在性质上进行区分，从而明确本书的创新意义。

（二）廓清身份关系诉讼程序的性质有助于对其诉讼规则的完整构建。在民事诉讼程序中，依据各类程序的不同性质，要求适用不同的程序法理、诉讼制度、具体规则等。如，诉讼程序与非讼程序须适用差别较大的程序法理，普通诉讼程序与特别程序要适用不同的诉讼制度，不同种类的程序在调解、证据、管辖、审判组织等方面亦有不小的差别。由此，要对身份关系诉讼程序的各项具体规则进行分析与把握，就必须以其程序性质的准确界定为基础。

（三）廓清身份关系诉讼程序的性质有益于发现并弥补我国现有相关规定的不足之处。我国民事诉讼程序上对于身份关系诉讼的相关规定尚不成体系，较为分散，目前主要集中于具体诉讼规则如调解的特殊适用、是否公开审理、是否允许再审等问题上，制度层面的设计不够详尽，且具体诉讼规则的设定方面也有不妥。廓清身份关系诉讼程序的性质，无疑便于对现有诉讼规则的设置进行检验，从而发现不符合身份关系诉讼程序性质的规则设置，以便对其

---

① 辞海编辑委员会：《辞海》（第六版彩图本），上海辞书出版社 2009年版，第 2231 页。

进行探究与修正，包括后文中对于我国身份关系诉讼程序提出的完善建议，其实均是以身份关系诉讼程序性质的准确界定为前提的。

二、身份关系诉讼程序属于特殊的诉讼程序

（一）身份关系诉讼程序在基本性质上属于诉讼程序

身份关系诉讼程序属于诉讼程序这一基本性质的界定是相对于非讼程序而言的。依照民事诉讼的传统法理，根据原告的诉讼请求是否涉及权益争议，可将民事案件分为诉讼案件和非讼案件，且在民事诉讼立法中相对应地设置了诉讼程序与非讼程序。前文已述，诉讼案件是指平等主体之间的民事权利义务存在争议，需要经由诉讼程序请求法院居间裁判的讼争案件；[1] 而非讼案件一般被认为是利害关系人在没有民事权益争议的情况下，请求人民法院确认某种事实是否存在，从而使一定的法律关系发生、变更或消灭的案件。[2] 我国非讼案件的处理程序集中规定于《民事诉讼法》第十五章"特别程序"中。身份关系诉讼纠纷符合诉讼案件的构成要件，当然属于诉讼程序。

（二）身份关系诉讼程序在具体性质上属于特殊的诉讼程序而非"特别程序"

我国民事诉讼领域尚未明确设置和使用"非讼程序"这一概念，取而代之的是"特别程序"。"特别程序"与"特殊的诉讼程序"乃是截然不同的两个概念。特殊的诉讼程序，其基点仍为诉讼程序，其之"特殊"仅是表示该种诉讼程序的"与众不同"，也即在诉讼规则上与普通的民事诉讼案件相比较为特殊，但其本质仍属于诉讼程序，身份关系诉讼即为此类。而我国民诉立法上规定的特别程序，是与普通程序相对而言的。

我国的"特别程序"在1982年《民事诉讼法（试行）》中始

---

[1]　赵钢、占善刚、刘学在著：《民事诉讼法》（第三版），武汉大学出版社2015年版，第5页。

[2]　江伟主编：《民事诉讼法学原理》，中国人民大学出版社1999年版，第713页。

告正式确立，此前民事诉讼方面的规范性文件，如 1950 年《中华人民共和国诉讼程序试行通则（草案）》、1956 年最高人民法院《关于各级人民法院民事案件审判程序总结》和 1979 年发布的《人民法院审判民事案件程序制度的规定（试行）》，均未出现"特别程序"的相关规定。① 我国的民事诉讼特别程序立法是从苏联民诉立法中引入的，② 并将选民资格案件这一行政关系案件归入了特别程序。③ 1982 年《民事诉讼法（试行）》中规定了"特别程序"，具体范围包括选民名单案件、宣告失踪人死亡案件、认定公民无行为能力案件和认定财产无主案件；1991 年修法时，将"特别程序"的适用范围修改为选民资格案件、宣告失踪或者宣告死亡案件、认定公民无民事行为能力或者限制民事行为能力案件和认定财产无主案件；2007 年修法时对"特别程序"的范围未作修改；2012 年修法时，在"特别程序"的适用范围中增加了确认调解协议案件和实现担保物权案件。由此可见，我国"特别程序"的适用范围实际上即为非讼程序案件加上属于行政关系案件的选民资格案件。因此，身份关系诉讼案件无论是在案件类型上还是案件性质上，均必然不属于特别程序的适用范畴，而应当是普通民事诉讼程序中较为特殊的一种。

---

① 章武生：《非讼程序的反思与重构》，中国法学 2011 年第 3 期。

② 1964 年《苏俄民事诉讼法典》第 245 条规定法院依特别程序审理的案件有：具有法律意义事实的确定；认定公民失踪和宣告失踪人死亡；认定公民限制行为能力或无行为能力；对财产无主的认定；确定户籍登记制度，对公证行为或拒绝实施公证行为的申诉；丢失不记名凭证的复权（公示催告程序）。参见梁启明、邓曙光译：《苏俄民事诉讼法典》，法律出版社 1982 年版，第 85~95 页。

③ 参见章武生：《非讼程序的反思与重构》，载《中国法学》2011 年第 3 期。

第二章 我国身份关系诉讼 程序之发展沿革

我国身份关系诉讼的发展沿革也是以婚姻关系为主体内容。婚姻是家庭产生的前提、家庭是婚姻成立的结果，家庭是社会的组成基础，而婚姻关系则是家庭关系中最为重要的维系纽带，故我国关于婚姻家庭的强制性规范自古有之。恩格斯曾针对婚姻家庭的演进形态指出："我们有三种主要的婚姻形式，与人类发展的三个主要阶段大体适应，群婚制与蒙昧时代相适应，对偶婚制与野蛮时代相适应，专偶制与文明时代相适应。"[①] 从奴隶社会、封建社会到社会主义社会，我国婚姻家庭制度的发展大体与此相印证，当然在各个时期亦分别有着不同的规制重点。

第一节 我国古代婚姻家庭制度概述

婚姻制度是我国古代的一项重要制度，通常与家庭宗法制度相关联。在我国古代的相关文献中，"婚姻"亦作"昏姻"，东汉郑玄注本《礼记·经解》注称："婿曰昏，妻曰姻。"《礼记·昏义》称："昏姻之道，谓嫁娶之礼。"又称："昏礼者，将合二姓之好，上以事宗庙，而下以继后世也。"[②]

---

① 《马克思恩格斯选集》第 4 卷，人民出版社 1995 年版，第 73 页。
② 意思就是婚姻是夫妻结合之礼，目的在于合二姓之好，以敬祖宗延后代。参见张希坡：《中国婚姻立法史》，人民出版社 2004 年版，第 3 页。

一、奴隶制社会的宗法制度

国家和法律是人类社会发展到一定阶段的产物。我国古代的婚姻家庭立法在时间维度上纵跨奴隶社会、封建社会，有着两千多年的历史。同世界上其他古老的国家一样，我国曾经历过漫长的原始氏族社会，在氏族社会没有国家和法律，仅依靠氏族首领的权威和族群的原始习惯来维持和调整各种社会关系。自五千多年前我国进入父系氏族公社阶段，私有财产制度和婚姻制度便相继出现，继而形成一夫一妻的小家庭，以及最初依原始习惯进行调整的婚姻家庭关系。①

公元前21世纪夏朝的建立标志着我国历史上第一个奴隶制国家的产生，中华民族继而由原始氏族社会进入到了阶级社会，此后所产生的"法"也有其自身的特点。奴隶主阶级为了巩固其统治，又将许多原始习惯法或"礼"的规则以国家强制力为后盾，用"法"和"刑"的形式加以确认，婚姻家庭中的各类习俗、制度便借此转化为律法调整的范畴，"'礼'、'法'相互渗透，是我国古代法律文化的突出特点"。②

在婚姻关系的缔结方面，西周礼制规定男20岁、女15岁为成年，可以结婚。缔结婚姻的程序称为"六礼"③，于西周时期初步形成，这一制度对以后各朝婚姻的缔结形式均具有重要影响，并在汉朝成为定制。

在婚姻关系的解除方面，我国奴隶社会解除婚姻的决定权完全操控在父系家长手中，并开始形成一套较为完整的制度，即"七

---

① 参见张希坡：《中国婚姻立法史》，人民出版社2004年版，第11页。

② 张希坡：《中国婚姻立法史》，人民出版社2004年版，第12页。

③ 据《礼记·昏义》所载："纳采，问名，纳吉，纳征，请期，皆主人筵几于庙，而拜迎于门外。入，揖让而上，听命于庙，所以敬慎重正昏礼也。"张希坡：《中国婚姻立法史》，人民出版社2004年版，第20~21页。

去三不去"。① "七去",是男子休妻的七种情形,妻子有其中任一情形,丈夫即有合法的理由休妻,这些理由虽然受到"三不去"的限制,但总体上只是保护男子离婚权利的规定,是男尊女卑等级制度的必然反应。这一先秦时期的原则一直为后世封建法典所沿用。②

二、封建社会的婚姻家庭立法

(一) 封建社会户婚律

到了中国封建社会,婚姻家庭规范被载入诸法合体、内容庞杂的统一法典之中,对婚姻家庭关系的调整方式转变为礼、法并用,进而形成礼为"禁恶于未然"、法为"禁恶于已然",以礼为主、以法为辅的特定调整方法。③ 相关立法在秦汉时期初具规模,汉《九章律》中"户律"一章,便设定了户籍、婚姻等相关规范。其后的三国、两晋、南北朝时期承继汉制。唐代的立法起到了承前启后的作用,《唐律·户婚》不仅集封建时代前期各代户婚立法之大成,还为其后各朝代的婚姻家庭立法提供了蓝本。宋代的相关律条载于《宋刑统》之中,明律中的"户律"是关于婚姻的法律规范,清律基本承袭明律的体例。④ 除律之外,封建时期的其他法律形式,如"户令"、"例"等,也是处理婚姻家庭案件的直接依据。中国的封建婚姻家庭制度有两千多年的历史,一直延续到半殖民

---

① 据《大戴礼记·本命篇》所载:"妇有七出:不顺父母,去;无子,去;淫,去;妒,去;有恶疾,去;多言,去;窃盗,去。"三出的情况有:"有所取无所归,不去"、"尝更三年丧,不去"、"贱取贵,不去"。

② 参见张希坡:《中国婚姻立法史》,人民出版社 2004 年版,第 22 页。

③ 此处的"法"中并没有独立的婚姻家庭法存在,其相关内容集中规定于刑律的户婚篇,以刑罚的形式表现出来。而"礼",则具体表现为习惯法、礼俗、乡规民约、族规等形式。参见金眉:《中国亲属法的近现代转型——从〈大清民律草案·亲属编〉到〈中华人民共和国婚姻法〉》,法律出版社 2010 年版,第 23 页。

④ 参见巫昌祯、夏吟兰主编:《婚姻家庭法学》,中国政法大学出版社 2007 年版,第 25 页。

地、半封建社会，它是中华人民共和国成立初期婚姻家庭制度改革的主要对象。

（二）中国封建社会婚姻家庭制度的主要特征

第一，强迫包办婚姻，当事人并无婚姻自由。在婚姻的缔结方面，"父母之命，媒妁之言"是常见的形式；在婚姻的解除方面，乃是以"出妻"为主要方式的专权离婚主义、① 强制离婚主义和自由离婚主义的结合，为此设立的相应制度有"七出"② "义绝"③ "和离"④ 与呈诉离婚⑤。⑥ 第二，男尊女卑，夫权统治。在封建社会，"夫为妻纲"是封建伦理纲常的重要组成部分。第三，家长专制，漠视子女利益。封建社会的家庭制度以家长制为核心，家长在家庭中享有至高无上的权力，家长统治全家，其与家庭成员彼此之间是主从、尊卑、依附而非平等关系，并以"父为子纲""夫为妻纲"等信条调整家庭关系。⑦ 不仅结婚需要父母做主，而且结婚后，无论夫妻双方感情如何，也要由父母决定去留。⑧

---

① 专权离婚主义是指男子享有离婚权、女子则没有离婚权或离婚权受到严格的限制。

② 此处的"七出"事项由前文的"七去"事项演变而来并在范围上作了调整，具体为无子、淫佚、不事舅姑、口舌、盗窃、妒忌、恶疾。

③ 义绝是中国古代特有的离婚制度，指夫对妻、妻对夫的一定范围内的亲属，犯有殴、杀、奸罪，以及双方亲属间互相杀害，经官府认定双方义绝而强制离婚。

④ 据有关史籍，现存最早的相关律条载于《唐律疏议》，具体内容为："若夫妻不相安谐而和离者，不坐。"参见长孙无忌等撰：《唐律疏议·户婚》"义绝离之"条，中华书局1983年版，第268页。

⑤ 呈诉离婚与今天的判决离婚类似，即夫妻一方向官府提起离婚诉讼，官府常常根据礼、法来判定是否准予当事人离婚。参见陈鹏：《中国婚姻史稿》，中华书局1990年版，第604页。

⑥ 参见金眉：《唐代婚姻家庭继承法研究：兼与西方法比较》，中国政法大学出版社2009年版，第170页。

⑦ 参见张希坡：《中国婚姻立法史》，人民出版社2004年版，第26页。

⑧ 参见张希坡：《中国婚姻立法史》，人民出版社2004年版，第18页。

　　我国封建社会的婚姻家庭制度除上述主要特征之外，也有一些具有程序法上积极意义的规定，如：

　　（1）婚姻的缔结与解除须经官府登记方为有效。关于结婚程序，秦简"法律答问"中记载："有女子甲为人妻，去亡，得及自出，小未盈六尺，当论不当？已官，当论；未官，不当论。"意思是说一位尚未成年的已婚女子，私逃后被捕获，如果该婚姻曾向官府登记，尽管女子年幼且身高不足六尺也要治罪；如果婚姻未曾向官府登记，则不予保护，视为无效婚姻。① 在休妻方面，也要有合法的文书佐证，否则要受处罚。秦简"法律问答"中规定："弃妻不书，赀二甲"，意思是丈夫休妻时若无合法文书，则会受到一定的经济制裁。②

　　（2）离婚的相关规定由"礼"入"律"。《汉律》中关于"七弃三不去"的规定与《大戴礼记》中的"七出"内容基本相同，由此提高了这一规定的法律地位，并以国家强制力加以推行。离婚制度在唐朝之后被逐步地扩充为"七出""义绝"与"和离"三种形式。③

　　（3）出现了结婚的禁止条件及法律责任。例如《唐律》第182条："诸同姓为婚者，各徒二年。缌麻以上，以奸论。"④

第二节　我国近代的婚姻家庭制度之沿革

　　在近代，中国开始进入半殖民地、半封建社会，封建的婚姻家庭制度传统虽有没落之势，但残余影响不容低估，仍是我国婚姻家庭制度改革的主要对象。这一时期的立法实际上并未对旧的婚姻家庭制度作根本性的变革，封建婚姻家庭制度在中国半殖民地、半封

---

　　① 参见《睡虎地秦墓竹简》，文物出版社1978年版，第222页。转引自张希坡：《中国婚姻立法史》，人民出版社2004年版，第29页。

　　② 参见张希坡：《中国婚姻立法史》，人民出版社2004年版，第29页。

　　③ 参见张希坡：《中国婚姻立法史》，人民出版社2004年版，第30页。

　　④ 参见张希坡：《中国婚姻立法史》，人民出版社2004年版，第41页。

建社会仍然居于支配地位。①

一、清末和北洋军阀政府的相关立法

（一）清末相关立法概述

我国婚姻家庭立法近代化的尝试发端于 20 世纪初期，始于清朝末年，一系列法治改革均参照了外国的立法经验，从而使传统的中华法系发生了重大的变化。1904 年 4 月，沈家本等奉命组织创设了"修订法律馆"，依据"参考古今""模仿列强"等相关指导原则，修订已沿用百余年、以律为主体部分的《大清律例》；1910 年 9 月，清廷颁布了经"修订法律馆"对《大清律例》加以删改而成的《大清现行刑律》；同年 12 月，又颁布了《大清新刑律》；1911 年 8 月，清廷完成了《大清民律草案》的起草，共计 5 编（总则、债权、物权、亲属、继承）1569 条，这是中国历史上第一部民法草案，它不仅在编纂形式上采纳了西方法律关于公法与私法相区分、民法与刑法二者分立的制度，同时在编纂方法上模仿德国、日本的民事法律，将婚姻家庭关系的相关内容列为民法典的重要组成部分，作为独立的两编加以规定。这一立法方法改变了《大清律例》民刑合一和以惩罚手段处理民事关系的法律传统，使《大清民律草案》在形式上具有会通中西的特征。②

（二）《大清民律草案》中与婚姻诉讼相关之内容

《大清民律草案》中涉及婚姻家庭制度的内容为第四编"亲属编"。该编中值得关注的内容为：（1）在婚姻的缔结方面，在遵从

---

① 参见杨大文主编：《婚姻家庭法》，中国人民大学出版社 2012 年版，第 30 页。

② 《大清民律草案》的前三编系由日本民法专家起草，接受了近代民法的基本精神和原则，以商品经济和契约精神为基础，以革新旧制、顺应世界潮流为目标，为个人本位的立法；而亲属编及继承编则由中国人起草，根植于中国宗法社会的封建传统，以符合传统礼教为目标，在一定程度上继续维护传统家庭秩序的和谐。参见金眉：《中国亲属法的近代转型——从〈大清民律草案·亲属编〉到〈中华人民共和国婚姻法〉》，法律出版社 2010 年版，第 31 页。

父母意愿的基础上，增加了双方合意的规定。① （2）在婚姻的解除方面，明确规定了两愿离婚制度，废弃了封建传统的专权离婚主义和强制离婚主义，并赋予夫妻双方在形式上的平等地位。（3）区分了两愿离婚和呈诉离婚。（4）将"夫妻不相和谐"确定为两愿离婚的离婚事由。（5）对呈诉离婚采有责主义的立法模式，仅无过错方有离婚的权利，有过错方无权提出离婚请求。（6）在离婚的形式要件上采登记离婚主义。（7）设置婚姻无效及撤销制。双方无结婚意愿的婚姻无效，申请撤销婚姻也有八种情形。② （8）确立了离婚损害赔偿制度。即呈诉离婚中若丈夫存在过错，则应酌给妻以生计程度相当之赔偿。③

《大清民律草案》中与婚姻诉讼相关的一系列规定均较为先进，但以上诸律未及实施，清政府即在辛亥革命中被推翻。总的来说，清末制定的诸项法律是近代西方法律精神与中国传统法律制度相结合的产物，相较于其他部分，婚姻家庭方面的立法在更多地保留了中国封建制度内容的基础上，也作出了若干开创性的规定，堪称我国婚姻家庭制度现代化的开端。这些先进的制度虽未及实施，但为其后民国时期的婚姻家庭立法提供了重要借鉴。④

（三）《民国民律草案》中婚姻诉讼之相关规定

1925年起，北洋政府修订法律馆以"大清民律草案"为基础，

---

① 《大清民律草案》第1341条规定，当事人无结婚之意思的婚姻属于无效婚姻。参见蒋月：《20世纪婚姻家庭法：从传统到现代化》，中国社会科学出版社2015年版，第207页。

② 分别为：未达及结婚年龄、同宗结婚、禁婚亲属间结婚、重婚、妇女离婚未逾十月而再婚、相奸者结婚、未经父母允许而结婚、因诈欺或胁迫而结婚。蒋月：《20世纪婚姻家庭法：从传统到现代化》，中国社会科学出版社2015年版，第208页。

③ 见《大清民律草案（亲属编）》第1369条。考虑到当时普遍实行从夫居等国情，法律只将丈夫作为离婚损害赔偿的责任主体。参见金眉：《中国亲属法的近代转型——从〈大清民律草案·亲属编〉到〈中华人民共和国婚姻法〉》，法律出版社2010年版，第175~176页。

④ 参见程维荣、袁奇钧：《婚姻家庭法律制度比较研究》，法律出版社2011年版，第3~5页。

完成了民法修正案，也被称为"第二次民律草案"，该草案对"亲属编"之篇目作了变动，修改后的"亲属编"有通则、家制、婚姻、亲子、监护、亲属会、抚养之义务共计7章234条内容，草案亲属编注重中国传统伦理及旧时法制，如采用宗族制度、亲等采用寺院计算法①以期与服制图②相近，家政统于家长等，其他多采新法。③

与《大清民律草案》相比较，《民国民律草案》中关于婚姻关系的规定有了进一步的完善：（1）实现婚姻自由。第1107条规定，男女两情愿者得自由结婚。这里未提及须经父母同意，更大程度上肯定了夫妻双方的自由意志。（2）在婚姻的解除方面，《民国民律草案》延续了《大清民律草案·亲属编》中的两愿离婚和有责主义的呈诉离婚，但将呈诉离婚中离婚损害赔偿的责任主体扩充规定为"有责任之一方"，夫或妻均包含其中。（3）增加了离婚抚养费制度，④ 且采无过错主义。该笔扶养费的支付于权利人再婚时终止，或可因义务方经济状况的恶化而停止或减少。该草案改变了包办买卖婚姻的陈规，确立了一定的婚姻自由精神，具有积极意义，并对其后的《中华民国民法·亲属编》（以下简称《民法亲属编》）产生了较大影响。

---

①　寺院计算法与罗马计算法同为国际上主要采用的亲等计算方法，源自中世纪教会法计算亲等的方法。参见张迎秀：《论亲属远近的科学计算方法》，载《法制与经济》2010年第2期。

②　服制图，又称五服图。五服是指古代丧服制度中的五种服色，即斩衰、齐衰、大功、小功、缌麻。五服本身表明生者与死者的亲疏远近关系，以及与死者同有关系的生者与生者之间的远近亲疏关系，因此在执行丧礼、宗族家族事务及执行法律时须有涉及。参见高学强：《从丧服制度在近代的变迁看中国传统法律的近代化》，载《青海社会科学》2009年第1期。

③　参见张生：《民国〈民律草案〉评析》，载《江西社会科学》2005年第8期。

④　《民国民律草案》第1155条规定："不问离婚原因如何，无责任之一方，因离婚而陷于非常贫困者，他之一方纵亦无责任，应按其资力，对彼方给以相当之扶养费。"参见杨立新：《大清民律草案民国民律草案》，吉林大学出版社2002年版，第358页。

二、国民政府时期的婚姻家庭立法

（一）《民法亲属编》概述

南京国民政府设立了法制局作为起草法律的机构，其于 1930 年 12 月公布，1931 年 5 月起施行的《民法亲属编》是我国历史上第一部正式颁布施行的亲属法，"在法律形式上实现了婚姻家庭法从古代型到近现代型的转变"。① 在继受清末、民初婚姻家庭立法成就的同时，又作出了革命性的改造。该《民法亲属编》（第 967 条至 1137 条，共 171 条）具体规定了当时中国的婚姻家庭制度。其共设七章，体系完备、结构规整、内容充实，很多规定在今天看来仍有可借鉴之处。

（二）《民法亲属编》中关于婚姻诉讼之相关内容

南京国民政府《民法亲属编》中对于中国传统婚姻家庭制度的改革力度相当之大，其中涉及婚姻诉讼方面的内容有：（1）确立男女平等原则。在结婚和离婚的条件上实现了男女平等，改变了之前历次草案中宽于夫而严于妻的旧规。（2）离婚程序上规定了两愿离婚和裁判离婚两种形式，对于裁判离婚的法定事由采过错主义原则。② 也有学者认为《民法亲属编》中关于离婚事由的规定增加了对离婚目的主义的采用，③ 如将一方患有不治之恶疾、重大不治之精神病列入法定离婚事由。（3）规定了离婚请求权的除斥

---

① 杨大文、龙翼飞主编：《婚姻家庭法学》，中国人民大学出版社 2007 年版，第 35 页。

② 《民法亲属编》第 1052 条将离婚事由规定为：重婚、通奸、虐待、妻虐待夫方直系尊亲属或者受夫之直系尊亲属虐待致不堪共同生活、夫妻一方持续恶意遗弃他方、意图杀害、有不治之恶疾、有重大不治之精神病、生死不明达三年、被处三年以上徒刑或因犯不名誉罪被处徒刑。参见许莉：《〈中华民国民法·亲属〉研究》，法律出版社 2009 年版，第 100 页。

③ 离婚目的主义，是指夫妻一方以婚姻共同生活中发生违背婚姻目的的事实为由而诉请离婚。这种事实不能归责于夫妻一方，却使婚姻关系难以维持，婚姻目的无法达到。参见夏吟兰：《离婚自由与限制论》，中国政法大学出版社 2007 年版，第 151 页。

条款。①（4）将精神损害赔偿也纳入了离婚损害赔偿的范畴。②

对于《民法亲属编》中针对传统婚姻家庭制度的突破性改革，有学者给予了高度评价："以男女平等为原则，除一二特殊情形外，夫妻关系已属极端平等。"③ 该编内容大幅度改革了我国传统婚姻家庭制度，是清末以来的中国婚姻家庭立法现代化过程中影响较为深远的一次。④ 然而，民国政府时期，在帝国主义、封建主义和官僚资本主义的联合压迫统治下，封建的经济基础和上层建筑仍然存在，没有也不可能对婚姻家庭制度进行根本性的变革。废除封建主义的婚姻家庭制度，建立新民主主义和社会主义的婚姻家庭制度，乃是中国革命和新中国法制建设必须完成的一项主要任务。⑤

三、民主革命时期根据地的婚姻家庭制度改革

中国的革命分为新民主主义革命和社会主义革命两大阶段，各自在婚姻家庭制度的改革方面呈现出了不同的性质：民主主义性质的改革和社会主义性质的改革。

在"五四运动"前后，以李大钊等人为代表的革命先驱，提出了关于解放妇女、改革婚姻家庭制度的主张，这是我国婚姻家庭制度改革的思想理论基础。在新民主主义革命过程中，改革封建的婚姻家庭制度也是民主改革的重要内容之一。1922 年，针对封建

---

①　除斥条款的具体情形包括：有请求权者事前同意或事后宥恕的；已经过一定期限的。参见蒋月：《20 世纪婚姻家庭法：从传统到现代化》，中国社会科学出版社 2015 年版，第 252 页。

②　《民法亲属编》第 1056 条："夫妻一方因判决离婚而受有损害者得向有过失之他方请求赔偿。"《中华民国现行法规大全·民法》，商务印书馆1933 年版，第 61 页。

③　参见赵凤喈：《民法亲属编》，台湾中正书局 1970 年第 13 版，第 92页。转引自蒋月：《20 世纪婚姻家庭法：从传统到现代化》，中国社会科学出版社 2015 年版，第 259 页。

④　参见蒋月：《20 世纪婚姻家庭法：从传统到现代化》，中国社会科学出版社 2015 年版，第 263 页。

⑤　参见陈苇：《当代中国内地与港、澳、台婚姻家庭法比较研究》，群众出版社 2012 年版，第 4 页。

社会妇女地位低下的状况，中国共产党第二次代表大会的决议提出了解放妇女、改革婚姻家庭制度的主张，同时提出"打破奴役女子的旧礼教""女子应有遗产继承权""结婚离婚自由"等口号，这是婚姻家庭制度改革的政治基础。①

在民主革命时期各根据地的法制建设中，婚姻家庭相关立法起步较早。1931 年公布施行的《中华苏维埃共和国婚姻条例》涉及的内容主要包括原则、结婚、离婚、离婚后子女抚养、财产的处理、未经结婚登记所生子女的抚养等。在此基础上于 1934 年颁行了《中华苏维埃共和国婚姻法》。其主要内容包括：（1）确立了婚姻自由、一夫一妻等原则，禁止一夫多妻；（2）明确了结婚的条件及程序，确立了结婚登记制度；（3）实行离婚自由，明确离婚登记制度；（4）实行男女平等，保护妇女和子女的利益；（5）保护革命军人的婚姻。这是我国婚姻家庭制度改革史上十分重要的两部立法，虽然它们诞生于革命法制发展的初期，在调整范围和具体内容方面亦有局限性，但其仍然在当时的婚姻家庭制度改革中起到了重要的作用。②

在之后的抗日战争和解放战争时期，各革命根据地先后颁行了多个婚姻条例，如《川陕省苏维埃政府婚姻条例》《晋西北婚姻暂行条例》《晋察冀边区婚姻条例》等。这些根据地的婚姻家庭制度改革因历史条件的限制均有不尽完善之处，但是其仍为中华人民共和国成立后的婚姻家庭立法作出了重要铺垫。③

第三节　新中国婚姻家庭制度的确立与发展

中华人民共和国成立以来，我国大陆地区的婚姻家庭法制建设

---

① 参见陈苇：《当代中国内地与港、澳、台婚姻家庭法比较研究》，群众出版社 2012 年版，第 5 页。

② 参见杨大文主编：《婚姻家庭法》，中国人民大学出版社 2012 年版，第 32 页。

③ 参见张希坡：《中国婚姻立法史》，人民出版社 2004 年版，第 106～107 页。

历经了三个不同的阶段。第一个阶段是 1950 年《婚姻法》的颁布及一系列相关配套措施的实施，使得社会主义的婚姻家庭制度得以初步建立和有效实施。第二个阶段是受"文化大革命"的影响，婚姻家庭方面的法制建设停滞不前，封建陋习伺机蔓延。第三个阶段是 1980 年《婚姻法》的颁布及于 2001 年对《婚姻法》的修正，标志着我国婚姻家庭领域的规范体系已基本形成。

一、1950 年《婚姻法》

在中华人民共和国成立初期这一特殊的历史环境下，婚姻家庭问题，乃是关乎个人、社会和国家利益的重要问题之一。该阶段的主要任务除了要"破"也即废除封建婚姻制度、反对资本主义婚姻制度外，还必须要"立"也即建立新的婚姻制度。1950 年 4 月 13 日，以 1949 年以来民主革命根据地时期的相关立法为基础，结合社会的实际需要，中央人民政府委员会决议通过了《婚姻法》。这是新中国成立初期极为重要的一项立法，也是中华人民共和国成立后公布的第一部真正意义上的法律。毛泽东强调指出："婚姻法是有关一切男女利害的普遍性仅次于宪法的国家根本大法之一。"①

该法共设八章，包括：原则、结婚、夫妻间的权利和义务、父母子女间的关系、离婚、离婚后子女的抚养和教育、离婚后的财产和生活、附则。从内容上看实际上是一部婚姻家庭法，其中涉及婚姻关系的缔结和解除方面的内容有：

（一）实行结婚自由和离婚自由。该法分别在第 3 条②和第 17 条③对结婚自由和离婚自由作了具体规定，并且在结婚和离婚方面，实现了真正意义上的男女平等。

---

① 参见马起：《中国革命与婚姻家庭》，辽宁人民出版社 1959 年版，第 81 页。
② 1950 年《婚姻法》第 3 条的内容为："结婚须男女双方本人完全自愿，不许任何一方对他方加以强迫或任何第三者加以干涉。"
③ 1950 年《婚姻法》第 17 条："男女双方自愿离婚的，准予离婚，男女一方坚决要求离婚的，经区人民政府和司法机关调解无效时，准予离婚。"

（二）设立婚姻登记制。对于婚姻成立、自愿离婚实行行政登记。该法第 6 条规定，要求结婚的男女双方，应亲自到所在地人民政府登记，政府判断其是否符合结婚条件，符合条件的，发给结婚证。第 17 条规定，双方自愿离婚的，准予离婚，并向人民政府登记。

（三）规定了两愿离婚和裁判离婚两种离婚方式，并在裁判离婚中增加了男女一方坚决要求离婚，调解无效的也准予离婚的规定，赋予了个人更多的离婚自由。①

（四）禁止男方在特定情形下的离婚请求权。为保护弱势妇女的利益，该法第 18 条规定，在女方怀孕期间、分娩一年内男方不得提出离婚，女方不受此限。

（五）该法偏重保护女方的利益。具体表现为：离婚后由女方直接抚养子女，法律规定男方应承担全部或部分的子女生活费及教育费；② 在离婚财产的分割方面照顾女方及子女的利益；③ 男方对夫妻共同财产无法清偿的共同债务承担更多的清偿责任等。④ 这些利益偏重在其后的 1980 年《婚姻法》及 2001 年修正案中进行了一定的矫正。

1950 年《婚姻法》是新中国制订出台的第一部基本法，开创了我国制定独立的婚姻法典的立法体例。它以"废旧立新"为根本任务，从实践效果上看，其基本上实现了对我国传统婚姻家庭制度的根本性革新，为社会主义婚姻家庭制度的进一步完善奠定了基础。但是从另一方面来看，该法也存在些许问题：首先，无论是体系还是条文，都显得过于简单，⑤ 其"简单的法律条文、粗糙的立

---

① 参见金眉：《中国亲属法的近现代转型：从〈大清民律草案·亲属编〉到〈中华人民共和国婚姻法〉》，法律出版社 2010 年 7 月版，第 182 页。
② 1950 年《中华人民共和国婚姻法》第 21 条。
③ 1950 年《中华人民共和国婚姻法》第 23 条。
④ 1950 年《中华人民共和国婚姻法》第 24 条。
⑤ 张玉敏主编：《新中国民法典起草五十年回顾与展望》，法律出版社 2010 年版，第 380 页。

法技术使其具有一定的时代局限性"。① 其次，对判决离婚的标准未做具体规定，故而导致了该法生效后发生了一轮离婚高潮，② 针对这一问题，其后的立法文件中作了相应完善。③

1950年《婚姻法》颁布后，中国社会经历了一场自上而下的围绕婚姻法的推行运动，经历了动员、婚姻法执法情况检查、婚姻法运动月及总结几个阶段。从1950年婚姻法颁布到1953年年底，中央人民政府、最高人民法院等国家机关频繁发布了诸多指示、通知，④ 由此可见此次婚姻改革运动的力度。当时，从中央到地方各级政府都成立了贯彻婚姻法运动委员会，通过各种形式宣传贯彻《婚姻法》，使之得以高效迅速普及。同时，还检查了县以上各级人民法院、民政部门和基层干部执行婚姻法的情况，处理了大量婚姻家庭相关的民事纠纷和刑事案件。通过一系列运动，自主婚姻显著增加，男女平等、婚姻自由等观念逐渐成为主流认识。中国的婚姻家庭制度顺利地实现了从新民主主义到社会主义的性质转变，社

① 巫昌祯、夏吟兰：《改革开放三十年中国婚姻立法之嬗变》，中国法学会婚姻家庭法学研究会2008年年会论文。

② 据中央人民广播电台播报，全国法院受理的离婚案件总数：1950年为186167件，1951年为409500件，1952年为398243件，1953年为1200000件余。汪玢玲：《中国婚姻史》，上海人民出版社2001年版，第437页。

③ 1963年最高人民法院出台的《关于贯彻执行民事政策的几个问题的意见》中增加了"感情完全破裂"作为准予离婚的标准。1979年最高人民法院出台的《关于贯彻执行民事政策法律的意见》明确将"夫妻关系事实上是否确已破裂和能否恢复和好"作为是否准予离婚的原则。参见金眉：《中国亲属法的近现代转型：从〈大清民律草案·亲属编〉到〈中华人民共和国婚姻法〉》，法律出版社2010年版，第184页。

④ 主要包括中央人民政府颁发施行《中华人民共和国婚姻法》的命令，中央人民政府法制委员会《有关婚姻法施行的若干问题与解答》，中央人民政府政务院《关于检查婚姻法执行情况的指示》，最高人民法院、司法部《关于认真执行中央人民政府政务院"关于检查婚姻法执行情况的指示"的通知》，中央贯彻婚姻法运动委员会《关于贯彻婚姻法运动的总结报告》等17项司法文件。参见金眉：《中国亲属法的近现代转型——从〈大清民律草案·亲属编〉到〈中华人民共和国婚姻法〉》，法律出版社2010年版，第51页。

会主义的婚姻家庭制度得以初步建立。①

二、1980 年《婚姻法》

1978 年之后，我国婚姻家庭方面的法制建设进入了恢复和发展阶段。"文化大革命"期间，婚姻家庭法制遭到严重的破坏，婚姻家庭领域出现了一些"回潮"现象，包办买卖婚姻等现象抬头，1950 年《婚姻法》"已完全不能适应社会现实需求"。② 为尽快恢复法制建设，使我国的婚姻家庭制度回复到有法可依、有法必依的轨道，在 1950 年《婚姻法》的基础上，总结三十年来的实践经验并结合新情况、新问题，五届全国人大三次会议于 1980 年通过了新的《婚姻法》，在内容上保留了原婚姻法中许多行之有效的规定，同时又作出了必要的修改和补充。

该法共设五章，具体包括总则、结婚、家庭关系、离婚、附则。1980 年《婚姻法》对 1950 年《婚姻法》在基本原则③、结婚条件④、调整范围⑤等方面都有较大的补充和完善。具体到婚姻诉讼相关的内容，其主要变革如下：第一，修改了离婚程序，将调解设置为裁判离婚的前置程序。⑥ 第二，对法院准予离婚的法定条件

---

① 张希坡：《中国婚姻立法史》，人民出版社 2004 年版，第 214 页。

② 参见《婚姻家庭生活的准则》，《人民日报》1980 年 9 月 16 日第 1 版。

③ 在基本原则部分，在重申 1950 年《婚姻法》中已有的婚姻自由、一夫一妻、男女平等各项基本原则的基础上，增加了计划生育原则。在禁止性条款中增加了对买卖婚姻、家庭成员间虐待和遗弃的禁止规定。

④ 在结婚条件的修改方面提高了法定婚龄，扩大了禁婚亲的范围，将"其他五代内的旁系血亲间禁止结婚的问题，从习惯"修改为"禁止直系血亲和三代以内的旁系血亲结婚"。

⑤ 扩大了对家庭关系的调整范围。在调整夫妻、父母子女间关系的同时，将祖孙关系、兄弟姐妹关系也纳入了调整范围，并对夫妻财产制、继父母子女关系等方面的规定作了修订或补充。

⑥ 1980 年《婚姻法》第 25 条规定，男女一方要求离婚的，可由有关部门进行调解或直接向人民法院提出离婚诉讼。人民法院审理离婚案件，应当进行调解；如感情确已破裂，调解无效，应准予离婚。

予以明确，提出了将"夫妻感情确已破裂"①作为裁判离婚的实质条件。②同时，在婚姻诉讼方面较为突出的不足是对离婚制度的设计过于概括，特别是针对法定离婚理由，只有原则性的规定，而没有对例示事项加以列举。

1980年《婚姻法》对于我国的婚姻立法进行了较大程度的完善，使之能够在前述"回潮"之后重新满足中国社会的现实需要。与此同时，由于当时的法学研究相对滞后，加之在拨乱反正的立法背景下仍旧坚持了"宜粗不宜细"的指导思想，故1980年《婚姻法》更多的是沿袭了前一部法律的框架结构，内容变动的幅度不大，同时在内容上对改革开放之后的发展趋势估计不够，缺少立法的前瞻性。鉴于此种历史局限以及其操作性不强的立法特点，1980年《婚姻法》施行后，随着各类社会改革的推进，婚姻家庭领域又遇到了新情况，为此最高人民法院在总结司法实践经验的基础上，先后印发了多个针对1980年《婚姻法》实施问题的司法解释，主要包括：1989年11月21日发布的《关于人民法院审理未办理结婚登记而以夫妻名义同居生活案件的若干意见》，其中对于事实婚姻及非法同居关系作出了界定；同一天发布的《感情破裂具体意见》列举了视为夫妻感情破裂的14种情形，这是我国迄今为止关于"感情破裂"认定标准的最早最全面的规定，根据审判实务的需要填补了立法空白；1993年11月3日发布的《关于人民法院审理离婚案件处理财产分割问题的若干具体意见》，1996年2

---

①　杨怀英教授对于"夫妻感情确已破裂"的解释为：必须是夫妻感情已经破裂，而不是可能破裂；必须是夫妻感情真正破裂，而不是假破裂；必须是夫妻感情完全破裂，而不是开始发生裂痕或隔阂。一般来说，衡量夫妻感情破裂与否的标志就是看双方究竟还有无恢复和好的可能。只要还有一线希望恢复和好，就不能认定感情完全破裂。参见杨怀英：《正确理解婚姻法第25条的精神》，西南政法学院民法教研室编《婚姻家庭论文集》，1985年，未刊稿，第111页。转引自蒋月：《20世纪婚姻家庭法：从传统到现代化》，中国社会科学出版社2015年版，第334页。

②　"感情确已破裂"的离婚标准同样规定于1980年《婚姻法》第25条。

月 5 日发布的《关于审理离婚案件中公房使用、承租若干问题的解答》等。这些规范性文件在一定程度上弥补了《婚姻法》的不足及其漏洞，吸收了审判经验，使得 1980 年《婚姻法》的有关条款得以明确清晰，为司法实务提供了具有可操作性的处理依据，同时也为 2001 年立法机关对《婚姻法》进行修改奠定了基础。①

三、2001 年《婚姻法修改决定》

1980 年《婚姻法》实施 20 年后，立法中的缺陷已日益凸显，在改革开放和社会变革的形势下，人们的婚姻自主意识虽不断增强，但包办、买卖婚姻现象仍然存在，借婚姻索取财物较为普遍；重婚、"包二奶"等现象破坏了一夫一妻制；家庭暴力呈上升趋势；弄虚作假骗取结婚登记等违法现象大量存在。在这样的局面下，无疑有必要对《婚姻法》的相关内容加以修改。"在婚姻家庭领域，一方面要加强道德建设，另一方面要加强制度建设。具体构想是，填补立法空白，增加必要的法律制度，充实薄弱环节，完善现有的法律制度。总体目标就是要把婚姻法修改成为有中国特色和时代精神的、体系完整内容全面的、具有前瞻性、系统性、科学性的婚姻家庭法。"②

2001 年 4 月 28 日，九届全国人大常委会通过了《修改〈中华人民共和国婚姻法〉的决定》，（以下简称《婚姻法修改决定》）。这一修改决定对于 1980 年《婚姻法》在条文和结构上共作了 33 处修改，计 6 章 51 条，主要涉及的修改内容包括：增加了"禁止有配偶者与他人同居""禁止家庭暴力"等原则性规定，并增加了相关倡导性规定;③ 通过使我国夫妻财产制度形成体系，对婚姻制度作了较大的完善与补充；明确区分了夫妻共同财产和个人财产的

---

① 参见巫昌祯、夏吟兰主编：《婚姻家庭法学》，中国政法大学出版社 2007 年版，第 30 页。

② 巫昌祯主编：《中华人民共和国婚姻法讲话》，中央文献出版社 2001 年版，第 3 页。

③ 第 4 条增加规定"夫妻应当相互忠实，互相尊重，家庭成员间应当尊老爱幼，互相帮助，维护平等、和睦、文明的婚姻家庭关系"。

范围，完善了夫妻约定财产制，明确了财产约定的形式和效力等问题；增加了一章也即关于救助措施和法律责任的内容。

在涉及婚姻关系的程序性内容方面，该修改决定做了较大程度的完善，具体包括：

（一）"结婚"一章中增设了婚姻无效制度和可撤销婚姻制度。这两项制度均是域外各国家和地区婚姻程序立法的重要组成部分，在我国婚姻家庭方面的程序设置中也是开创性的规定。对于不符合结婚要件的婚姻，要么是无效婚姻，要么是可撤销婚姻，依法产生无效的法律后果。这一制度的设立强化了结婚的实质要件和形式要件的法律效力，使得婚姻要件的规定更具有法律强制力。[1]

（二）实现了法定离婚事由的具体化。诉讼离婚的标准仍为"夫妻感情确已破裂"，但同时确立了六类具体情形，[2] 便于法官对具体事项是否符合判决离婚的标准作出认定，增加了离婚法定条件的透明度，有利于降低法官作出判断时的主观随意性。

（三）增加了限制男方请求离婚的法定事由。在1980年《婚姻法》限制男方请求离婚之法定事由的基础上，将"女方中止妊娠后六个月内"增加列入了男方不得提出离婚的情形范围。

（四）引入了离婚时夫妻一方的经济补偿请求权制度。[3] 这是我国在立法上第一次明确承认家事劳动的社会价值，进一步强调了夫妻双方对于婚姻家庭的平等权利和义务。[4]

---

[1]　巫昌祯、夏吟兰主编：《婚姻家庭法学》，中国政法大学出版社2007年版，第31页。

[2]　根据修改后的《婚姻法》第32条第2款规定，六种情形包括：重婚或有配偶者与他人同居的；实施家庭暴力或虐待、遗弃家庭成员的；有赌博、吸毒等恶习屡教不改的；因感情不和分居满二年的；其他导致夫妻感情破裂的情形；一方被宣告失踪，另一方提出离婚诉讼的。

[3]　修改的《婚姻法》第40条规定："夫妻书面约定婚姻关系存续期间所得的财产归各自所有，一方因抚育子女、照料老人、协助另一方工作等付出较多义务的，离婚时有权向另一方请求补偿，另一方应当予以补偿。"

[4]　参见蒋月：《20世纪婚姻家庭法：从传统到现代化》，中国社会科学出版社2015年版，第459页。

（五）增设了离婚损害赔偿制度。修改后的《婚姻法》第 46 条规定，因夫妻一方重婚、与他人同居、实施家庭暴力、虐待遗弃家庭成员导致离婚的，无过错一方有权请求损害赔偿。该项规定是《宪法》中关于"婚姻家庭受国家保护"之宣示的具体化。

2001 年《婚姻法修改决定》针对社会上反映强烈的主要问题作出了积极的回应，扩大了公权力对家庭生活的适度干预，更加符合我国国情，是我国婚姻家庭法制建设的一项重要成果，也使我国的《婚姻法》成为一部具有中国特色和时代特点的法律。尤其是其中关于婚姻诉讼制度方面的开拓创新，对于我国婚姻诉讼程序的完善与发展意义重大。

在我国现行婚姻家庭法律体系中，目前只有以《婚姻法》为基本法的婚姻家庭法律规范体系，婚姻登记则由国务院所属部门的行政规章加以规定，对于《婚姻法》规定不明或疏于规定的，则由最高人民法院适时发布司法解释。为保障 2001 年修正后的《婚姻法》的实施，最高人民法院先后于 2001 年 12 月、2003 年 12 月以及 2011 年 8 月颁布了《婚姻法解释（一）》《婚姻法解释（二）》和《婚姻法解释（三）》。这三项成系列的司法解释针对《婚姻法》中相关术语或条款做了具体的界定或解释；[1] 对 2001 年修改后的《婚姻法》有所遗漏或不甚明确的问题补充了具体规则。[2] 司法解释的不断完善，为人民法院审理婚姻家庭案件的司法

---

[1]　这里的术语包括："家庭暴力""胁迫""有配偶者与他人同居""夫妻对共同财产享有平等处理权""子女不能够独立生活""知识产权的收益""其他应当归共同所有的财产"等。

[2]　包括《婚姻法》第 4 条的可诉性、补办结婚登记、事实婚姻的处理、诉请解除同居案件的处理、彩礼返还、夫妻共同财产与债务、宣告婚姻无效、结婚登记程序的瑕疵、亲子关系的否认与确认、婚姻期间请求分割共同财产的法定事由、父母出资为子女购买不动产之归属、无行为能力的配偶之权益保护、生育权诉讼的处理、夫妻一方婚前购买不动产的归属、夫妻一方擅自出售共有房屋的效力、夫妻一方婚内所得养老保险金期待利益以及夫妻之间借款协议的效力等问题。参见陈苇：《当代中国内地与港、澳、台婚姻家庭法比较研究》，群众出版社 2012 年版，第 13 页。

实践提供了有针对性的指导。

四、2021 年《民法典》婚姻家庭编

《民法典》是中华人民共和国成立以来第一部以"法典"命名的法律，是民事领域的基础性法律，是保障私权的基本法。《民法典》婚姻家庭编对公民的婚姻家庭权利作出规定，对《婚姻法》《收养法》《继承法》《民法通则》《物权法》《侵权责任法》等民事法规、司法解释进行了全面系统的修订编纂。"婚姻家庭编"包含"一般规定""结婚""家庭关系""离婚""收养"五章，在婚姻家庭诉讼尤其是婚姻诉讼之制度设计上作出了如下重要修改。

第一，修改禁止结婚的条件，增加婚姻无效的情形。《婚姻法》自公布之日起即规定，患有医学上认为不应当结婚的疾病者禁止结婚。虽然该类禁婚情形规定的较早，但理论界一直未对禁婚疾病的范围作出明确的界定，各地法院在司法实践中也未达一致标准。强制婚检制度废除后，该项事由的证明和裁判更加困难。为尊重当事人尤其是患病一方当事人的婚姻自主权，《民法典》第 1051 条删去了"患特定疾病"的禁婚情形，同时第 1053 条要求患病方履行如实告知义务。

第二，完善可撤销婚姻制度。可撤销婚姻制度的变化主要体现在以下两个方面：一是可撤销婚姻之法定事由的新增。《婚姻法》中规定的可撤销婚姻的法定事由仅有"受胁迫结婚"一种情形。本编第 1053 条将"一方患重大疾病"从无效婚姻的情形中删除并新增为可撤销婚姻的情形之一，该项变动也与禁婚条件之修改相互呼应。疾病婚姻并非一律属于可撤销婚姻，当事人能够行使婚姻撤销权的前提是患病方当事人在婚姻登记前未如实告知病情。另一项重大变化是修改了可撤销婚姻的请求受理机关。本编第 1052 条明确，因胁迫而撤销婚姻的请求受理机关为"人民法院"，剔除了此前《婚姻法》中关于婚姻登记机关可作为可撤销婚姻之请求机关的规定。至此，无论是因胁迫抑或因对方隐瞒重大疾病而致善意当事人行使婚姻撤销权，其法定的请求受理机关均仅为人民法院，婚姻登记机关无权处理婚姻撤销事件。

第三，新增离婚冷静期的规定。在《民法典》婚姻家庭编修改完善的过程中，立法者积极回应社会发展所面临的婚姻家庭新问题。近年来，我国离婚率不断攀升，2010年至2019年间，我国登记离婚人数从267.8万对增至470.1万对，其中不乏轻率离婚的情形。为减少冲动离婚，维护家庭稳定，《民法典》设置离婚冷静期，对离婚当事人设置时间门槛，给予其冷静思考的机会。立法明确自婚姻登记机关收到离婚登记申请之日起30日内，任一方不愿意离婚的，可以向婚姻登记机关撤回离婚登记申请。《民法典》的离婚冷静期制度仅适用于登记离婚的情形，本不属于诉讼离婚也即婚姻家事诉讼程序中的一环。然而，有观点认为该项冷静期制度应同时规定为诉讼离婚程序的必要期间，且司法实践中已出现了类似操作。因此，本书有必要对离婚冷静期制度进行探讨，思考其纳入诉讼离婚程序的合理性问题。

第四，完善离婚损害赔偿制度。离婚损害赔偿，是指婚姻关系中的受侵害方有权因夫妻一方实施的特定侵权行为要求损害赔偿，具有填补损害、精神抚慰、制裁和预防违法行为等功能。《民法典》婚姻家庭编关于离婚损害赔偿制度的修改有两处：一是新增了该项制度的适用范围，《民法典》第1054条第2款明确无效婚姻或可撤销婚姻中无过错方当事人的损害赔偿请求权。二是扩充了该项制度的适用情形，《民法典》第1091条在《婚姻法》第46条的基础上增加兜底条款"有其他重大过错"，扩大对无过错方离婚赔偿请求权的请求条件范围，加大对人身遭受配偶侵害的无过错婚姻当事人之合法权益的保护。

第五，规定确认和否认亲子关系的一般规则。原《婚姻法》未对亲子关系确认之诉作出规定，《民法典》婚姻家庭编第1073条对亲子关系确认之诉作出原则性规定：对亲子关系有异议且有正当理由的，父母一方可向法院提起诉讼，请求确认或否认亲子关系。亲子关系确认之诉，又称为非婚生子女认领之诉，是指生父对非婚生子女承认亲子关系而领为子女的行为。[1] 亲子关系否认之诉，又称婚生子女否认之诉，是父或母对亲子关系提供否定性证据，否认特定子女为婚生子女的诉讼。凡是女方在婚姻关系存续期间分娩的子女便直接认定为婚生子女，这一推定可能出现错误，《民法典》允许利害关系人提出婚生子女否认之诉，法院审查确认该子女的非婚生性的，即可否定亲子关系，父亲与该子女的权利义务关系不复存在。[2]

　　我国的婚姻家庭立法走过了一段曲折且独特的历程。我国现行的婚姻家庭法律体系是以《宪法》《民法典》为依托，以《民法典》之婚姻家庭编为主干，以相关司法解释为配套，以其他部门法中的相关规范和各效力层次的法规、规范性文件、司法解释为补充。其中关于身份关系诉讼程序、婚姻诉讼程序方面的规定，也经历了一个从无到有，从简单到相对完善的曲折过程。

---

① 杨立新：《民法典婚姻家庭编完善我国亲属制度的成果与司法操作》，载《清华法学》2020 年第 3 期。
② 杨立新：《家事法》，法律出版社 2013 年版，第 175～186 页。

第三章　域外身份关系诉讼程序之考察——以婚姻诉讼程序为中心

第一节　英美法系国家和地区的身份关系诉讼程序

一、美国

(一) 婚姻家庭立法概述

美国的家庭法又称"家庭关系法"，"它是调整夫妻关系、父母子女关系的各种法律规范和司法判例的总和，婚姻诉讼的相关规定亦在其中有所体现"。① 从渊源上看，美国没有全国统一适用的家庭法，《美国联邦民事诉讼规则》中也几乎没有关于婚姻家庭诉讼程序的特殊规定。美国家庭法的主要渊源有各州的家庭法，州和联邦宪法，② 州和联邦的其他法律如税法、财产法，地方性法规，

---

① 何家弘主编：《当代美国法律》，社会科学文献出版社 2011 年版，第 228 页。

② 美国宪法对于各州家庭法的制定及重塑起了指导性作用。同时，各州的家庭立法不得违背美国的宪法原则，并要受到联邦判例法和制定法的影响。经常被引用的宪法条文主要是第 14 条修正案，该修正案主要有两方面的内容，即平等保护和正当程序。其代表性案件为洛夫英诉弗吉尼亚（1817），联邦法院认为该州一项禁止不同种族通婚的法律是违反平等保护条款的，因为它按照肤色给予不同人不同待遇；它也违反了正当程序条款，因为它剥夺了一个人自由选择配偶的权利。婚姻权是个人的基本权利，州法律无权对其加以限制。这充分体现了联邦法院对各州的家庭案件管辖权和处理程序及结果的监督权。参见陈爱武：《人事诉讼制度研究》，法律出版社 2008 年版，第 62 页。

司法判例等。①

在美国，家庭法属于各州的立法范围，调整婚姻家庭关系的立法和司法权由各州独立掌握。美国联邦最高法院反复强调："夫妻及父母子女间的家属关系都属于州法的调整范围，而非美国联邦法律的调整范围。"② 这就是所谓"家庭关系例外原则"。③ 究其原因，一方面是立法传统的延续，另一方面则是各州的家庭法传统不尽相同，婚姻家庭的实际情况也有差异，故由联邦统一立法必然矛盾重重。值得注意的是，在婚姻诉讼方面，州法律全国统一委员会于 1971 年制定的《统一结婚离婚法》截至 1993 年已得到了 8 个州的全部或部分采用，同时该法对其他未采用的州离婚法也产生了重要的影响，特别是在离婚、财产分割、配偶和子女扶养等方面，已被作为各州立法的范例。④

美国对婚姻诉讼案件的审理，大致经历了从少年裁判所到家事裁判所再到家事法庭乃至家事法院的审理历程。因为美国各州的婚姻诉讼程序之规定相对独立，所以在审判机构的设置、审理程序、离婚事由、婚姻效力等方面表现出来的程序特征也不具有严格意义上的同一性。但是，其中体现出的程序原理则是相同的，都是在婚姻诉讼纠纷的处理方面加强法官的权力，弱化法庭对抗，以保护当事人的权益。

（二）婚姻的缔结和无效婚姻

1. 结婚条件

---

① ［美］Harry D. Krause，Family Law，法律出版社 1999 年版，前言。

② 参见［美］哈里·D. 格劳斯：《美国家庭法精要》，陈苇等译，中国政法大学出版社 2010 年版，第 5 页。

③ 联邦对各州家庭法也有一定的制约。主要表现在：1. 联邦宪法可以限制州的立法权。若其立法违背联邦宪法原则，该州的立法权即会受限。2. 联邦通过单行法对某些婚姻家庭范畴内的事项进行规制。主要涉及子女监护、子女抚养、强制赔偿等问题。3. 联邦最高法院对某些案件进行直接管辖，如引诱、拐卖儿童（此处特指前夫或前妻未经对方同意而带走子女）等重大侵权行为的案件。

④ 参见陈爱武：《人事诉讼程序研究》，法律出版社 2008 年版，第 63 页。

在美国，正式婚姻的成立应当具备以下条件：有当事人真实的意思表示、须达到法定婚龄、不属于禁止结婚的情形。美国《统一结婚离婚法》中规定的不得结婚的情形包括重婚、有特定亲属关系、收养关系等。美国不适用该《统一结婚离婚法》的州还规定了其他禁止结婚的条款，如禁止同性、堂兄妹、直系姻亲、患性病者结婚等。同时，《统一结婚离婚法》还规定了一套完整的结婚程序：夫妻双方向办事员提出申请、办事员在婚姻申请书上签字批准、由有资格的人员主持结婚仪式、登记备案。①

2. 无效婚姻和可撤销婚姻

在美国，违反结婚实质要件或形式要件的婚姻为无效婚姻。部分州将无效婚姻（invalid marriage）细化为当然无效的婚姻（void marriage）和宣告无效的婚姻（voidable marriage）。前者是指违反各州公益性质的法律规定之婚姻，后者是指存在某些轻微要件瑕疵的婚姻，② 两者都属于婚姻的瑕疵情形。一般认为，美国的婚姻无效事由包括近亲婚、重婚或一方未达绝对最低法定婚龄的婚姻。无效婚姻当然不具有法律效力，宣告程序只是为了对其无效的性质予以明确。至于其他那些瑕疵不甚严重的婚姻通常被归为"可撤销婚姻"或"宣告无效的婚姻"，除非当事人请求婚姻无效之司法宣告，否则仍将被视为有效。这类情形主要包括虽达最低法定婚龄但在特殊情况下欠缺父母同意的婚姻、未成年人的婚姻以及未经婚检等所附条件的婚姻。此外，侵害一方配偶利益的瑕疵情形（如欺诈）也会使该婚姻成为可撤销的婚姻。③

而在《统一结婚离婚法》中，婚姻无效并未被再作细分，而是一律规定为"宣告无效"。具体适用情形有：婚姻当事人结婚的意思表示不真实，一方有性生理缺陷而另一方结婚时不知情的，未

---

① O'Connell, Frederick P., Marriage, Divorce, and the Uniform Marriage and Divorce Act, New York Law Review, Vol. 17, pp. 983-1049 (1971-1972).

② D Tolstoy, Void and voidable marriages, The Modern Law Review, Vol. 27: 4, pp. 385-394 (1964).

③ 参见［美］哈里·D. 格劳斯：《美国家庭法精要》，陈苇等译，中国政法大学出版社 2010 年版，第 40 页。

成年人的婚姻，属于禁止结婚的情形如重婚、近亲属结婚的。在上述四种情形下，申请宣告婚姻无效的请求权主体分别为：配偶任一方或无行为能力方的法定代理人，配偶任一方，未成年一方及其家长或监护人，配偶任一方、重婚情形中的合法配偶、有关政府官员或任一方的子女。婚姻无效自结婚之日起算，属于自始无效，① 但对善意之配偶，推定其具有婚姻效力。②

（三）　离婚事由——由过错离婚到无过错离婚

在美国，二十世纪六十年代的"离婚革命"是由过错离婚向无过错离婚改革的重要阶段，美国由此进入了广泛的离婚法改革时期。1969 年加利福尼亚州政府委员会建议将离婚理由限定为"婚姻关系无可挽回地破裂"和"精神错乱"，由此开始了离婚理由由无过错替代有过错而占据主要地位的过程。③ 1970 年《统一结婚离婚法》将"婚姻关系无可挽回地破裂"作为唯一的离婚理由，到 1985 年几乎所有的州都抛弃了纯粹的过错离婚制度，无过错离婚已占据主导地位。④ 到目前为止，完全实行无过错离婚理由的州在美国并不占多数，大多数州还是选择了新旧结合的离婚理由模式，即无过错理由和过错理由并存。⑤ 2000 年以后，以离婚自由的相对性为基础，美国又对无过错离婚制度做了进一步完善，对单

---

① 若法官在考虑相关情况后认为不使判决具有溯及力是公正的，则婚姻无效的判决可以不具有溯及力。Paul J. Goda S. J., The Historical Evolution of the Concepts of Void and Voidable Marriages, Journal of Family Law, Vol. 7, pp. 297-308（1967）。

② 参见陈苇：《外国婚姻家庭法比较研究》，群众出版社 2006 年版，第 145 页。

③ Herma Hill Kay：An Appraisal of California's No-Fault Divorce Law, California Law Review, Vol. 75：1, pp. 291-319（1987）。

④ Peter Nash Swisher, Reassessing Fault Factors In No-Fault Divorce, Family Law Quarterly, Vol. 31：2, pp. 269-320（1997）。

⑤ 美国各州现行的无过错离婚理由主要包括别居、不和谐、婚姻关系无可挽回地破裂；现行的过错离婚理由则主要有通奸、虐待、遗弃、乱伦等。Lynn D. Wardle, No-Fault Divorce and the Divorce Conundrum, 1991, Brigham Young University Law Review, pp. 79-142（1991）。

纯的无过错进行了限制，改革的主要措施有三种：在无过错离婚法中设置离婚障碍、创设新的婚姻模式、建立离婚指导与教育程序。①

对无过错离婚设置离婚障碍，采用最多的即是"相互同意"。以美国新墨西哥州离婚法为例，根据该州 2003 年《相互同意/离婚指导法》的规定，离婚原因包括婚姻关系破裂、残暴与不人道的对待、通奸、遗弃。妻子正在怀孕或有未成年子女时，婚姻双方当事人要进行"婚姻关系破裂"的无过错离婚必须达成合意，这一离婚障碍在存在家庭暴力的情况下可以免除。②

创设新婚姻模式，是指通过颁布新的婚姻法规，设计与传统婚姻并存的新的婚姻模式，并规定新的离婚原因，由当事人自行选择，从而间接地对无过错婚姻制度进行改革。路易斯安那州 1997 年颁布的《契约婚姻法》即为此类。其特殊之处在于：在程序上，以婚姻指导与教育贯穿契约婚姻的始终；在离婚原因上，无过错与过错原因相结合。无过错原因包括"事实分居两年以上"，过错原因则有通奸、犯罪、遗弃、虐待等。③

建立离婚指导与教育程序，是限制无过错离婚的常见方式。2007 年佐治亚州《离婚改革法》即为代表。该法规定，若妻子正在孕期或有未成年子女，夫妻要申请离婚则必须参加相关教育课程。该类课程由社会工作者、家庭问题顾问、心理医生等主持，课程内容为离婚对子女的影响。此种改革方法较为和缓，目的是使夫妻充分了解离婚对子女产生的不利影响，促使他们慎重考虑。④

---

① 参见程露：《论美国现代婚姻法的新发展及其启示》，西南政法大学 2008 年硕士论文。

② Fran Wasoff, Mutual Consent：Separation Agreements and the Outcomes of Private Ordering in Divorce, Journal of Social Welfare and Family Law , Vol. 27：3-4, pp. 237-250（2005）.

③ 参见［美］哈里·D. 格劳斯：《美国家庭法精要》，陈苇等译，中国政法大学出版社 2010 年版，第 199 页。

④ Barbara A. Babb & Gloria Danziger, Introduction to Special Issue on Unified Family Courts, 46 Family Court Review, Vol. 46, p. 224（2008）.

（四）管辖法院与基本规则

1. 家事法院的构建

美国有联邦和州两套法院系统，家事案件由州法院处理。在有些州是由普通法院受理，在设置了家事法院的州则由家事法院专门受理。美国的家事法院源于少年法庭。美国很早就设立了特别裁判所，适用特别程序，合并处理少年事件及相关家庭事件，范围主要包括遗弃、抚养懈怠等。1914 年，俄亥俄州的辛辛那提市设立了家庭关系法院，将少年事件、家庭事件均列入案件管辖范围，可谓美国各州（市）设立家庭法院之先驱，并随之得到了各州（市）的纷纷效仿。至今，在州法院中设立专门家事法院的有十几个州（如加州、大纽约市等），其他未设专门家事法院的州（市）大多设立了专门的家事法庭。① 各州的家事法院虽名称或管辖范围有所不同，但其审理的婚姻诉讼案件主要包括婚姻适格、婚姻的效力、宣布婚姻无效、法定分居、离婚等案件。②

在美国，离婚必须通过法院的判决才能生效，当事人在庭外达成的离婚协议也必须得到法院的认可。美国有十余个州建立了独立的家事法院系统，家事法院对离婚诉讼案件进行专属管辖。与美国司法系统中的普通法院相比，家事法院的特殊性主要表现在审理程序上的不同理念：增强法官职权，弱化法庭对抗。具体表现在以下几个方面：从审判人员的组成上看，此类案件的审判人员并非仅由法官组成，这些法院均配备具有特殊素质或对此类案件有兴趣的法官、社会工作人员和适合于婚姻案件审判的其他专业人士。上述人员必须具有审理此类案件的经验，并能作出最合理的判决。③ 从具体程序规则上看，较之普通法院，家庭法院所采用的程序规则更加灵活变通，法官可以收集事实资料，作为客观妥当解决案件的依

---

① 参见陈爱武：《家事法院制度研究》，北京大学出版社 2010 年版，第 7 页。

② 参见陈爱武：《人事诉讼程序研究》，法律出版社 2008 年版，第 64 页。

③ 夏吟兰：《美国现代婚姻家庭制度》，中国政法大学出版社 1999 年版，第 174 页。

据，必要时可要求心理学、医学等方面的专家对事件关系人的身心进行鉴定。

2. 法院调解贯穿始终

为了使家庭事件的处理获得良好的事后效果，家庭法院将婚姻纠纷的调解和协谈贯穿于案件解决的全过程，各类替代性纠纷解决措施的使用越来越频繁。美国大约有一半的州在立法中明确规定，判决离婚前要进行调解或仲裁。离婚调解是指当事人接受职业调解人的帮助以达成离婚相关事宜的协议，调解人并非为了促成当事人和解，而是尽可能地帮助他们以最少的花费解决离婚问题。①

3. 离婚仲裁

在很多国家，家庭身份关系纠纷案件一般不能通过仲裁解决。而美国的大部分州依据《统一仲裁法》，对劳动、商业以及婚姻纠纷进行仲裁。当然，离婚案件的仲裁事项也仅限于财产权益纠纷，主要包括配偶扶养、夫妻财产等问题，至于离婚事件本身以及子女抚养、监护等涉及公共政策的纠纷，仍然不得进行仲裁。"在家事纠纷的解决中利用仲裁程序，其优势是灵活便捷，但也存在程序透明度不高、仲裁员权力有限等问题。因此离婚仲裁在实务中的作用是有限的。"②

二、英国

（一）婚姻家庭立法概述

从法律渊源上看，作为非成文法国家，英国没有"人事诉讼"或者"家事诉讼"的专门概念。不过在婚姻诉讼领域，英国却存在较多的程序或实体方面的法令和规则，其中的程序规则也大多集中于实体法中。英国的婚姻诉讼案件一般包括婚姻无效诉讼、离婚

---

① Robert E. Emery, David Sbarra & Tara Grover: Divorce Mediation: Research and Reflections, Family Court Review, Vol. 43: 1, pp. 22-37 (2005).

② 陈爱武：《人事诉讼程序研究》，法律出版社2008年版，第66页。

诉讼、司法别居诉讼、死亡推定和婚姻解除诉讼以及身份宣告诉讼。① 1857 年《离婚与婚姻诉讼法》在英国最早规定了离婚程序，进入二十世纪后，英国于 1923 年通过新的《婚姻诉讼法》，1967 年制定《婚姻案件法》，1969 年出台《离婚改革法》，1973 年制定《婚姻诉讼法》，1984 年制定《婚姻和家事诉讼法》，于 1996 年颁布了《家庭法》，并于 2010 年修改颁布了《家事程序规则》。②

（二）婚姻的缔结和无效婚姻

1. 结婚条件

英国的结婚和婚姻诉讼制度在相当长的一段时间内是由宗教法调整的。直到 1973 年《婚姻诉讼法》的颁布，才明确了婚姻诉讼的普通法调整方式。根据《婚姻诉讼法》的规定，英国的结婚条件主要有：须达法定婚龄，未成年初婚须得监护人同意，双方合意等。其结婚形式采用申请注册和结婚公告制。③

2. 无效婚姻和可撤销婚姻

英国《婚姻诉讼法》上规定的婚姻无效主要是指违反社会公德和公共政策的情形，具体包括：有禁止结婚的亲属关系、未达法定婚龄、不符合法定结婚程序、重婚等。无效婚姻当然自始无效，当事人或利害关系人可以于任何时间请求法院对该婚姻宣告无效。英国《婚姻诉讼法》第 1 条第 5 款规定，离婚的宣告通常要经过两个阶段，一个非最终的判决在先，之后是一个最终判决；第 15 条规定，无效婚姻准用第 1 条第 5 款的规定，即只有获得最终判决，婚姻才能被宣告无效。至于可撤销婚姻的情形，包括《婚姻诉讼法》第 12 条规定的三种：双方欠缺合意（如胁迫、错误等）、一方精神错乱、有不适宜结婚的传染性疾病等。该类婚姻经由当事

---

① 欧福永：《英国民商事管辖权制度研究》，法律出版社 2004 年版，第 245 页。

② Jens M Scherpe，Matrimonial Causes for Concern? A Comparative Analysis of Miller v Miller；Mcfarlane v Mcfarlane ［2006］，King's Law Journal，Vol. 18：2，pp. 348-360（2007）．

③ 参见陈苇：《外国婚姻家庭法比较研究》，群众出版社 2006 年版，第 131 页。

人向法院提出申请，法院宣告后才得撤销，并且当事人提出申请的期限也有一定的限制。

（三） 离婚事由——从永不离婚到破裂主义原则

从历史上看，英国在很长一段时间内是由基督教教会法院执行《教会法》来规范婚姻关系的，教会法院对居住在本教区的当事人之间的婚姻诉讼案件有排他的管辖权。但由于《教会法》主张禁止离婚主义，因此当时的婚姻诉讼不包括离婚案件。①

1857 年《离婚与婚姻诉讼法》是英国最早规定离婚制度的世俗立法，主要内容包括：（1）设立专门的世俗离婚法院，离婚诉讼的判决权力由教会法院转向离婚法院，这是英国法律上首次承认通过司法判决达至离婚，由此改变了之前仅允许"立法离婚"②的程序。③（2）首次明确了法定离婚理由，采过错离婚主义，但对男女采用不同的道德标准。④（3）规定了妻子的财产权利和离婚后的扶养制度。此后的一个多世纪，英国的离婚法内容没有多少实质性的变动，仅是婚姻诉讼的管辖主体有些许调整。⑤

1923 年，英国国会通过了新的《婚姻诉讼法》，该法废除了离

---

① 参见石雷：《英国现代离婚制度研究》，西南政法大学 2014 年博士论文，第 35 页。

② 立法离婚，是指因重大事由需要离异的，通常需要得到国会法令的特许。因为整个程序进行起来非常艰难且花费不菲，故仅有少数特权者可以享受这一权利。Harry D. Krause, Family Law, 法律出版社 1999 年版，第 335 页。

③ 但是离婚法院只有一个，设在伦敦，对偏远地区的人们不甚方便。参见李喜蕊：《英国家庭法历史研究》，知识产权出版社 2009 年版，第 162 页。

④ 男方的离婚理由是妻子的通奸，女方的离婚理由是丈夫通奸加其他过错行为。参见李喜蕊：《英国家庭法历史研究》，知识产权出版社 2009 年版，第 163 页。

⑤ 1875 年设立了"最高法院遗嘱、离婚与海事法庭"对婚姻案件进行管辖，1971 年转设为高等法院家事法庭，且由大法官指定的郡法院也可审理未提出抗辩的婚姻诉讼案件。参见：［英］莫里斯著：《法律冲突法》，李东来等译，中国对外翻译出版公司 1990 年版，第 185 页。

婚理由上的"男女双重标准",规定婚姻双方均可仅以对方的"通奸"为由提起离婚诉讼。随后的 1937 年《婚姻诉讼法》首次将离婚理由扩大到通奸之外,规定"虐待""无端遗弃三年""难以治愈的精神病"可作为新的离婚诉讼理由。此处"难以治愈的精神病"这一离婚理由的出现,表明了英国离婚法改革中"离婚无过错"的概念已经出现并产生影响。1967 年英国制定《婚姻案件法》将婚姻案件的管辖法院由高等法院扩展到基层法院,极大地便利了当事人的诉讼,这一变革随之带来了离婚案件数量的急剧增加。1969 年《离婚改革法》应势出台。该项立法是英国婚姻诉讼领域产生实质变革的标志性立法,它在离婚理由上以"破裂主义"取代了此前一直惯行的"有责主义",标志着离婚自由的初步实现。依据该法,符合下列情形之一的,即可认定夫妻感情破裂,准许离婚:通奸,无理行为,遗弃两年以上,分居两年且夫妻双方有离婚合意,分居达五年。离婚的限制条件是"自结婚之日起三年内不准提交离婚申请"。①

(四) 身份关系诉讼的具体规则

英国的身份关系诉讼规则亦是以婚姻诉讼事件为基础的展开。英国于 2010 年颁布了《家事程序规则》,其中明确规定了现代离婚制度的法定程序。按照该法规定,"婚姻指令"包括了离婚令、婚姻无效令以及司法分居令。有关离婚法定程序的内容被规定在第七部分"婚姻及民事结合诉讼中的程序"里。根据离婚双方当事人是否达成了离婚合意,可以将离婚程序分为"无争议的离婚"和"有争议的离婚"两种情形。②

1. 无争议的离婚程序

1973 年《婚姻诉讼法》确立了合意离婚的特别程序,成为英

---

① J M Binner, A W Dnes: Marriage, Divorce, and Legal Change: New Evidence from England and Wales, Economic Inquiry, Vol. 39: 2, pp. 298-306 (2001).

② 参见石雷:《英国现代离婚制度研究》,群众出版社 2015 年版,第76 页。

国婚姻诉讼的一大亮点：对于双方无争议的离婚，请求方填写一个由法院设计的表格，陈述离婚原因，随后由法院或律师送达对方填写同样的表格，法院汇集双方意见后若认为理由正当，则可在双方均不在庭的情况下判决临时离婚，6 周后若无争议，则进行最终的离婚判决。该程序也被称为"通信离婚"。随着电子技术的发展，英国逐步推行电子诉讼服务，当事人可直接从网站上获取离婚所需之表格及相关的法律建议。这一离婚方式的限制条件是：结婚不满一年的，不得提交离婚申请，但该期间内一方的过错可作为离婚程序的证据。①

2. 有争议的离婚程序

与无争议的离婚程序类似，有争议的离婚程序也是依一方当事人申请而启动，但被告有权在确认送达书上说明其反对离婚的答辩意见。法院对于符合条件的离婚案件进行公开审理，对双方交叉盘问。庭审之后，法官将根据审理的情形决定是否作出暂准离婚令，作出并决定发布的，原告可在 6 周后申请绝对离婚令，若原告未申请，则被告可以在原告有权申请之日起 3 个月后提出绝对离婚令之申请。②

3. 离婚诉讼的限制条款

在无争议离婚和有争议离婚程序外，英国还规定了以下限制离婚条款：第一，规定离婚考虑期。该期间在 1973 年《婚姻诉讼法》第 3 条已有规定，自结婚之日起 1 年内，不得向法院申请离婚，但其并不妨碍当事人以该年内的一方配偶之过错作为 1 年后提起离婚申请的证据。第二，对离婚后经济困难的一方给予特殊保护。依据 1973 年《婚姻诉讼法》第 5 条，"夫妻一方以分居满 5 年为由提出离婚申请的，对方当事人可以离婚将给其带来经济上或

---

① 参见石雷：《英国现代离婚制度研究》，群众出版社 2015 年版，第 76~80 页。

② Chuma Himonga, Breaking the Tie, Enduring Fragmentation and Reform beyond 2007: The Matrimonial Causes Law, International Survey of Family Law, pp. 495-521 (2008).

其他方面的重大困难作为抗辩理由"。①

（五）婚姻诉讼案件的审判和调解

英国并未设立专门的家庭法院，相关案件在高等法院的家庭法庭、郡法院、地方法院家庭法庭进行审理，其中"郡法院"处理的婚姻家事案件数量最多。大多数郡法院是指定的"离婚郡法院"，有权处理离婚、婚姻无效和司法别居等案件。有些类型的家庭诉讼可由上述任一法院审理，有的类型则必须在特定的法院进行审理。如离婚诉讼即必须在专门指定的"离婚郡法院"审理。②与审理普通案件的法院不同，英国对于婚姻诉讼案件赋予了法官极大的自由裁量权，相应地，在婚姻家庭案件发生后，其法庭内外的调解与和解方式都受到了特别的关注。

英国的离婚调解实行自愿原则，按照1996年《家庭法》的规定，离婚调解并非必须。一旦双方达成了一致，即可订立调解协议，此协议虽并不具备法律效力，但在执行上往往更加便宜。值得注意的是，英国现行离婚调解中出现了"协作调解"这一新的离婚纠纷解决方法。具体是由双方当事人及他们的律师也即双方团队进行协商，进而达成调解协议。但此类调解之利用，双方当事人的费用负担较重，在实践中虽调解成功率较高，但选择该种方式的当事人并不多。英国在和解方面也采取鼓励的姿态。1973年《婚姻诉讼法》规定，离婚程序中法院认为存在和解可能的，可在任何阶段中止离婚程序。③

三、澳大利亚

（一）婚姻家庭立法概述

由于历史原因，澳大利亚的立法深受英国的影响，婚姻诉讼程

---

① 蒋月等译：《英国婚姻家庭制定法选集》，法律出版社2008年版，第57~58页。

② 参见陈爱武：《人事诉讼程序研究》，法律出版社2008年版，第59页。

③ 参见陈爱武：《人事诉讼程序研究》，法律出版社2008年版，第60页。

序也不例外。澳大利亚的婚姻诉讼规范主要规定于 1959 年《婚姻诉讼法》和 1975 年《家庭法》中，以上两部法律确定了该国的家事诉讼机构和程序。澳大利亚拥有较为完善的家事法院系统，几乎所有的州都设有专门的联邦家事法院，负责婚姻诉讼等一系列家事案件的处理。①

在议会的努力下，1959 年《婚姻诉讼法》、1961 年《婚姻法》等法律相继生效并发挥重要作用。作为澳大利亚家庭法的核心组成部分，1975 年 5 月联邦议会通过的《家庭法》废止了过错离婚，"婚姻关系无可挽回地破裂"确定为唯一离婚理由。② 1994 年修改的《家庭法》第 48 条第 2 款规定法院判决离婚的唯一条件是"夫妻双方关系破裂，从破裂之时起分居，在提交离婚申请书之前，其分居状态持续不少于 12 个月"。③ 该部《家庭法》在 2008 年作了最新修改。

（二）　婚姻的缔结和无效婚姻

1. 结婚条件

澳大利亚有关结婚方面的程序规定主要集中在 1961 年《婚姻条例》及各州和地区的相关立法中。其中关于有效婚姻的条件具体为：具有缔结能力、双方有结婚的合意、履行法定程序。

2. 婚姻无效

根据澳大利亚 1961 年《婚姻条例》第 23B 条的规定，具有以下情形的婚姻无效：重婚；有禁止结婚的亲属关系；依《婚姻条例》第 48 条的规定，一方的意思表示不真实；存在误解或智力无

---

① The Hon Chief Justice Alastair Nicholson AO RFD, Margaret Harrison, Family Law and the Family Court of Australia: Experiences of the First 25 Years, Melbourne University Law Review, Vol. 24, p. 756 (2000).

② 澳大利亚《家庭法》第 48 条第 1 款规定：依据本法申请离婚令，应以夫妻关系已无可挽回地破裂为理由。参见陈苇：《澳大利亚家庭法》（2008 年修正），群众出版社 2009 年版，第 110 页。

③ 陈苇：《澳大利亚家庭法》（2008 年修正），群众出版社 2009 年版，第 111 页。

法理解自己的行为；任何一方未达到适婚年龄的情形也属婚姻无效。《婚姻条例》对于婚姻无效和婚姻可撤销未作区分，不符合结婚要件且情形严重的，都规定为无效婚姻。在婚姻无效的法律后果方面，婚姻无效判决并不是解除婚姻关系，而是宣告该婚姻关系自始不存在。只要符合无效的条件，家事法院就有权作出宣告婚姻无效的判决，该一审判决即为终局判决。①

（三）身份关系诉讼的具体规则

1. 离婚案件的管辖

澳大利亚特设家庭法院管辖离婚诉讼案件，而且澳大利亚《家庭法》排斥协议离婚的适用，也即只有通过向法院提起诉讼才可离婚，此乃唯一方式。② 澳大利亚的婚姻家庭纠纷由家事法院专属管辖，其《家庭法》第 39 条第 1 款规定："婚姻诉讼向以下法院提起：家事法院或州、地区的最高法院。"③ 家事法院的特点在于：在审判人员的组成方面，澳大利亚家事法院由对婚姻家庭案件有兴趣和具备特定素质的法官、社会工作人员和其他专业人士组成，以为当事人提供专业帮助。在案件的管辖范围方面，澳大利亚家事法院的受案范围较为单一，其只管辖婚姻事务，包括离婚、婚姻无效及离婚后的财产分割、子女抚养等纠纷。④ 这与美国的家事法院管辖的案件范围有很大的不同。如前所述，美国的家庭法院由青少年法院发展而来，因此涉及家庭和青少年问题的事务统一于家事法院中，具体包括婚姻诉讼案件、青少年犯罪案件、虐待儿童案

---

① 参见陈苇：《外国婚姻家庭法比较研究》，群众出版社 2006 年版，第 572 页。

② 参见白红平：《中澳婚姻家庭法律制度比较研究》，法律出版社 2012 年版，第 178 页。

③ 陈苇：《外国婚姻家庭法比较研究》，群众出版社 2006 年版，第 99 页。

④ 《家庭法》第 31 条详细介绍了家事法院的初审管辖案件范围，包括婚姻诉讼、子女收养、财产分割等关联事项。参见陈苇：《澳大利亚家庭法》（2008 年修正），群众出版社 2009 年版，第 83 页。

件等。

2. 离婚障碍的相关规定

澳大利亚《家庭法》第 44 条（1B）规定："离婚请求在婚姻成立两年后方能提起，若夫妻双方结婚时间不足 2 年，则必须要接受家事法院的和解劝导。"[①] 在和解劝导的过程中，夫妻双方应该在咨询官的帮助下，考虑重新和好的可能。此项规定意味着申请人在两年内提出的离婚申请书中必须附带有指定的离婚咨询证明。将申请离婚的时间作为对离婚的限制，意在防止当事人草率离婚，以维护婚姻的稳定与严肃。

这里的离婚咨询不同于调解，两者的区别主要有：首先，着眼点不同。咨询主要着眼于过去的事实，以便理解现在和将来的变化；而调解则是着眼于将来的处理办法。其次，作用不同。咨询的作用在于应对那些引发当事人行为变化的复杂的感情、动机和目的，提供咨询者可以在解决冲突中充分发挥作用，为当事人提供适宜的解决方案和建议；而调解的作用在于促进当事人的沟通，帮助双方就争议的问题作出决定，且调解者不可主动建议调解结果。最后，所需时间不同。咨询的时间一般要多于调解，而且咨询是夫妻双方在结婚之日起两年内提出离婚请求的必经程序。[②]

3. 离婚判决

澳大利亚的离婚判决与英国相似，也分为暂时判决和终局判决。依其《家庭法》之规定，离婚判决作出时必须先是一个暂时的判决。该暂时判决在作出宣告之日起一个月后转为终局判决，一个月的时间限制可以由法院根据案件情况自行延长或缩短。在暂时判决作出的一个月内，未有一方当事人提出上诉，双方也未在此期

---

① 陈苇：《澳大利亚家庭法》（2008 年修正），群众出版社 2009 年版，第 105 页。

② 参见陈苇：《外国婚姻家庭法比较研究》，群众出版社 2006 年版，588 页。

间内达成和解的，暂时判决即转为终局判决。如果法院确信有一方当事人出现欺诈、作伪证、隐匿证据及其他导致误判的情形，也可决定撤销暂时判决。自判决成为终局判决之日起，双方才可再行缔结新的婚姻关系。①

4. 争端解决方式

澳大利亚家事法院在解决以婚姻诉讼为主的家庭纠纷时，辅导、调解和仲裁这三种方式所占比重较大。如《家庭法》第 14 条第 3 款规定，法官在审理家事纠纷时，必须考虑和解的可能性。如果法官在庭审中发现和解的可能，他即可以：（1）中止诉讼程序并给予双方当事人庭外和解的机会；（2）征得双方当事人同意后，由法官主持调停；（3）如果中止诉讼后一方当事人要求继续审理，法庭必须恢复庭审。②

5. 顾问和注册官制

澳大利亚《家庭法》还规定了家事诉讼中的顾问和注册官制度。顾问一般是在某一社会科学领域有所擅长，他们主要负责向当事人及法院提供帮助，向法庭提交"家事报告"，向当事人提供家庭咨询、调解等。③ 具有法定资格的注册官则是力求以商谈的方式解决财产争议及扶养问题。近年来，家事法院积压的案件数量日益增多，为了缓解法院的案件压力，很多注册官成了准法官，负责就离婚诉讼中的抚养问题和财产事项与当事人双方进行会谈。④

---

① 参见陈苇：《外国婚姻家庭法比较研究》，群众出版社 2006 年版，第589 页。

② 参见陈苇：《澳大利亚家庭法》（2008 年修正），群众出版社 2009 年版，第 68 页。

③ 澳大利亚《家庭法》第 11A 条规定了家事顾问的职责。参见陈苇：《澳大利亚家庭法》（2008 年修正），群众出版社 2009 年版，第 61 页。

④ 参见陈爱武：《人事诉讼程序研究》，法律出版社 2008 年版，第 67页。

四、我国香港地区

（一）婚姻家庭立法概述

香港地区的法制发展有着特殊的政治、历史背景。其在鸦片战争后沦为英国的海外殖民地，英国的法制传统及法律体系也随之移植至香港，并与当时香港本土的中国法制传统及社会习俗相互融合，形成了独特的法制传统和法律文化。

香港地区婚姻家庭法律制度的发展大致经历了从"本土制度与外来制度的二元并立"到"统一的婚姻家庭制度逐步形成"再到"婚姻家庭法继续朝着本土化发展"这三个阶段。1997 年香港特别行政区成立后，香港地区婚姻家庭制度的法律渊源有了进一步的扩充，主要包括：中华人民共和国宪法、香港基本法、香港地区成文条例、判例法、国际条约和公约、习惯、法理等。除宪法、香港基本法及其附件外，其他的全国性法律，如《民法典》等，不在香港地区实施。①

在立法例上，目前香港地区调整婚姻家庭关系的主要法律规范为单行的成文条例，而不似我国台湾地区那样将其纳入"民法典亲属编"中，该立法模式针对性强，适用灵活。具体而言，现行成文条例中涉及婚姻诉讼的主要有：（1）1997 年 6 月 30 日颁布的《婚姻条例》，列明了无效婚姻、违反婚姻条例的法律责任等婚姻诉讼的相关内容。（2）1997 年 6 月 30 日颁布的《婚姻制度改革条例》规定了婚姻的解除及相关事宜。（3）1997 年 6 月 30 日颁布的《婚姻诉讼条例》（香港法律第 179 章）主要对离婚案件的管辖、离婚程序、婚姻无效、其他婚姻讼案、附属救济以及离婚后对子女的保护等作出了具体规定。②

---

① 参见陈苇：《当代中国内地与港、澳、台婚姻家庭法比较研究》，群众出版社 2012 年版，第 23 页。

② 参见程维荣、袁奇钧：《婚姻家庭法律制度比较研究》，法律出版社 2011 年版，第 23 页。

另外，香港地区婚姻诉讼法律制度的另一特征是重视家事习惯的作用。即便是在统一法制时期，虽然习惯法已逐渐被成文法及判例法所取代，但依习惯法制定的一系列具有鲜明地域特色的成文法例，更加贴近社会生活，对维护香港地区婚姻家庭关系的稳定发挥了重要作用。①

（二）婚姻的缔结及无效婚姻、可撤销婚姻

1. 结婚条件

依据香港1971年《修订婚姻制度条例》的规定，其婚姻缔结采用注册结婚制，须满足的条件是：双方有结婚的合意，达到法定婚龄，特定主体须经父母同意，履行特定手续，签署结婚证书。②

2. 无效婚姻和可撤销婚姻

香港无效婚姻与可撤销婚姻的规定来源于英国。香港《婚姻诉讼条例》第19~23条、《婚姻条例》第27条及附表5均对以上两类婚姻无效的情形作出了具体的规定。无效婚姻属于绝对无效的婚姻。香港地区认定婚姻无效的情形主要有："禁婚亲属间的婚姻、结婚时任一方不满16岁、结婚手续不符合法律规定、重婚、同性婚。"③

其他国家和地区婚姻法上的"可撤销婚姻"在香港地区被称为"可使无效的婚姻"，具体是指某些有瑕疵的婚姻，④ 婚姻双方可以选择宣布婚姻无效或继续婚姻生活，如选择婚姻无效，须向法院申请婚姻无效的判令。⑤ 此类婚姻是否无效，可以取决于当事人

---

① 参见张学仁：《香港法概论》，武汉大学出版社2006年版，第357页。

② 参见王丽丽、李静：《中国诸法域婚姻家庭法律制度比较研究》，中国政法大学出版社2013年版，第37页。

③ 陈苇：《当代中国内地与港、澳、台婚姻家庭法比较研究》，群众出版社2012年版，第146页。

④ 根据《婚姻诉讼条例》第20条第2款的规定，可使无效的婚姻的具体情形包括被胁迫或心智不健全、有精神疾病、可传染的性病等。参见张学仁：《香港法概论》，武汉大学出版社2006年版，第363页。

⑤ 参见赵文宗、李秀华、林满馨：《中国内地、香港婚姻法实务》，人民法院出版社2005年版，第6页。

的意愿，属于相对无效的婚姻。

（三）离婚事由

香港地区不承认协议离婚，婚姻当事人仅能通过诉讼程序实现离婚。根据香港地区1997年《婚姻诉讼条例》第3条规定，离婚案件只能由法院管辖，无论是呈请离婚还是申请离婚，① 当事人只能向法院提起诉求。② 在香港地区，"婚姻破裂至无法挽救"为诉讼离婚的唯一法定理由，具体的破裂情形规定在《婚姻诉讼条例》第11~15条中。只要有事实显示该婚姻还有和解的可能，法院都应拒绝申请人的离婚请求。香港地区对诉讼离婚的规定采取列举主义的立法模式，明确了该情形的数项判断标准，其中包括双方合议离婚的两种法定情形③以及单方要求离婚的五种法定情形④。⑤

另外，为了鼓励婚姻关系双方当事人和解，该条例第15条还

---

① 呈请离婚和申请离婚是我国香港地区离婚程序的两种方式，两者的区别在于，呈请离婚的主体是婚姻一方当事人，而申请离婚的主体则是婚姻双方当事人。

② 参见王丽丽、李静：《中国诸法域婚姻家庭法律制度比较研究》，中国政法大学出版社2013年版，第281页。

③ 根据《婚姻诉讼条例》第11条B项的规定，两种情形包括：1. 婚姻双方在申请提出前已分开居住最少连续1年。2. 在申请提出前不少于1年，法院接获一经婚姻双方签署的通知书。该通知书是当事人双方可于任何时间向法院发出的一份经双方签署的书面通知，表示双方拟向法院申请解除婚姻，而该通知书其后并未被撤回。

④ 根据《婚姻诉讼条例》第11条A项的规定，五种情形包括：1. 被告人曾与人通奸，且呈请人无法再忍受与其共同生活；2. 因被告人的行为而无法合理期望原告愿意继续与其共同生活；3. 婚姻双方在离婚呈请提出前，已分开居住最少连续1年，且被告同意由法院批出判令；4. 婚姻双方在离婚呈请提出前，已经分开居住最少连续2年；5. 被告在离婚呈请提出前，已遗弃呈请人最少连续1年。王丽丽、李静：《中国诸法域婚姻家庭法律制度比较研究》，中国政法大学出版社2013年版，第285页。

⑤ 参见陈苇：《当代中国内地与港、澳、台婚姻家庭法比较研究》，群众出版社2012年版，第460页。

规定了诉讼离婚的阻却事由、① 诉讼的押后②及苛责条款。③

（四）身份关系诉讼的具体规定

1. 离婚诉讼的提起

香港地区离婚诉讼的提起方式有两种，一是单方呈请（Petition），二是双方申请（Application），这两种离婚方式分别有其特定的程序特点。对单方呈请离婚而言，夫妻任何一方无须事先知会对方，只要能够证明存在离婚的法定事由，均可单独向法庭呈

---

① 阻却事由包括：1. 如果婚姻一方知道被告与人通奸后仍与其连续或断续共同生活，同居时间总计超过 6 个月的，该方则丧失以对方通奸的事实请求离婚的权利。2. 凡呈请人指称因答辩人的行为而无法合理期望呈请人与其共同生活，但在呈请人所依赖并获法院裁定为可支持呈请人指称的最后事件发生当日后的一段或多于一段的期间，婚姻双方仍然共同生活，如该段期间或该等期间总计为 6 个月或少于 6 个月，则为施行第 11A（2）（b）条而裁定是否无法合理期望呈请人与答辩人共同生活时，该事实不得列入考虑。参见王丽丽、李静：《中国诸法域婚姻家庭法律制度比较研究》，中国政法大学出版社 2013 年版，第 285 页。

② 《婚姻诉讼条例》第 15A 条规定，如法庭认为"婚姻双方有合理和好之可能"，则可以在任何阶段将诉讼押后。法庭"可将诉讼押后一段认为适当的时间，以便双方尝试和解"。

③ 苛责条款系为保护弱者利益，限制离婚：1. 如果呈请人以在提出离婚呈请前，婚姻双方最少已连续分居 1 年而提出离婚的，如法庭认为判令离婚将使双方陷入严重经济困难或其他严重困境，则法庭必须驳回该呈请。此时，法庭必须考虑婚姻双方的年龄、健康、行为、谋生能力、经济来源、双方的利益和子女的利益及其他有关人利益等一切所谓的环境情况。同时，该条例第 15B 条还对困境作出了解释，即"困境包括失去取得任何利益的机会，而该利益是该宗婚姻若未解除则答辩人可能会取得的"。2. 条例 11A 中规定，只要双方已连续分居 2 年以上，即使一方仍不同意离婚，亦可推定其婚姻已无可挽回地破裂。但是以该事实为理由请求离婚，被告仍可以提出反对颁发暂准离婚判令的要求。如果法庭认为判令离婚会使双方陷入经济等其他方面的严重困难，则可以驳回原告的离婚请求。3. 原告在提出离婚呈请前至少已连续 1 年遭被告遗弃，该遗弃期应具有连续性。如果遗弃期内双方又连续或断续地共同生活，只有该共同生活期总计不超过 6 个月时，法庭才会将其从遗弃期中扣除。参见王丽丽、李静：《中国诸法域婚姻家庭法律制度比较研究》，中国政法大学出版社 2013 年版，第 185 页。

请离婚。对于双方申请离婚而言，当事人双方则须向法院递交共同拟定的离婚申请通知书，且同样需要证明婚姻已经"破裂至无可挽救"。与其他英美法系国家和地区类似，该条例第 12 条同样规定了提出离婚呈请或申请的时间限制：除第 2 款另有规定外，① 自结婚当日起计 1 年期间届满前，不得向法院提出离婚呈请。②

　　2. 离婚诉讼的管辖

　　香港地区的离婚诉讼实行两审终审制，根据《婚姻诉讼条例》第 10 条 A 项第一款规定，③ 离婚案件的初审裁判权一般由香港的地方法院行使，最高法院为终审法院。但此情形也有例外，据上述条文第二款规定，任一当事人或审理该案的地方法院均可将诉讼案件移交最高法院审理，即在移送管辖的情形下，香港地区最高法院也可作为离婚诉讼案件的一审法院。

　　3. 离婚案件的审理与判决

　　法院处理离婚案件采用复合判决程序，即临时判决和正式判决相结合。法院对原告离婚诉状中所提出的证据，经查讯属实，并根据已有证据认定当事人的婚姻已破裂至无法挽回，即应颁发暂准离婚令，也即临时判决。与其他国家类似，设定该类判决的目的在于给当事人以充分考虑的机会，双方在临时判决发出的 3 个月内不得另行结婚。在此期间，婚姻当事人或其他任何第三人均可向法院提供相关事实或证据，使法院重新考虑该临时判决。正式判决则是在临时判决作出 3 个月后由终审法院对案件作出最终处理的一种方式，具有解除婚姻关系的法律效力。除此之外，终审法院还可作出其他处理，如：撤销临时判决，发出对该案件作进一步调查的裁

---

　　① 第 12 条第 2 款规定，有关法院的法官在接获申请时，可基于呈请人蒙受异常的困苦，或基于答辩人的行为异常败坏的理由，准许在指明期间内提出离婚呈请。

　　② 参见王丽丽、李静：《中国诸法域婚姻家庭法律制度比较研究》，中国政法大学出版社 2013 年版，第 186 页。

　　③《婚姻诉讼条例》第 10 条 A 项第 1 款的内容为："根据本条例进行的婚姻诉讼及其他任何法律程序，须在地方法院开始。"

定，根据法院认为适合的其他方式处理此案等。①

4. 家事调解

在香港地区，家事调解被视为解决婚姻诉讼的可行方法，保持着良好的发展态势。2000 年 5 月，由政府批准并与"自主、调解统筹主任办事处"统一协调的"家事调解试验计划"开始启动，旨在免费向离婚诉讼的双方当事人提供帮助。该试验计划是香港地区迄今为止规模最大的家事调解服务。该计划在 2004 年进行了最终评核，社会各界反应良好，香港特区政府遂决定延续试验中的做法，在婚姻诉讼中全面推进家事调解。② 总的来说，香港地区家事调解的特点有以下几个方面：

首先，辅助家事调解的人员均为专业人士，不仅具有心理学、法律、社会工作等专业背景知识，还要经过调解理论与实务培训。其次，调解模式较为科学，香港地区主要借鉴加拿大模式，具体由慈善机构提供专业性的家事调解服务，以社会为基础提供治疗型家事调解等模式。再次，设置专门的机构及调解规范。香港地区设立了家事调解统筹主任办事处，并对调解员的认可、职业规范等作出了具体的规定。最后，在调解费用方面，原则上虽然是收取费用的，但是对于特定对象则设有豁免或减免计划。③

五、英美法系国家和地区身份关系诉讼程序立法的基本特点

（一）立法体例概述

英美法系国家和地区没有统一的成文民法典，故其亲属法作为私法的一部分，一般是以判例和单行法规为主要形式的，婚姻诉讼

---

①　参见香港地区《婚姻诉讼条例》第 17 条。转引自王丽丽、李静：《中国诸法域婚姻家庭法律制度比较研究》，中国政法大学出版社 2013 年版，第 305 页。

②　参见来文彬：《家事调解制度研究》，西南政法大学 2010 年博士论文，第 146 页。

③　参见来文彬：《家事调解制度研究》，西南政法大学 2010 年博士论文，第 149 页。

程序是重点内容，如英国的《婚姻条例》、美国的《统一结婚离婚法》、香港特区的《婚姻诉讼条例》等。

（二）婚姻缔结的相关规定

在婚姻缔结的程序方面，各国的要求并不完全相同，但英美法系国家和地区大多采用的是仪式制与登记制相结合的方式，结婚不仅要进行结婚登记，还要举行一定的结婚仪式，具体的婚姻方才具有法律效力。如美国的《统一结婚离婚法》规定举行仪式并进行登记的男女之间的婚姻方为有效；英国则规定未办理结婚注册登记的婚姻，任何机构和个人都不得为其举行婚礼仪式；我国香港地区也是采用注册结婚制。

（三）无效婚姻和可撤销婚姻

英美法系国家和地区在对无效婚姻和可撤销婚姻的处理方式上是有差别的，美国、澳大利亚均只规定了无效婚姻制度而没有可撤销婚姻制度的设置，但在英国和我国香港地区则是兼采无效婚姻制度和可撤销婚姻制度。美国有些州兼采当然无效和宣告无效两种制度，但其《统一结婚离婚法》则只规定了宣告无效婚姻制度，即便是违背公共利益的婚姻，也必须经过法院宣告才得被确认无效。英国兼采两种婚姻诉讼类型，违反公益要件规定为无效婚姻，违反私益要件规定为可撤销婚姻。

（四）离婚诉讼

1. 离婚的方式

英美法系中的英国和澳大利亚只允许判决离婚，美国及我国香港地区则对协议离婚和判决离婚兼而采之。

与我国大陆地区依行政程序办理协议离婚不同，美国、我国香港特区的协议离婚须经诉讼：当事人就相关项事宜先行达成协议，由法院批准。在美国，当事人在律师的帮助下，就离婚的合意以及财产分割、配偶扶养、子女监护等问题达成一致，或通过调解员的调解达成一致，制作协议书或调解书，提交法院后若法官认为协议书或调解书符合公平合理的标准，即可予以批准，产生离婚的法律效力。①

2. 裁判离婚的理由

在裁判离婚的理由方面，英国、澳大利亚以及我国香港地区均采无过错主义，只要婚姻破裂至无可挽回即可由法院判决离婚。美国则未完全实行无过错离婚制度，其大多数州至今关于判决离婚理由的规定都体现出了有责主义和无责主义相结合的精神。英美法系国家和地区对于裁判离婚的理由都采用了列举主义的立法模式，《英国家庭法》上虽有婚姻彻底破裂方可诉请离婚这一概括主义的立法规定，但是法条中同时规定，只有符合法律列举的两种指定情形时才可视为婚姻彻底破裂，因此其实质上仍应属于列举主义的立法模式。类似的还有澳大利亚的离婚规定。② 为保护他方当事人及子女的利益，上述国家和地区也大多规定了法定离婚理由的抗辩事由，如英国的离婚法以苛刻条款作为抗辩事由、美国离婚法对法定离婚理由的抗辩事由做了列举规定③等。

3. 临时判决和终局判决

经过对上述几个国家和地区离婚判决形式的分析可以看出，英国、澳大利亚及我国香港地区对于离婚判决都设置了临时判决和终局判决，法院依法作出的离婚判决须经过一定期间方可成为终局判

---

① 参见陈苇：《外国婚姻家庭法比较研究》，群众出版社 2006 年版，第439 页。

② 澳大利亚《离婚法》规定请求判决解除婚姻的理由是婚姻无可挽回地破裂，而认定婚姻破裂的客观标准则是婚姻双方当事人在递交请求解除婚姻申请前已先行分居或分开生活至少达 12 个月。可见，其法定离婚理由的规定实质上属于列举主义模式。参见陈苇：《外国婚姻家庭法比较研究》，群众出版社 2006 年版，第 441 页。

③ 美国对法定离婚理由的抗辩事由包括：纵容、共谋、宥恕、反诉等情形。纵容是指一方促使或同意他方构成婚姻错误，以达到离婚的目的；共谋是丈夫和妻子合谋欺骗法院，提供构成婚姻过错的假证，以达到离婚的目的；宥恕是指受侵害的配偶一方由于相信他方不会再犯婚姻过错而原谅其错误行为；反诉是指有过错的配偶一方向法院提出原告也同样犯有可以作为离婚理由的过错。参见夏吟兰：《美国现代婚姻家庭制度》，中国政法大学出版社 1999 年版，第 158~160 页。

决，在这一期间内一定范围内的利害关系人可以对该离婚判决提出异议。

第二节　大陆法系国家和地区的身份关系诉讼程序

一、德国

（一）婚姻家事程序立法概述

德国的身份关系诉讼之相关程序规定主要集中于《德国民法典》和《德国民事诉讼法》以及其他单行法中，其 2008 年签署并于 2015 年 10 月最新修改的《家事事件与非诉事件程序法》是关于婚姻诉讼程序的最新立法规定。

1. 《德国民法典》中的相关规定之概述

现行《德国民法典》于 1900 年生效时即有对婚姻事件的规定。《德国民法典》第四编为"家庭法"，包括婚姻、血亲关系和监护三个方面的内容。其中涉及婚姻诉讼之相关程序方面的相关规定有：婚姻缔结的程序及必备条件、禁止条件，可撤销婚姻的原因、排除情形、申请程序等。①

2. 《德国民事诉讼法》中的相关规定

从立法例上看，德国将人事诉讼案件作为民事诉讼法典中的单独一编加以规定，婚姻诉讼程序则是重要组成部分。1877 年《德国民事诉讼法》问世时，即有第六编"婚姻事件与禁治产事件"的规定。1898 年民事诉讼法修改，将该编名称变更为："婚姻事件、确定亲子间的法律关系与禁治产事件"，婚姻事件仍为该编中独立成章的重要内容。1950 年民事诉讼法修改中该编的标题与章节未发生变化。1976 年《第一次婚姻改革法》将婚姻案件和一系列与离婚有关的程序规定全部归纳到了《法院组织法》"家庭案

---

① 参见〔德〕迪特尔·施瓦布著：《德国家庭法》，王葆莳译，法律出版社 2010 年版，第 1~2 页，第 37~59 页。

件"的概念之下。① 1977 年，几个修法文件相继生效，② 使得该编"家庭案件"的内容变更为四章，分别为"家庭事件""亲子事件""扶养事件""禁治产事件"。不仅将原第一章"婚姻事件"更名为"家庭事件"，而且将该章分为四节，标题分别为"婚姻事件的一般规定""其他家庭事件的程序""离婚事件和离婚后事件""宣告婚姻无效之诉和确认婚姻存在与否之诉"。由此次相关章节的变更可知，在《德国民事诉讼法》中，婚姻事件的诉讼程序是区别于其他家庭事件的诉讼程序的，并明确了婚姻诉讼的三种类型：离婚之诉、宣告婚姻无效之诉、确认婚姻存在与否之诉。

1997 年《德国民事诉讼法》再次进行了修改，将第六编篇名合并为"家庭事件程序"，内容分为六章："婚姻事件程序的一般规定""其他家庭事件程序的一般规定""离婚事件与离婚后事件的程序""撤销婚姻与确认婚姻存在与否的程序""亲子事件程序""抚养的程序"。2001 年 7 月最新一次修改的《德国民事诉讼法》第六编编名未作变动，在之前六章的基础上增加了第七章"同居关系案件程序"。③

3.《家事事件与非讼事件程序法》中的相关规定

自 2009 年 9 月 1 日起，离婚诉讼的相关程序规则不再规定在《民事诉讼法》中，而是转而规定在《家事事件与非讼事件程序法》中。该法共计 493 个条文，详细规定了家事事件及非讼事件的适用原则及具体程序。其中家事事件的相关程序规定于该法的第二编，该编第二章详细规定了婚姻事件中的程序设置。该法第 111 条明确指出，家事事件包括婚姻事件、亲子关系事件等 11 类具体

---

① ［德］罗森贝克、施瓦布、戈特瓦尔德著：《德国民事诉讼法》，李大雪译，中国法制出版社 2007 年版，第 1257 页。

② 这些修法文件分别是：1969 年 8 月 16 日《关于非婚生子女的法律地位的法律》、1976 年 6 月 14 日的《婚姻与家庭法的第一次修改法》和 1976 年 7 月 2 日的《收养法》。参见陈爱武：《人事诉讼程序研究》，法律出版社 2008 年版，第 25 页。

③ 参见陈爱武：《人事诉讼程序研究》，法律出版社 2008 年版，第 26 页。

事件,① 且将家事事件与家事争议事件严格区分，明确突出了家事事件的非讼化特征。②

（二）婚姻的缔结和可撤销婚姻

1. 缔结婚姻的条件和程序

《德国民法典》上规定的结婚条件包括法定婚龄和行为能力，禁止的情形分别有重婚、有特定亲属关系和收养关系等。在结婚的程序方面则包括声明、宣告和登记。③

2. 可撤销婚姻

现行《德国民法典》上对于可撤销婚姻规定了撤销条件、申请程序等内容。可撤销婚姻的情形包括未达法定婚龄、不具有行为能力、重婚、有禁止结婚的亲属关系、结婚程序存在瑕疵、意思表示不真实。针对以上几种情况，《德国民法典》中也相应规定了排除申请撤销权的情形。④

（三）离婚事由

德国法中的离婚理由在历史上几经变迁。中世纪的天主教认为婚姻不能解除，仅能采取分居的形式解决婚姻危机；而接受其他新

---

① 家事事件包括：婚姻事件、亲子关系事件、血统事件、收养事件、婚姻住宅事件和家庭事务事件、暴力受害者保护事件、供给均衡事件、扶养事件、夫妻财产事件、其他家事事件、民事生活伴侣关系事件。参见《家事事件与非讼事件程序法》第 111 条。

② 该法第 112 条单独规定了家庭争议事件的范围，具体包括扶养事件、民事生活伴侣事件、夫妻财产事件、其他家事事件等。这些事件的共通点都是主要涉及财产关系，诉讼两造当事人具有对抗性，此类事件在程序适用方面与家事事件并不相同，不适用家事事件上的非讼化程序规则。

③ 参见陈卫佐译注：《德国民法典》，法律出版社 2015 年版，第 430 页。

④ 《德国民法典》第 1315 条规定，下列情形不得撤销婚姻：虽未达法定婚龄，但该限制被依法免除或未成年一方在成年后表示愿意延续婚姻的；无行为能力人在无行为能力状态消失后表示愿意延续婚姻的；无意识或精神错乱状态消失后表示愿意延续婚姻的；认识错误、受欺诈胁迫状态消失后愿意延续婚姻的；双方在结婚时无合意但在结婚后已作为夫妻同居的。陈卫佐译注：《德国民法典》，法律出版社 2015 年版，第 434 页。

教教派的地区则大多采用过错离婚制度。从 17 世纪末开始，德国努力建立了一套独立于宗教教义的离婚法，至 1900 年德国《民法典》生效，乃将离婚原因限于重大过错和患有精神病。1938 年颁布了单行的《婚姻法》，其中规定分居三年以上即达到婚姻破裂的条件。① 1977 年《婚姻和家庭法改革的第一号法律》重新在《民法典》中规定了离婚法律规范，采用了破裂原则作为离婚法的基础：对于离婚申请的批准仅取决于婚姻破裂的状况，而不问哪一方应对此负责。

德国《婚姻法》上不承认登记离婚，仅有法院判决解除婚姻关系这一种离婚方式。② 可以诉请离婚的理由是婚姻破裂，其概念的内涵是指婚姻双方的共同生活已经不复存在并且不能期待双方恢复共同生活。此概念包括了主客观两个方面，即分居的客观情况以及"不可能期待双方重建此种共同生活"的主观意思，此为婚姻破裂的基本要件。

因家事法院在判断婚姻是否确已破裂这一基本要件时须详细考察夫妻关系，这一过程可能会过多地涉及家庭私密，因此德国法律上另行规定了两种推定婚姻破裂的构成要件：婚姻双方分居一年并且双方均申请离婚或者被申请人同意离婚；婚姻双方分居已愈三年，即便双方没有离婚合意或被申请人反对离婚，亦作此推定。因此，德国的离婚原因有三种构成要件，一种婚姻破裂的基本要件及两种破裂的推定，这三者是并列关系。③

―――――――

① 参见［德］迪特尔·施瓦布著，王葆莳译：《德国家庭法》，法律出版社 2010 年版，第 167 页。

② 《德国民法典》第 1564 条规定："离婚只能根据配偶一方或双方的申请，以法院裁判为之。在法院的裁判发生既判力时，婚姻被解除。"参见陈卫佐译注：《德国民法典》，法律出版社 2015 年版，第 476 页。值得注意的是，《家事事件与非讼事件程序法》中规定了协议离婚的情形：当婚姻双方满足分居一年以上之条件且均同意离婚的，法院可推定婚姻已确信无疑地破裂，此时即可批准其离婚申请。

③ 参见［德］迪特尔·施瓦布著，王葆莳译：《德国家庭法》，法律出版社 2010 年版，第 173 页。

　　当然，《德国民法典》对于此种破裂主义的离婚制度也规定了三种抗辩情形：（1）分居一年的法定要求。具体规定于第 1565 条第 2 款：虽然婚姻双方分居未满一年，但是婚姻的延续由于另一方自身的原因（如通奸、精神病等），而对于申请一方意味着难以忍受的苛刻时，才能离婚。① 作出这一规定是为了避免夫妻因一时情绪过激而仓促提出离婚申请。（2）婚姻虽已破裂，但为了维护该婚姻所产生的未成年子女的利益而有维持婚姻必要的，不得离婚。（3）婚姻虽已破裂，但由于特殊情况，离婚对反对的配偶而言过于苛刻，且权衡请求人的利益而有维持婚姻必要的，不得离婚。此处的第 2、3 两种情形被称"困难条款"或"苛刻条款"，其适用前提是婚姻已经破裂，目的在于保护未成年子女或另一方配偶的利益。

　　（四）身份关系诉讼的具体规则

　　1.《民事诉讼法》中特定规则的适用及其限制

　　德国《家事事件与非讼事件程序法》第 113 条明确规定，婚姻事件中准用《民事诉讼法》总则的规定和关于州法院诉讼程序的规定。特别指出不得适用的有《民事诉讼法》第 227 条第 3 款②以及《民事诉讼法》中下列事项的规定：未就事实作出表示或拒绝就事实作出表示的后果，诉之变更的要件，程序方式的确定、最早的期日、书面的准备程序和应诉，调解协商，诉讼自认的效力，认诺，未就文书的真实性作出表示或拒绝就文书的真实性作出表示的后果，对方当事人以及证人或鉴定人放弃宣誓。

　　此外，该法还指出，在适用《民事诉讼法》的情形中，应将其中的"诉""原告""被告"等称谓替换为"申请""申请人""被申请人"等。

---

　　①　参见陈卫佐译注：《德国民法典》，法律出版社 2015 年版，第 430 页。第 477 页。

　　②　德国《民事诉讼法》第 227 条第 3 款的内容为：定在从 7 月 1 日至 8 月 31 日之内的期日，除宣示裁判的期日外，如在发出传票或决定期日后一周内提出申请，可予以延期。参见丁启明译：《德国民事诉讼法》，厦门大学出版社 2015 年版，第 61 页。

2. 婚姻事件实行强制律师代理制度

《家事事件与非讼事件程序法》第114条明确规定，在家事法院和州高级法院，婚姻事件的当事人必须委托律师进行代理。同时，该条第4款也规定，同意离婚、同意收回离婚申请以及撤回对离婚之同意的，可以不委托律师进行代理。第138条指出，在离婚事件中若申请人没有委托律师，法院依自由心证认为有必要的，应当依职权为其指定律师。被指定的律师拥有辅佐人的地位。

3. 当事人诉讼能力的扩张

根据该法第125条的规定，在诉讼能力方面，民事行为能力受限的婚姻当事人在婚姻诉讼中有完全的诉讼能力，若一方为无行为能力人，则由其法定代理人进行诉讼。在当事人的确定方面，婚姻事件程序是根据"申请"而非"起诉"发生诉讼系属，当事人也相应地被称为"申请人"和"被申请人"。在德国婚姻诉讼中，有权申请撤销婚姻的主体有其特殊性，包括婚姻的任何一方、主管行政机关以及第三人，在此情形下，若由配偶一方或第三人提出申请时，应告知主管行政机关，主管行政机关即便未提出申请，也可参与诉讼，独立提出申请或提请上诉。①

4. 有限度的职权探知主义

该法第127条明确规定，为确认对于裁判具有显著性的事实，法院应依职权进行必要的调查，这是婚姻诉讼事件中职权探知主义的具体体现。该法第2款同样指出，在离婚程序或者撤销婚姻程序中，若当事人提出的事实有助于维持婚姻关系，或申请人不反对，法院可仅斟酌该当事人提出的事实。由此可见，对于有助于维持婚姻关系的情形，法院可以不进行职权探知，但是对于婚姻关系确已破裂的重要事实，法院是应当对其进行调查的。

5. 对被申请人缺席判决的排除

该法第130条是关于婚姻诉讼中缺席判决的规定，具体地说，在申请人缺席的情况下，应当对其作出缺席裁判：视为申请人撤回

---

① 《家事事件及非讼事件程序法》第129条规定了行政机关或第三人参与的情形。

申请（第 1 款）。婚姻诉讼中关于缺席判决的特殊规定体现在针对被申请人的缺席判决。该条第 2 款规定，针对被申请人的缺席裁判，以及依据案卷资料作出的缺席裁判，均不合法。即德国的婚姻诉讼中排除了被申请人缺席情形下的缺席审判或依案卷资料进行裁判的适用。

6. 离婚诉讼中的程序中止

该法第 136 条规定，若法院依自由心证认为婚姻存在继续维持的希望，则应当依职权中止程序，同时，申请人可得申请终止程序。程序中止的，法院原则上应当提示配偶双方有权请求婚姻辅导。

二、法国

（一）婚姻诉讼程序立法概述

法国没有关于人事诉讼、家事诉讼抑或婚姻诉讼的单独立法，其婚姻诉讼的相关程序性内容散见于法国民法典及民事诉讼法中。法国新《民事诉讼法》第三卷"特别案件的特别规定"第一编"人"中的第五章详细规定了婚姻诉讼程序。该章内容在 2004 年 10 月 29 日经第 2004-1158 号法令第 3 条予以修改，在离婚诉讼方面的规定改动较大。① 在实体法层面，《法国民法典》第一卷第六编第二章中有较多关于婚姻诉讼之实体法依据以及程序法规范的内容。从立法梳理上看，虽然法国关于婚姻诉讼案件的程序性内容未形成统一规整的法典或专编，但其对于婚姻诉讼的程序设定同样是细致严密的，并且具有自身独特的程序设计。②

（二）婚姻的缔结和无效婚姻

《法国民法典》上规定的结婚实质条件包括须达法定婚龄、有当事人的合意、未成年人应由监护人同意、没有禁止结婚的亲属关

① 参见罗结珍译：《法国新民事诉讼法典》，法律出版社 2008 年版，第 5 页、第 993 页。

② 参见陈爱武：《人事诉讼程序研究》，法律出版社 2008 年版，第 33 页。

系；在形式条件方面，需要当事人将所要求的资料提交民事身份官员、官员召见当事人、进行婚礼预告、举行婚礼等。①

根据所欠缺的结婚要件的性质不同，法国的婚姻无效包括绝对无效和相对无效两类。婚姻绝对无效的原因包括"当事人之间完全欠缺同意、未达法定婚龄、重婚、近亲结婚、未依法举行公开仪式"。② 婚姻的相对无效原因有"当事人的意思表示存在瑕疵，如基于误解、胁迫或欺诈而结婚；未成年人未获家庭的同意"。③

在无效婚姻之诉方面，法国也作出了一些特殊的程序设计：首先，在当事人方面，《法国民法典》第180条规定，未经夫妻双方或一方自由同意而缔结的婚姻，仅能由未表示同意的一方或双方提出攻击；或者由检察院提出攻击。④ 由此可见，法国的婚姻诉讼上也有检察机关参与的制度。其次，《法国民法典》第181条规定，若因无结婚的合意而致婚姻无效且自结婚起超过五年的，法院不再受理婚姻无效之诉。这就是法国可撤销婚姻的体现，只不过法国民法将其归为广义的无效婚姻的情形。最后，该法第184条规定，因其他事由导致婚姻无效的，在举行婚礼起30年内，夫妻本人或利害关系人或检察院有权提出攻击。⑤

（三）离婚诉讼的法定情形

《法国民法典》上规定了四种离婚理由：两愿离婚、过错离婚、同意离婚及因夫妻关系确定变坏而离婚，其中两愿离婚属于协议离婚的情形，其余三种离婚属于争议离婚的情形。

两愿离婚又称协议离婚，双方当事人之间对离婚不存在争议。

---

① 参见张民安：《法国民法》，清华大学出版社2015年版，第210~214页。

② 张民安：《法国民法》，清华大学出版社2015年版，第214页。

③ 张民安：《法国民法》，清华大学出版社2015年版，第214页。

④ 参见罗结珍译：《法国民法典》，北京大学出版社2010年版，第64页。

⑤ 参见罗结珍译：《法国新民事诉讼法典》，法律出版社2008年版，第64页。

两愿离婚的程序规定在法国《民事诉讼法》第 1088 条，2004 年的 2004-1158 号法令第 6-1 条将夫妻两愿离婚明确规定为 "非讼案件"。① 这一离婚方式需要满足四项条件：夫妻双方有缔约资格；双方意思表示真实清晰；双方签订了书面离婚协议，并就离婚的法律后果达成了一致意见；双方的离婚协议获得了法官的同意。② 依《法国民事诉讼法》第 1099、1100 条的规定，法官需要对离婚协议进行公平性评估，若法官认为协议未能保障子女或一方配偶的利益，可拒绝承认其效力。此种情形下，双方必须在 6 个月内提交新的离婚协议。③

过错离婚是指夫妻一方在与对方共同生活期间严重违反了所应承担的义务或责任，导致对方无法继续维持他们之间的婚姻关系，基于对方的起诉，法院解除该婚姻关系。过错离婚的适用条件包括：夫妻一方不履行义务；该不履行的行为较严重；该行为让对方无法与其继续共同生活，如通奸、无理由遗弃、虐待等。④

同意离婚，又称婚姻破裂离婚，是指夫妻双方均承认他们的婚姻失败至无法继续维持，在无法就离婚的法律后果达成协议的情况下，基于一方或双方的起诉，法官通过判决解除他们的婚姻。该类离婚需满足两个条件：夫妻双方均承认婚姻关系确已破裂且该离婚方式不考虑婚姻破裂的原因；一旦婚姻当事人承认他们之间的婚姻确已破裂，就不得收回自己的陈述。⑤

因夫妻关系确定变坏而离婚，即通常所说的无过错离婚，是指夫妻之间的共同生活已告停止，共同生活体已终结，基于夫妻一方的起诉，法官解除其婚姻关系。该种离婚方式只有一项条件：夫妻

① 参见罗结珍译：《法国新民事诉讼法典》，法律出版社 2008 年版，第 997 页。

② 参见张民安：《法国民法》，清华大学出版社 2015 年版，第 221 页。

③ 参见罗结珍译：《法国新民事诉讼法典》，法律出版社 2008 年版，第 998 页

④ 张民安：《法国民法》，清华大学出版社 2015 年版，第 222 页。

⑤ 张民安：《法国民法》，清华大学出版社 2015 年版，第 221 页。

双方分居至少满 2 年。

(四) 身份关系诉讼的具体程序规定

1. 案件范围及管辖

在法国现有的法律规定中，涉及的婚姻诉讼范围主要包括婚姻无效之诉、离婚之诉、分居之诉等几类。从审理机构上看，法国虽设有商事法院与劳资纠纷调解法庭等类似的专门司法机构以应对前述类型案件的特殊性，但却未设置专门针对人事诉讼案件或家事诉讼案件的家事法院。在法国，一般由大审法院的家事法官审理婚姻诉讼案件。①

2. 诉的变更、合并及反诉

为了避免婚姻诉讼事件中因家庭身份关系变更带来的混乱和矛盾，法国的诉讼程序对于婚姻事件也倾向于统一解决，允许在婚姻诉讼中进行较为宽松的诉的变更、合并或提起反诉，并对审理的顺序予以明确安排，以便纠纷的高效解决。

首先，在婚姻无效之诉中，因一方配偶重婚而受到损害的另一方配偶可以提起再婚无效之诉，而再婚夫妇也可以同时提起前婚无效之诉。在此情形下，法院应当首先对前婚有效与否作出裁判。②

其次，分居之诉可以替代离婚之诉。法国《民事诉讼法》第1076 条规定，提出离婚申请的一方配偶，可以在诉讼之任何阶段甚至上诉审阶段，以分居之诉替代离婚之诉，但禁止反向替代。③

---

① 《法国民法典》第 228 条规定："大审法院的一名法官受委任负责家庭事务，该法官对宣告离婚有管辖权，不论离婚原因如何，该法官可以将案件按其状况移送给合议庭；在一方当事人提出请求时，案件当然移送合议庭审理。"参见罗结珍译：《法国民法典》，北京大学出版社 2010 年版，第 68页。

② 《法国民法典》第 188、189 条有此规定。参见罗结珍译：《法国民法典》，北京大学出版社 2010 年版，第 64 页。

③ 罗结珍译：《法国新民事诉讼法典》，法律出版社 2008 年版，第 995页。

　　最后，允许提起对离婚的反诉。依据《法国民法典》第 247 条的规定，在破裂离婚（也即所谓"同意离婚"）的情形下，另一方配偶可以提出反诉的诉讼请求，并且可以援用申请离婚方的过错。若法官接受该反诉，即驳回本诉，并宣告因主动提出离婚的一方有过错而离婚；该法第 247 条也规定，在过错离婚中，若主动提出离婚的一方配偶自己有过错，则另一方可以援用该方的过错，用以支持本人提出的离婚反诉请求。①

　　3. 离婚程序中的调解

　　《法国民法典》第一卷（人）第六编（离婚）第二章（离婚诉讼程序）第三节（其他离婚情形适用的程序）中设专目规定了调解程序（第 252-253 条）。第 252 条规定，在司法诉讼前，试行调解属于强制性步骤，调解也可在诉讼过程中再次提出。法官应尽力对当事人进行调解。② 为有效发挥调解的作用，该法第 255 条还规定，法官可以任命一个家庭调解员，对于离婚双方进行调解，且法官可在当事人不愿与家事调解员见面的情形下强制其见面。与之前的调解规定不同的是，家庭调解员的工作重点是让双方了解和平离婚的好处，加速离婚进程而非强制其调解和好。③

　　4. 婚姻诉讼程序中的临时保护措施

　　在离婚事件中，从提出离婚请求到正式解除婚姻关系，夫妻双方及其与子女的关系均处在不稳定的状态。为了更好地保护各方利益，《法国民法典》在"离婚的程序"一章中设专目规定了"临时措施"（第 254-257 条）。具体包括：（1）协议离婚中，原告递交的起诉状附件中应包括临时性协议，若法官认为有条款违背子女利益，得让当事人取消或修改。（2）夫妻双方未能和解，法官得规

---

　　① 参见罗结珍译：《法国民法典》，北京大学出版社 2010 年版，第 75 页。

　　② 参见罗结珍译：《法国民法典》，北京大学出版社 2010 年版，第 78 页。

　　③ 参见罗结珍译：《法国民法典》，北京大学出版社 2010 年版，第 79 页。

定采取夫妻双方与子女生活所必要的各项措施，直至法院的判决产生效力。如允许夫妻分别居住、确定一方应向另一方配偶支付的扶养费数额及先付的诉讼费用等。（3）有未成年子女的，法官应对亲权的行使方式作出宣告。①

5. 婚姻诉讼程序中的隐私保护

《法国民法典》和《民事诉讼法》均对婚姻诉讼中的隐私保护内容做了规定，主要包括：法庭辩论不公开进行；过错离婚的判决理由中无须写明当事人的具体过错，仅需确认离婚事实成立。②

三、日本

（一）婚姻诉讼程序立法概述

日本有较为完整的人事诉讼程序，婚姻诉讼程序是其中的重要部分。婚姻诉讼程序的法律渊源包括《日本民法典》和《人事诉讼法》中的相关规定。《日本民法典》自 1898 年施行至今，已经有过三十多次修改，现行的日本离婚制度集中规定在《日本民法典》第四编"亲属"第二章"婚姻"的"离婚"一节中。③ 除民法典中的内容外，日本是世界上最早将人事诉讼程序单独立法的国家，且采用人事诉讼程序与民事诉讼程序分立的体例。1898 年日本颁布了《人事诉讼程序法》，该法专门调整家事身份关系，主要包括三章内容，分别涉及婚姻案件、收养案件及亲子案件。日本立法会于 2003 年对该项单行法进行了修改而成为现行《人事诉讼法》，修改中增加了许多实质性内容，使日本的家事纠纷处理更加

① 参见陈苇：《外国婚姻家庭法比较研究》，群众出版社 2006 年版，第392 页；罗结珍译：《法国民法典》，北京大学出版社 2010 年版，第 80 页。

② 这两项事由分别规定于《法国民法典》第 245-1 条、第 248 条。参见罗结珍译：《法国民法典》，北京大学出版社 2010 年版，

③ ［日］大坪和敏：【特集】《家事审判法から家事事件手续法へ　家事事件手续法の要点と同法施行に伴う实务の动向》，载《LIBRA》2012 年第12 号，2~14 页。

方便完善。① 日本《家事事件程序法》于 2013 年 1 月 1 日施行，在 1947 年《家事审判法》的基础上，对其进行了全面修订并更换了名称，这也是日本《家事审判法》颁布以来最全面的一次修改。日本《家事事件程序法》中涉及婚姻案件的事项包括夫妻间协力扶助的处分、分担婚姻费用的处分、关于子女监护的处分、关于财产分配的处分等。

（二）婚姻的缔结和无效婚姻

1. 婚姻的缔结

《日本民法典》第 731-738 条规定了结婚的必备条件和禁止性情形。必备条件有：须达法定婚龄，未成年人须经父母同意，双方自愿；禁止性情形包括：重婚，妇女尚在待婚期②内，具有特定亲属关系。婚姻的成立同样需要申报、受理、登记的完整程序。

2. 无效婚姻

日本婚姻诉讼程序中规定的无效婚姻之事由有二，规定于《日本民法典》第 742 条：欠缺结婚的意思表示，未进行婚姻申报。日本无效婚姻的特殊之处在于其未规定宣告无效的程序，只要具备以上两类情形，婚姻当然无效，无须经由法院宣告。当然，利害关系人可以提起诉讼要求确认婚姻无效。③

3. 可撤销婚姻

日本婚姻诉讼立法中可撤销婚姻的情形较多，分别是未达法定

---

① 该项立法在 2013 年又作了些许修改，主要包括：1. 对于《人事诉讼法》中提到的《日本民事诉讼法》中相关条款的条目数进行改动，如第 29 条的修改；2. 在第 30 条增加了人事诉讼中的保全不适用《民事保全法》第 11 条的规定；3. 增加了第 34 条第 2 款的规定，具体内容为：家事法院调查官的回避事项，准用《民事诉讼法》中第 23 条和第 25 条的规定，关于家事法院调查官回避的请求，该请求所涉的调查官不参与请求的裁判。

② 《日本民法典》第 733 条规定，女子自前婚解除或撤销之日起非经过 6 个月，不得再婚。但前婚解除或撤销前怀孕的，自分娩之日起不受此限。因丈夫被宣告失踪或生死不明满三年以上而离婚的，也不受此限。参见王爱群译：《日本民法典》，法律出版社 2014 年版，第 117 页。

③ 陈苇：《外国婚姻家庭法比较研究》，群众出版社 2006 年版，第 124 页。

婚龄、重婚、待婚期间结婚、有禁止结婚的亲属关系、因欺诈胁迫结婚的。① 由此看来，日本的可撤销婚姻制度显然是包含了域外大多数国家和地区的无效婚姻和可撤销婚姻的事由。也即日本的可撤销婚姻情形违反的是婚姻的实质要件，而无效婚姻则是违反了婚姻的形式要件。

有权申请撤销婚姻的主体也是因诉请撤销的情形不同而有不同的设置。因欺诈胁迫结婚的，只能由当事人申请撤销；其余情形下当事人、近亲属、检察官都有权申请撤销；重婚或在待婚期内的，当事人的现配偶及前配偶都有请求权。在此类请求权的行使方面，日本立法同样规定了一些限制。这类限制因申请事由和申请主体的不同而异。②

（三）婚姻诉讼案件的类型

日本婚姻诉讼所囊括的案件主要包括：婚姻无效之诉、撤销婚姻之诉、离婚之诉、协议离婚无效之诉、协议离婚撤销之诉、婚姻关系存否的确认之诉。③ 依照日本现行法，共计存在协议离婚、调解离婚、审判离婚、裁判离婚和诉讼上和解离婚五种方式，④ 具体介绍如下：（1）协议离婚是指采用向户籍机关进行申报，由户籍机关批准登记的行政方式完成的离婚。（2）调解离婚则是指在当事人通过协议不能达成离婚合意的情形下，在提起离婚诉讼前，首先应向家事法院申请调解，若经过调解达成离婚合意，则制作调解

---

① 详见《日本民法典》第743-747条。王爱群译：《日本民法典》，法律出版社2014年版，第117页。

② 如因未达法定婚龄的婚姻，达到法定婚龄后检察官不得请求撤销、当事人超过3个月不得撤销；待婚期已满的，不得请求撤销；因欺诈胁迫的，欺诈胁迫消除3个月或经追认后，不得请求撤销。［日］杉井静子：《家庭内紛争における子どもの権利を守るには：家事事件手続法が制定された意味と課題をさぐる》，载《世界》2015年4月第867号，第211~219页。

③ 参见［日］松本博之：《日本人事诉讼法》，郭美松译，厦门大学出版社2012年版，第11页。

④ 曹云吉译：《日本民事诉讼法典》，厦门大学出版社2017年版，第115~116页。

笔录，该笔录与确定判决具有同等效力。（3）审判离婚是指经过调解未达离婚，家事法院认为恰当时，在听取家事调解委员的意见后，考虑双方衡平，依职权在不违背当事人双方请求旨意的限度内为解决案件而通过裁判实现的离婚。这种离婚方式仅限于夫妻双方对于财产分割或子女抚养等问题有分歧而致调解不成立，对离婚本身并不反对。（4）裁判离婚是指调解不成功时，当事人基于法定的离婚事由向家事法院提起离婚诉讼，依法院判决实现的离婚。裁判离婚乃是采用过错原则和无过错原则相结合的离婚情形，具体包括：配偶有不贞行为、被配偶恶意遗弃、配偶生死不明、配偶患强度精神病且无康复希望等其他难以继续婚姻的重大事由。（5）诉讼上的和解离婚是指当事人在判决离婚的过程中就离婚事项达成和解协议的离婚方式。①

（四）婚姻诉讼程序的具体规定

1. 管辖

日本于 1947 年颁布《家事审判法》，构建了专门的家事法院。但家事法院在设立之初并非为家事审判而设，而是主司调解，若调解不成，当事人可向地方法院起诉，也即分段式处理的办法，家事法院仅负责该类案件的调解事宜，地方法院则负责该类案件的一审管辖。这种分段式的纠纷解决方式在司法实践中给当事人造成诸多不便。2003 年修改后的《人事诉讼法》统一了人事诉讼案件的调解与审判的管辖主体，即实行人事诉讼事件的一元化审理模式：人事诉讼案件无论是调停还是审判均由家事法院进行，地方法院不再审理人事诉讼案件。②

2. 当事人适格

根据日本《人事诉讼法》第 2 条的规定，在婚姻无效或可撤销婚姻之诉讼中，若夫妻一方提出请求，则对方为当事人；第三人

① 参见〔日〕松本博之：《日本人事诉讼法》，郭美松译，厦门大学出版社 2012 年版，第 257 页。

② 参见郭美松：《日本人事诉讼案件一元化审理模式及启示意义》，载《贵州民族学院学报（哲学社会科学版）》2008 年第 6 期。

提出请求，夫妻双方为当事人；若夫妻一方死亡，生存一方为当事人；若夫妻双方死亡，则检察官为当事人。无行为能力的人参加婚姻无效、可撤销婚姻、离婚、撤销离婚等诉讼，不必经过法定代理人的同意。受诉法院的审判长可依申请或依职权为其选定律师作为诉讼代理人。①

3. 家事法院调查官制度

家事法院调查官是之设置 2003 年《人事诉讼法》修改时新增加的内容，也是家事法院的最大特点。具有专业知识的调查官对于婚姻诉讼中涉及监护者的确定、财产的分配、当事人的个人性格、家庭环境等相关事项进行调查，以辅助家事法院的法官在调停和审判中作出正确的决定，尤其是在离婚诉讼中就监护人的确定、扶养费、财产分割等请求的解决发挥着重要的作用。调查官一般具有专业知识，他们的调查活动使得婚姻事件可以得到更加适当的处理。②

4. 参与员制度

日本人事诉讼中的参与员制度，最早系在《家事审判法》中予以规定，2003 年《人事诉讼法》对该项制度进行了扩充。参与员是从普通国民中选任的，在婚姻诉讼特别是离婚诉讼中，允许从社会中广泛选取的多样化人才参与到案件审理与和解中来，其角色定位类似于大陆法系国家的参审员或我国的陪审员制度，但与之最大的不同点在于，日本的参与员不可参与判决的最终评议。③

5. 关于检察官参与诉讼的特别规定

根据日本现行《人事诉讼法》的规定，检察官仅可就婚姻撤销诉讼以原告的身份提起诉讼，在其他婚姻诉讼程序中，检察官不可作为原告起诉，但可作为共同诉讼人或独立当事人参与由其他人

① 参见陈爱武：《人事诉讼程序研究》，法律出版社 2008 年版，第 42 页。

② 堂英洋·2020—人事訴訟における参与員関与の実情：参与員との協議を通して得たもの. ケース研究 2020 年第 2 期，第 45~59 页。

③ 参见陈爱武：《日本人事诉讼法的修订及其对我国的启示》，载《金陵法律评论》2008 年第 2 期。

提起的诉讼。此外，人事诉讼中被告死亡的，可将检察官作为被告。除了作为案件的当事人，检察官还可以其他身份参与诉讼。检察官可以列席婚姻诉讼案件的审判。日本《人事诉讼法》第 23 条规定，法院可依审理需要让检察官在指定期日列席口头辩论并陈述意见，检察官可针对案件事实提出有关主张及证据。①

6. 婚姻诉讼中的职权主义

在职权主义模式下，法院负责承担确定判决基础事实的责任。鉴于婚姻诉讼案件的特殊性，婚姻诉讼中不适用辩论原则，诉讼上的自认和认诺不适用于婚姻诉讼案件。虽原则上要求当事人本人出庭接受询问，法院可对当事人作出按期出庭的决定，对于不配合传唤的当事人准用不出庭证人的有关规定。但与辩论主义不同的是，当事人不接受法庭传唤的，不能直接将对方的主张视为真实，仅对不配合的一方当事人处以罚金或拘留。除此之外，法院可依职权进行证据调查并考虑当事人未提出之事实。② 基于对公共利益的维护和发现真实的需要，日本的职权探知乃系实行全面探知。

7. 婚姻诉讼案件的全面解决原则

为实现身份关系的安定，当婚姻诉讼处于系属状态时，关于该婚姻关系的纷争即应当尽可能集中全面地加以解决。为实现诉讼的集中处理，日本《人事诉讼法》广泛认可诉的变更与合并。③

8. 调解前置主义

日本《家事审判法》第 18 条规定，人事诉讼之当事人必须在起诉前向家事法院申请调解。若当事人之间达成合意，家事法院在进行必要之事实调查的基础上，经听取调解委员会中家事调解委员

---

① 参见［日］松本博之：《日本人事诉讼法》，郭美松译，厦门大学出版社 2012 年版，第 129 页。

② 日本《人事诉讼法》第 20 条规定："人事诉讼中，法院可斟酌当事人未主张的事实，并可依职权进行证据调查。这种情形时，法院应当就事实及证据调查的结果听取当事人的意见。"参见［日］松本博之：《日本人事诉讼法》，郭美松译，厦门大学出版社 2012 年版，第 368 页。

③ 参见［日］松本博之：《日本人事诉讼法》，郭美松译，厦门大学出版社 2012 年版，第 40 页。

的意见后，认为结果正当的，即可进行"合意恰当之审判"。若两周内当事人就该审判结果未向家事法院提出异议的，该结果便告确定，从而赋予其与确定判决同等的效力。①

9. 关于判决的效力

婚姻诉讼案件的生效判决具有对世效力，即对未参加诉讼的第三人也有效力。日本《人事诉讼法》第 24 条第 1 款对此作出了明确规定。原因在于，身份关系的不确定将与法的安定性要求背道而驰。因此，法律对于婚姻诉讼的生效判决明确规定了对世效力，后诉法院不得作出与本案生效判决之既判力相抵触的判断。②

四、我国台湾地区

我国台湾地区的婚姻诉讼程序深受德、日立法的影响，对于婚姻家庭中的身份关系案件之诉讼采用了"人事诉讼"的表述。其民事诉讼程序中不仅设置有专门的人事诉讼程序，而且具有鲜明的自身特色。台湾地区的人事诉讼是指为处理婚姻事件、亲子事件、禁治产事件及宣告死亡事件等有关基本身份及能力关系之特别民事诉讼程序。③

（一）婚姻诉讼程序立法概述

我国台湾地区于 2012 年颁行了"家事事件法"，将家事事件类型化并予统合处理，这也是婚姻诉讼程序方面的最新规定。有学者认为，"家事事件法"乃我国台湾地区三十余年来民事程序规则之重大发展，该法以尊重程序主体、强化程序保障、保护程序利益、维护程序经济、统一解决纷争及谋求法安定性等观点为旨意，

---

① 参见 ［日］ 松本博之：《日本人事诉讼法》，郭美松译，厦门大学出版社 2012 年版，第 113 页。

② 参见 ［日］ 松本博之：《日本人事诉讼法》，郭美松译，厦门大学出版社 2012 年版，第 204 页。

③ 参见陈计男：《民事诉讼法论》（下），台湾三民书局出版公司 2007年第 4 版，第 500 页。

可谓我国台湾地区民事程序规制的里程碑。①

我国台湾地区原有的家事纠纷处理程序散见于"民事诉讼法"之人事诉讼及调解程序、"非讼事件法"之家事非讼程序、"地方法院办理家事调解事件实施要点"以及"家事事件处理办法"等法规之中。② 统一规则的缺位导致诉讼体系的紊乱，不利于家事纠纷的顺利解决。有关部门通过长达十余年的家事事件程序改革历程，以"家事事件法"统和家事事件的适用程序，以促进家事事件的妥适、迅速解决。婚姻诉讼案件作为家事事件的重要组成部分，其适用规则也在该项法规中得到统一规制。

"家事事件法"第3条根据讼争性强弱的标准，将家事事件分为五类，其中婚姻诉讼案件集中在甲、乙类中：甲类为确认之诉，具有讼争性，但当事人对诉讼标的无处分权，具体类型包括确认婚姻无效之诉和确认婚姻关系存在与否之诉；乙类为形成之诉，具有讼争性且当事人对其具有一定程度的处分权，具体类型包括撤销婚姻事件、离婚事件；另，丙类事件中因婚姻无效、撤销婚姻、离婚、婚姻消灭之损害赔偿事件也与婚姻诉讼关系较为密切。③

（二）婚姻的缔结和无效婚姻、可撤销婚姻

1. 婚姻的缔结

我国台湾地区"民法亲属编"（第980-985条）对结婚的实质要件和形式要件作了具体规定。结婚的实质要件包括：双方达到法定婚龄、须有结婚的合意、非被欺诈或胁迫、双方均无配偶、双方没有禁婚亲属关系、双方无监护关系。④ 其婚姻的缔结采用向户政机关登记的方式。

---

① 参见邱联恭：《"家事事件法"之解释、适用应遵循之基本方针与审理原则》，载《月旦法学杂志》2012年第10期。

② 参见齐树洁主编：《台港澳民事诉讼制度》，厦门大学出版社2014年版，第176页。

③ 参见齐树洁主编：《台港澳民事诉讼制度》，厦门大学出版社2014年版，第178页。

④ 参见林秀雄：《亲属法讲义》，台湾元照出版公司2013年版，第68~80页。

2. 无效婚姻和可撤销婚姻

我国台湾地区婚姻诉讼程序上规定的无效婚姻事由包括：未履行登记手续、有禁止结婚的亲属关系、重婚。① 可撤销婚姻的事由包括：未达法定婚龄、未成年人未征得法定代理人同意、双方有监护关系、一方结婚时患有特定疾病、一方结婚时无意识或精神错乱、被欺诈或胁迫。②

无效婚姻属于绝对无效，有权主张婚姻无效的主体不限于当事人，任何人均可主张婚姻无效。③ 无效婚姻属于当然无效，其无效的性质无须经由法院判决，但对于婚姻效力产生争议时，可以提起确认婚姻无效之诉。④ 可撤销婚姻则是由请求权人提出请求并由法院判决予以撤销，请求权人可以是当事人或利害关系人。在可撤销婚姻中，针对不同的可撤销情形，我国台湾地区也规定了不同的申请权灭失期限或事由。

在婚姻无效和可撤销的情形下，我国台湾地区"民法"第999条设置了损害赔偿的规定：当事人一方因婚姻无效或被撤销而受有损害的，得向他方请求损害赔偿。这里的"过失"是指对于造成婚姻无效或被撤销的结果有责任，如故意以欺诈、胁迫的方法与相对人结婚等。值得注意的是，这里的请求权人不限于婚姻无效之诉或撤销婚姻之诉中的原告，由他方配偶或法定代理人、近亲属起诉的，受害人虽为被告，也可以请求损害赔偿。⑤ 赔偿范围不限于财产损害，非财产损害也可请求赔偿，但是限于受害人无过错而他方

---

① 参见林秀雄：《亲属法讲义》，台湾元照出版公司2013年版，第90页。

② 参见陈苇：《当代中国内地与港、澳、台婚姻家庭法比较研究》，群众出版社2012年版，第169页。

③ 参见高凤仙：《亲属法理论与实务》，台湾五南图书出版股份有限公司2005年版，第74页。

④ 参见林秀雄：《亲属法讲义》，台湾元照出版公司2013年版，第94页。

⑤ 参见戴炎辉、戴东雄：《中国亲属法》，台湾三民书局出版公司1986年版，第115~116页。

有过失的情况。①

（三）离婚诉讼程序之分类

与其他大陆法系国家和地区不同，在诉讼离婚之外，我国台湾地区立法上明确规定了"两愿离婚"，此种做法与我国大陆的登记离婚方式较为相似。此外，2009 年 4 月我国台湾地区"立法院"确立了"离婚调解"制度，在台湾地区的离婚方式上又增加了一种。②

1. 两愿离婚的条件及程序

两愿离婚，也称合意离婚、协议离婚或登记离婚，是指夫妻双方以书面形式同意解消婚姻关系，然后依户籍登记而发生效力的离婚方式。③

依我国台湾地区"民法"第 1049 条规定：夫妻两愿离婚的条件包括：双方具有夫妻身份、自愿离婚且意思表示真实、双方具有完全民事行为能力或取得法定代理人同意。夫妻双方的登记离婚以书面方式进行，与登记结婚类似，向户政机关为离婚登记。未成年人两愿离婚须经其法定代理人的同意。④

2. 法院调解离婚

我国台湾地区的两愿离婚和判决离婚施行已久，两愿离婚无法充分保护婚姻弱势一方，容易造成胁迫离婚或通谋离婚的情形；而判决离婚条件严苛，可能造成破绽婚姻无法离婚的窘境。经由法院调解的离婚，不仅为婚姻当事人提供了对话的平台，让其可以理性

---

① 参见史尚宽：《亲属法论》，中国政法大学出版社 2000 年版，第 188页。

② "离婚调解制度"体现在我国台湾地区"民法"第 1052 条之一。该条内容明确规定："离婚经法院调解或法院和解成立者，婚姻关系消灭。法院应依职权通知该管户政机关。"参见刘宏恩：《台湾离婚调解制度的演变——兼论"家事事件法"关于调解程序的若干疑问》，载《台湾法学杂志》2012年第 6 期。

③ 参见陈祺炎、黄宗乐、郭振恭著：《民事亲属新论》，台湾三民书局出版公司 2013 年版，第 196 页。

④ 参见陈祺炎、黄宗乐、郭振恭著：《民事亲属新论》，台湾三民书局出版公司 2013 年版，第 198 页。

地面对婚姻破碎的本质，还会因法院的介入而确保婚姻弱势一方的权益，强化诉讼外纠纷解决方式，有利于节约诉讼资源。① 2013年我国台湾地区"家事事件法"第30条规定，离婚调解须经当事人本人表明合意始得成立。"家事事件法"第45条规定，离婚的和解须经当事人本人表明合意始得成立。离婚经法院调解或法院和解成立的，婚姻关系消灭，法院应依职权通知该主管户政机关。②

3. 判决离婚

我国台湾地区"民法"第1052条列明了十项具体的离婚原因，又称为绝对离婚原因，只要符合其一，法院即应作出离婚判决。对诉讼离婚的法定事由，台湾地区兼采过错原则和破裂原则。这些事由具体包括：重婚、与配偶以外的人合意性交、不堪同居之虐待、直系亲属之虐待或受虐待、夫妻间恶意遗弃、意图杀害对方、有不治之恶疾、重大不治之精神病、生死不明逾三年、因故意犯罪判处有期徒刑六个月。除此之外，我国台湾地区"民法"还规定了不得请求离婚的情形，具体包括事前同意、事后宥恕、③ 除斥期间经过、④ 离婚请求权的抛弃、⑤ 夫妻一方死亡、⑥ 民法以外

---

① 参见林秀雄：《亲属法讲义》，台湾元照出版公司2013年版，第177页。

② 参见林秀雄：《亲属法讲义》，台湾元照出版公司2013年版，第178页。

③ 我国台湾地区"民法"第1053条规定：在重婚或与配偶之外的人合意性交的情形下，有请求权的一方，于事前同意或事后宥恕，或知悉后已逾六个月，或自情事发生后已逾两年者，不得请求离婚。参见陈祺宗、黄宗乐、郭振恭著：《民事亲属新论》，台湾三民书局出版公司2013年版，第227页。

④ 除斥期间经过除了前注3我国台湾地区"民法"第1053条的规定外，第1054条也规定：夫妻一方有意图杀害他方或与故意犯罪被处逾六个月徒刑者，他方自知悉后已逾一年或自情事发生后已逾五年者，不得请求离婚。参见陈祺宗、黄宗乐、郭振恭著：《民事亲属新论》，台湾三民书局出版公司2013年版，第229页。

⑤ 夫妻一方有法定离婚原因，而他方不违反公序良俗抛弃离婚请求权，始生失权之效果，属于法律行为。参见史尚宽：《亲属法论》，中国政法大学出版社2000年版，第442页。

⑥ 我国台湾地区"家事事件法"第59条规定，他方提起离婚诉讼后于判决确定前夫妻一方死亡的，该离婚诉讼视为终结。参见姜世明：《家事事件法论》，台湾元照出版公司2013年版，第501页。

的限制。①

我国台湾地区对判决离婚同样规定了离婚损害赔偿。台湾地区"民法"第 1056 条规定，判决离婚的损害赔偿，须满足：他方配偶有过失、因判决离婚而非两愿离婚、须有损害。且这一离婚损害赔偿不限于财产损害，但非财产损害的赔偿须以受害人无过失为限。

（四）婚姻诉讼程序的一般规定

2013 年我国台湾地区"家事事件法"将各类不同性质的家事事件相统和，以求根据其案件特点分别处理。在婚姻诉讼程序方面，也规定了不同的审理方式。总的来说，对于身份关系之诉讼事件如确认婚姻无效、确认婚姻关系存在与否、撤销婚姻等，均采用职权探知主义，对于离婚事件则采取限制的辩论主义。②

1. 家事法院的设置及案件管辖

（1）家事法院的设置

台湾地区"家事事件法"第 2 条中对于家事事件的管辖作出了统一规定，婚姻诉讼案件的管辖也在此列。具体规定为：家事事件原则上由少年及家事法院处理；未设少年及家事法院的地区，则由地方法院家事法庭处理。该条中所指"家事事件"，包括家事诉讼事件、家事非讼事件以及家事调解事件。1999 年 9 月 15 日台湾地区成立的第一个专业法院为"台湾高雄少年法院"。2011 年 6 月 1 日，台湾地区颁布"少年及家事法院组织法"，赋予少年及家事法院处理家事事件的管辖权限。目前，"台湾高雄少年及家事法院"是台湾地区设置的唯一一个少年及家事法院，因此，为因应实务需要，"家事事件法"第 2 条后段设置了未设少年及家事法院

---

① 我国台湾地区"家事事件法"第 57 条前段规定，有关婚姻关系的诉讼，经判决确定后，原则上当事人不得再援引以前诉之合并、变更、追加或反诉所得主张之事实，就同一婚姻关系，提起独立之诉。参见姜世明：《家事事件法论》，台湾元照出版公司 2013 年版，第 500 页。

② 许士宦：《家事审判之事证收集原则（下）》，载《月旦法学教室》2013 年 12 月第 134 期。

的地区由地方法院家事法庭专庭处理的规定。①

除此之外，鉴于台湾地区"家事事件法""非讼事件法"等与婚姻家事诉讼相关的诸多单行立法的并行现状，为便于司法实务中对案件管辖法院的确定，"家事事件法"第 5 条也规定了管辖事项的准用条款，内容为：家事事件的管辖，"本法"有特别规定的，依"本法"；未作特别规定的，准用"非讼事件法"；"非讼事件法"未规定的，准用"民事诉讼法"有关管辖的规定。

（2）婚姻诉讼案件的具体管辖

"家事事件法"第 52 条规定了婚姻诉讼的专属管辖：确认婚姻无效、撤销婚姻、离婚、确认婚姻关系存在与否事件，专属夫妻住所地法院、夫妻经常共同居住地法院、诉之原因事实发生之夫或妻居所地法院管辖。除前项规定外，该条还规定了合意管辖，即当事人得以书面合意确定管辖法院，且不受前项规定的限制。

（3）相关人员设置

我国台湾地区"家事事件法"第 8 条对于家事法官的条件作出了规定：处理家事事件之法官，应遴选具有性别平权意识、尊重多远文化并有相关学识、经验及热忱者任之。②

除了规定由家事法官处理婚姻诉讼案件以外，"家事事件法"第 18 条还设置了"家事调查官"制度。这是法院为处理特定事项，有必要借助家事调查官调查事实，故而参考日本及韩国婚姻诉讼上的相似规定而设置的制度。家事调查官就特定事项调查事实的过程中，应调查事件当事人或关系人的性格、经历、身心状况、家庭情况、财产状况、社会文化、教育程度及其他必要事项，然后提出报告书以帮助法院厘清事实。正是因为其有待调查事项的专业

---

①　参见郭钦铭：《家事事件法逐条解析》，台湾元照出版公司 2013 年版，第 12 页。

②　参见姜世明：《家事事件法论》，台湾元照出版公司 2013 年版，第 25 页。

性，所以对家事调查官的选任范围限制得较为严格。① 家事调查官完成调查后，应提出调查报告，审判长或法官认为必要时，得命家事调查官在开庭审理时到场陈述意见。家事调查官应当对所调查事项保密。

2. 判前调解

我国台湾地区"家事事件法"第 23 条明确规定，除丁类事件外，法院在裁判前均应进行调解。② 由此可见，依照"家事事件法"中对于家事事件的分类，包含婚姻诉讼事件的甲、乙类案件均适用调解以期更好地维持家庭秩序。除此之外，为扩大调解制度的适用范围，"家事事件法"还规定了"移付调解制度"及"合并调解制度"。"移付调解"是指审理程序开始后，法院认为案件有可能达成和解，征求当事人意见后即可移付调解。为避免司法资源的过度浪费，移付调解以一次为限。"合并调解"是指对相互牵连的数项家事事件，抑或与该家事事件相关联的其他民事案件，法院可依申请或依职权决定合并调解。对于涉及家庭暴力等特殊案件，法院指派具有相关经验的专业调解人士事前评估并征得双方当事人同意，方可适用调解程序。③

在调解主体方面，台湾地区强调主体的专业化及规范化。家事调解委员须具备专业知识、接受过专业培训并有相关的调解经验。法院会依据调解员的专业背景及已有经验对其进行分类，指派其根据自身特点处理不同的案件。前文介绍的"家事事件法"上的

---

① 根据我国台湾地区"家事事件法"第 22 条的规定，家事调查官应从具有下列资格者中选任：经家事调查官考试及格；具有法官检察官任用资格；曾任家事调查官、少年调查官、少年保护官；曾在公立或经立案的私立大学、独立学院之社会、社会工作、心理、教育、辅导、法律、犯罪防止、青少年儿童福利或其他与家事调查业务相关学系、研究所毕业，具有任职任用资格。参见姜世明：《家事事件法论》，台湾元照出版公司 2013 年版，第 29 页。

② 参见郭钦铭：《家事事件法逐条解析》，台湾元照出版公司 2013 年版，第 91 页。

③ 齐树洁主编：《台港澳民事诉讼制度（第二版）》，厦门大学出版社 2014 年版，第 185～187 页。

"家事调查官"除了辅助法官参与离婚诉讼，也可依调解员的申请使其介入具体婚姻诉讼的调解过程，调查当事人及利害关系人的家庭关系、经济状况、个人经历等必要事项，并形成调查报告。家事调查官也可协助调解员进行调解。①

3. 不公开审理原则

对于婚姻家庭案件，域外各国及地区一般均以不公开审理为原则，我国台湾地区也不例外。"家事事件法"第9条规定，对于家事事件的处理，以不公开法庭行之，但是经当事人合意，并无妨碍公共秩序或善良风俗之虞或经由法律上利害关系之第三人申请的，审判长或法官应当准许旁听，即以不公开审理为原则，以公开审理为例外。②

4. 职权探知主义

与不公开审理原则相类似，职权探知主义同样是适用于婚姻家庭案件的原则性规定。我国台湾地区"家事事件法"第10条第1款重申：法院认为有必要时，得斟酌当事人未提出的事实，并依职权调查取证。这一规定虽扩大了法院依职权斟酌事实、调查取证的权限，但在涉及当事人或关系人权益的情形下，仍应有其辩论或陈述意见的机会，以避免发生突袭性裁判。③

该"家事事件法"第10条第2款指出，离婚案件应采协同主义，原则上有关事实证据的收集，应由当事人为之，法院不依职权介入。但在特定情形下，在法院不介入探知则会显失公平时，仍应当由法院依职权调查证据，以维护当事人或关系人的权益。具体情形有四，其中涉及婚姻诉讼的有：涉及家庭暴力或有危害未成年子

---

① 参见黄丹翔：《台湾地区家事调解制度的新发展》，人民法院报 2014年1月10日第8版。

② 参见姜世明：《家事事件法论》，台湾元照出版公司 2013 年版，第325页。

③ 参见姜世明：《家事事件法论》，台湾元照出版公司 2013 年版，第329页。

女利益之虞；当事人自认及不争执之事实显与事实不符。①

5. 追加当事人及第三人

为使婚姻关系尽早趋于安定，避免因诉讼反复而带来的诉讼资源浪费，我国台湾地区"家事事件法"第 40 条明确规定，对于甲、乙类案件，若其诉讼结果与第三人有法律上的利害关系，法院应当于言词辩论终结前将诉讼事件及进行程度，以书面通知已知悉的第三人，并于日后将判决书送达之。此外，第 54 条还规定，在确认婚姻无效、婚姻关系存在与否之诉中，法院还应依职权通知不在当事人之列的结婚当事人参加诉讼。②

6. 检察官之参与

鉴于婚姻事件的公益性，检察官可作为当事人参与家事诉讼程序。"家事事件法"第 50 条第 3 款规定：依"家事事件法"第 39 条提起诉讼，但在判决确定前被告均死亡的，除另有规定外，由检察官续行诉讼。③

7. 婚姻诉讼当事人诉讼能力的扩张

在台湾地区的家事诉讼中，关于婚姻事件当事人的诉讼能力系采扩张说，此点与德国、日本之做法类似，《家事事件法》第 14 条第 2 款规定，满 7 岁的未成年人，就有关身份或人身自由的事件，有程序能力；该条第 3 款规定，不能独立以法律行为负义务，但能证明其有意思能力者，就身份及人身自由事件，有程序能力。关于当事人适格则规定于《家事事件法》第 39 条。婚姻诉讼案件由婚姻一方当事人起诉的，以另一方为被告，由第三人起诉者，以夫妻双方为共同被告。一方死亡的，以生存的另一方为被告。

8. 既判力主观范围的扩张

我国台湾地区"家事事件法"第 48 条规定，甲类、乙类家事

---

① 参见郭钦铭：《家事事件法逐条解析》，台湾元照出版公司 2013 年版，第 46 页。

② 参见郭钦铭：《家事事件法逐条解析》，台湾元照出版公司 2013 年版，第 135 页。

③ 参见姜世明：《家事事件法论》，台湾元照出版公司 2013 年版，第 500 页。

诉讼事件与身份有关且涉及公益，法院就此类事件所为之判决为确定的终局判决，对于第三人亦有效力。这样可以便于对纠纷的一次性解决，同时也可避免在不同人之间发生歧义。此条还规定了这两类判决对世效力的例外，其中涉及婚姻诉讼的情况有：因确认婚姻无效、婚姻关系存在与否的诉讼判决的结果，婚姻关系受影响之人，因不可归责于己的事由，于该诉讼之事实审言辞辩论终结前未参加诉讼。此类情形下，为加强对第三人权益及程序权的保障，并为彻底解决纠纷，其得准用我国台湾地区"民事诉讼法"第五编中第三人撤销诉讼的规定，请求撤销对其不利部分的确定终局判决。①

五、大陆法系国家和地区身份关系诉讼程序立法的基本特点

（一）立法体例概述

大陆法系国家和地区一般都有统一的成文民法典，亲属法作为其中的重要部分往往以单编加以规定，调整婚姻诉讼的相关规定更是其中的重要组成部分。如日本民法典第四编，法国民法典第六编等。除此之外，也有相关的单行法以对婚姻诉讼的具体程序规则加以明确。如德国的《家事事件与非讼事件程序法》、日本的《人事诉讼法》等。

（二）婚姻缔结的相关规定

在婚姻的缔结程序方面，大陆法系国家和地区的要求并不完全相同，有的采用仪式制，如法国、德国；有的采用登记制，如日本、我国台湾地区。采仪式制的国家要求结婚的双方必须在户籍官员面前公开举行仪式，经由户籍官员宣告，婚姻始得合法缔结，婚姻登记及证书仅具有证据的效力。② 采用登记制的国家和地区则要求婚姻必须登记，即便不举行仪式，也是合法有效的。

---

① 参见姜世明：《家事事件法论》，台湾元照出版公司 2013 年版，第125 页。

② 参见陈苇：《外国婚姻家庭法比较研究》，群众出版社 2006 年版，第156 页。

（三）无效婚姻和可撤销婚姻

大陆法系国家和地区在对无效婚姻和可撤销婚姻的处理方式上也是存在差别的，其中德国的规定最为特殊。德国的婚姻诉讼程序中没有无效婚姻的规定，仅存在可撤销婚姻制度，即便是违背公益的婚姻，仍是属于可撤销的范围，也即可撤销婚姻制度包含了通常意义上的无效婚姻制度。法国则是只规定了无效婚姻制度而没有可撤销婚姻制度的设置，日本和我国台湾地区乃是兼采无效婚姻制度和可撤销婚姻制度。

（四）离婚诉讼

大陆法系中的德国只允许判决离婚，法国、日本和我国台湾地区则对协议离婚和判决离婚兼而采之。在同样允许协议离婚的法国、日本和我国台湾地区，它们的协议离婚方式也是有差别的。法国的协议离婚须经诉讼程序，当事人之间达成的离婚协议须经法院认可方为有效。而日本和我国台湾地区的协议离婚是采用行政程序，由户籍机关依照户籍法的规定对协议离婚进行登记。在裁判离婚的理由方面，本书列举的大陆法系国家和地区均是采用有责主义和无责主义并存的规定。此外，他们对于裁判离婚的理由大多采用例示主义的立法模式。

第四章　我国身份关系诉讼程序之分类考察 I——婚姻诉讼程序之审视

在之前的章节对域外国家和地区婚姻家庭诉讼的相关程序规则进行总结分析后，我们不禁要问，域外尤其是婚姻诉讼规则较为发达的国家和地区的成熟经验是否可以借鉴甚至是直接移植入我国的婚姻诉讼程序中来？我国婚姻诉讼程序的现状究竟如何？有哪些自身特点以及需要改进的地方？以上诸多疑问便是本章内容重点阐释的问题。

第一节　我国婚姻诉讼程序概述

一、制度背景

我国自 1949 年以来长期实行职权主义的民事诉讼模式，在婚姻诉讼等涉及身份关系的诉讼中，职权主义特征得到了充分的贯彻和实现。其后，随着审判方式的一系列改革，我国的司法制度逐渐冲破了职权主义的束缚，形成以辩论主义为主的诉讼特征。这一诉讼模式的转变使得司法实务中的普通诉讼程序与婚姻诉讼程序之间的差异愈加明显。最高人民法院于 2001 年发布的《证据规定》制定了一般诉讼程序中的证据认定规则，并在相关条文中明确了"自认"等普通诉讼程序中的证据规则不适用于身份关系诉讼。这是我国民事诉讼程序规范中首次将普通诉讼及身份关系诉讼区分对待，也标志着辩论主义原则的确立。①

然而，颇为遗憾的是，不仅《证据规定》中对于身份关系案件的特殊规定仅是点到即止，而且在其他诉讼环节上也鲜有区别于普通诉讼程序的系统规定。在司法实践中，多数法院仍旧将身份诉讼案件依照普通程序加以办理，忽视了其之职权主义的诉讼特点。

二、规则现状

（一）现有规则之概述

我国大陆地区审理婚姻诉讼案件的程序法依据主要由三部分组成：其一是现行《民事诉讼法》中与普通民事案件同样适用的一般性程序规定以及适用于其自身的专门性规定；其二是规制婚姻家庭关系的主要实体法《婚姻法》中涉及婚姻诉讼案件的程序性事项；其三是《民事诉讼法》相关司法解释和《婚姻法》相关司法解释中涉及婚姻诉讼案件的特别程序规定。

（二）现行规则的特点

1. 程序性立法较为陈旧

从各项婚姻诉讼程序之立法规范最新修改的时间以及司法解释的发布时间来看：（1）《民事诉讼法》最近一次修改是在 2012 年，在我国的法律体系中属于近期修改过的基本法典，但较为可惜的是，2012 年发布的《修改决定》共计 60 个条款中，除了普通民事诉讼程序的通用规则外，未有一条涉及婚姻诉讼特别程序的修改完善。与之相对应，2015 年 2 月发布的共计 552 个条文且内容极为丰富的《民诉法解释》中，也鲜有涉及婚姻诉讼程序的特殊规则。（2）我国现行《婚姻法》于 1980 年颁布，在 2001 年进行了最新一次修改，其在程序性规则上的突出革新便是增加了婚姻无效及可撤销婚姻的规定、增加了离婚损害赔偿请求权等。同年至 2004 年间发布的《婚姻法解释（一）》《婚姻法解释（二）》中，对于婚姻无效、可撤销婚姻制度做了规则性完善，而最近一次即 2011 年出台的《婚姻法解释（三）》中，却仅有一条关于婚姻无效的

---

① 该项特殊规定同样在 2020 年施行的新《证据规定》中得以承继。

程序性规定。（3）2021 年正式施行的《民法典》之婚姻家庭编，在吸收《婚姻法》既有规定的基础上，对婚姻无效和可撤销婚姻的情形作了调整，但在婚姻关系之诉讼程序方面仍未有改动。由此可见，在婚姻诉讼之司法实务愈加复杂的大背景下，相关的程序性规则层面并未及时更新。

2. 相关规定数量较少且不成体系

无论是在《民事诉讼法》《民法典》等法律中，还是在相关司法解释里，关于婚姻诉讼的程序性规定不仅数量较少，而且均散见于相关立法和司法文件之中，较为零散而不成体系。为了更加直观地体现其数量及具体分布，笔者试将相关文件中涉及婚姻诉讼的程序性条款制成表格，详情如表 1：

表 1　　　　我国现有涉及婚姻诉讼之程序性条款

诉讼类型 相关规则	离婚诉讼	婚姻无效诉讼	可撤销婚姻诉讼	离婚损害赔偿诉讼
《婚姻法》	D32	D10、D12	D11、D12	D46
《婚姻法解释》（一）	D3、D22	D7、D8、D9、D13、 D14、D16	D10、D11、D12、D13、D14	D28、D29、D30
《婚姻法解释》（二）	D3、D7	D2、D3、D5、D6、D7	无	无
《婚姻法解释》（三）	D8	D1	无	D17
《民事诉讼法》	D62、 D98、D124、D134、D148、D151、D202	无	无	无
《民法典》	D1079、D1082	D1048、D1051	D1052、D1053、D1054	D1091

续表

诉讼类型 相关规则	离婚诉讼	婚姻无效 诉讼	可撤销婚姻 诉讼	离婚损害 赔偿诉讼
《民法典婚姻家庭编解释（一）》		D9-D17	D18、D19、D20	D86、D87、D88、D89、D90

表格说明：相关条文的法条序号以"D+数字"表示

从条文数量上看，《民事诉讼法》中仅有 7 个条文涉及婚姻诉讼程序，且仅涉及离婚诉讼这一种诉讼类型，着实规制不足；《婚姻法》作为规制婚姻家庭关系的专门法，其中涉及诉讼规则的也仅有 5 条；三部《婚姻法解释》中，紧随 2001 年修改后之《婚姻法》的第一、第二部解释对于《婚姻法》中新增加的婚姻无效、可撤销婚姻制度进行了相应完善，但是最新的第三部司法解释在诉讼规则上的条文却只有三条。

《民法典》及《民法典婚姻家庭编解释（一）》统合了《婚姻法》及三部司法解释的内容，并对无效婚姻和可撤销婚姻的事由做了较大幅度的改动，但在婚姻诉讼之程序规则上仍未有明显的新增。从条文布局上看：相关条文散见于表格所列的司法文件之中，且每个文件中各种诉讼类型的条文数量很不平衡，也不存在专章专节的分类布局；相关诉讼条文与实体法规定相混杂，在布局上尚无规律可循。

3. 大量程序性规则存在于实体法而非程序法之中

上述表格直观反映了我国现有的涉及婚姻诉讼之程序性条款的分布特点：从数量上看，在《婚姻法》及其司法解释中有 32 条，《民法典》及《民法典婚姻家庭编解释（一）》中有 17 条，而在《民事诉讼法》中仅有 7 条；从案件类型上看，离婚诉讼的程序性条款在实体法和程序法中兼而有之，而婚姻无效诉讼、可撤销婚姻诉讼和离婚损害赔偿诉讼均仅分布于实体法中。这一分布现状显然是与具体规则的程序性属性不相适应的。

4. 存在民事诉讼与行政诉讼相互混同的情形

在《民法典》颁布施行之前，我国相关规定中出现民事诉讼程序与行政诉讼程序二者竞合的情形有两处：一处是《婚姻法司法解释（三）》中的第1条规定："当事人以结婚登记程序存在瑕疵为由提起民事诉讼，主张撤销结婚登记的，告知其可以依法申请行政复议或者提起行政诉讼。"另一处是《婚姻法》第11条规定："因胁迫结婚的，受胁迫的一方可以向婚姻登记机关或人民法院请求撤销该婚姻。"在现行规定中，第一处竞合保留于《民法典婚姻家庭编解释（一）》第17条第2款，第二处竞合已被《民法典》第1052条第1款修改，受胁迫方仅可向法院请求撤销婚姻。

由于我国在婚姻的缔结上实行登记制，由民政机关履行登记职责，此处撤销婚姻登记，其产生的法律效果即为婚姻关系消灭，当事人可以另行结婚。涉及婚姻关系的消灭，原本属于婚姻诉讼程序的规制范围，而此处仅凭司法解释中的单个条文便将其列入到了行政诉讼程序的规制范围，着实欠妥。且在当事人利用行政诉讼规则撤销婚姻登记的过程中，是否会涉及离婚损害赔偿等问题，如若涉及应当如何处理，均未给予明确规制。

三、运行实况

分析我国大陆地区现行婚姻诉讼程序的规则现状之后，还需对我国婚姻诉讼程序的整体运行实况进行评析。这是因为婚姻家庭作为社会存在的基本单元，所涉纠纷是否处理得当，直接关联着当事人生活的多个方面，也影响着社会关系的和谐稳定。

（一）案件数量

笔者查阅了连续7年的《中国法律年鉴》（2008—2014年出版，记载2007—2013年数据），将相关数据制作成表，以便更直观地体现我国婚姻诉讼程序的运行实况：

由以上图表可知，表2记载了2007—2013年全国法院审结民事一审案件中婚姻家庭、继承类纠纷的处理情况，直观地反映了判决、调解、移送、驳回起诉、撤诉、诉讼终结等诸种案件处理方式在婚姻家庭、继承纠纷类案件中适用的数量对比。其中最值得关注的是，调解结案的案件数量在婚姻家庭、继承纠纷的结案总数上一直占据最大的比重，除个别年份外，一直持续攀升，并且远远超过了判决结案的案件数量。

表2　　　　全国法院审结民事一审婚姻家庭、继承纠纷
案件情况统计表（单位：件）

年份	结案	判决	调解	移送	驳回起诉	撤诉	终结	其他
2013	1611903	441084	770437	4326	6761	381538	953	6804
2012	1647464	412250	803919	4087	6624	413132	1194	6258
2011	1609801	416136	768238	4565	7018	407248	1496	5100
2010	1428340	387185	698900	4684	5716	326353	1281	4221
2009	1380762	399461	659065	4930	5510	306697	1351	3748
2008	1320636	416077	613379	4323	5484	276511	1228	3634
2007	1215776	406179	560830	3558	4436	236087	1183	3503

表3是笔者根据表2的相关数据制作而成，反映了全国法院审结一审婚姻家庭、继承类案件数与一审民事案件总结案数之间的数量及比率关系。显而易见，从案件数量上看，我国每年审结的一审民事案件数量庞大且总体呈上升趋势，其中婚姻家庭继承类案件在全部民事案件中的占比一直保持20%以上。

表3　　　　一审婚姻家庭、继承纠纷结案数与一审
民事案件总结案数数量关系统计表

年份	2013	2012	2011	2010	2009	2008	2007
一审婚姻家庭、继承纠纷结案数（单位：件）	1611903	1647464	1609801	1428340	1380762	1320636	1215776

续表

年份	2013	2012	2011	2010	2009	2008	2007
一审总结案数（单位：件）	7510584	7206331	6558621	6112695	5797160	5381185	4682737
占比（%）	21.4	22.9	24.5	23.4	23.8	24.5	26.0

（二）案件类型

从案件类型上看，婚姻纠纷呈现复杂化、多样化的趋势，主要表现在：首先，婚姻案件涉及民事、刑事、行政三大实务领域。刑事审判中的重婚罪、[1] 虐待罪、[2] 遗弃罪、[3] 暴力干涉婚姻自由罪[4]等，其事实认定部分都要涉及婚姻法理论，而因婚姻登记程序引起的婚姻关系纠纷，目前仅能通过行政诉讼程序加以规制。[5] 其次，婚姻诉讼增加了具体的诉讼类型。2001 年《婚姻法》的修改新增了宣告婚姻无效诉讼和可撤销婚姻诉讼，从而丰富了婚姻诉讼的内容。在此基础上，规范此类纠纷的具体程序规则以及对当事人合法权益的保护也成为婚姻家庭理论界的重点研究内容。最后，随着诉讼主体法律意识和权利意识的不断增强，涉及生育权、同居义务等与婚姻相关的纠纷类型接踵出现，当事人申请离婚的原因也呈多样化等，都对婚姻诉讼之司法实务提出了新的挑战。

（三）审判主体

目前我国婚姻诉讼案件审判主体的非专业化特征十分明显。在我国司法审判机构的设置上，并未设有处理婚姻家庭案件的专门法院，也谈不上专司婚姻家庭诉讼的专业审判人员的设置。由于处理

---

[1]　见《中华人民共和国刑法》第 258 条。

[2]　见《中华人民共和国刑法》第 260 条。

[3]　见《中华人民共和国刑法》第 261 条。

[4]　见《中华人民共和国刑法》第 257 条。

[5]　参见王礼仁：《婚姻诉讼前沿理论与审判实务》，人民法院出版社2009 年版，第 17 页。

婚姻诉讼案件的法官均未受过专门的婚姻诉讼培训，故仅能依靠自身已有的专业素质以及审判经验来应对复杂多样的相关案件。然而法院系统中具有丰富相关审判经验的法官毕竟是少数，更多的婚姻诉讼案件只能是由普通法官依照普通的民事案件审判程序加以处理。

（四）审判程序

目前我国的婚姻诉讼案件与普通民事案件适用基本相同的诉讼程序。上文在"规则现状"中也曾提到，我国现行婚姻诉讼程序中的特殊规则是由散布于实体法和程序法之中的数量不多且零散的程序性法条所组成的，因此其审判程序主要还是适用普通民事案件的通行规则。由此一来，常常导致法院在处理婚姻案件时对于其中所涉的财产关系纠纷与身份关系纠纷不作区分，将婚姻诉讼简单等同于一般的财产性诉讼来处理，忽视了婚姻事件的程序特点。

（五）调解程序在婚姻诉讼中的适用情况

与域外很多国家和地区相同，我国在程序立法上针对离婚诉讼设置了调解前置的强制性规定，也即婚姻诉讼中的调解主要集中于离婚诉讼程序中。但是我国立法上对于离婚调解的主体及方式等问题与婚姻诉讼程序一样，并未结合诉讼事件本身的特征给予特别的程序设置，涉及婚姻诉讼调解的特殊规则仅有《婚姻法》第32条"人民法院审理离婚案件，应当进行调解"的原则性规定。

第二节　对确认婚姻无效程序设置之审视

无效婚姻，即不具有法律效力的婚姻，是指"形式上已缔之婚姻因违反了法律规定的结婚要件而不发生法律效力的违法结合"。[①] 无效婚姻一般是欠缺了合法婚姻的实质要件，属于绝对无效。婚姻无效的概念有广义和狭义之分，广义的婚姻无效还包括了可撤销婚姻的情形，我国《民法典》上对无效婚姻和可撤销婚姻

---

① 杨大文主编：《婚姻家庭法》，中国人民大学出版社2008年版，第121页。

作了分别规定，因此我国的婚姻无效乃采狭义的概念。①

婚姻无效制度的确立意义在于保护合法婚姻之法定要件的贯彻执行，维护合法婚姻的建立，同时对违法婚姻起到预防作用。我国在 1994 年 2 月 1 日出台的《婚姻登记管理条例》中首次出现了"婚姻关系无效"的提法，2001 年修改的《婚姻法》创设了婚姻无效制度，相关规定后被《民法典》婚姻家庭编继受。

一、现有规定

（一）婚姻无效的法定情形

在《民法典》颁布施行之前，《婚姻法》第 10 条规定了婚姻无效的法定情形：重婚、有禁止结婚的亲属关系、婚前患有医学上认为不应当结婚的疾病且婚后未治愈、未达法定婚龄。以下就每一情形的具体认定作简要分析：

1. 因重婚引起的婚姻无效

《民法典》第 1041 条规定，我国实行一夫一妻的婚姻制度。作为贯穿我国婚姻家庭制度的基本原则，其明确反对重婚行为。婚姻诉讼上的"重婚"，是指有配偶者又与他人结婚的行为。需要区分的是，《中华人民共和国刑法》（以下简称《刑法》）上的"重婚罪"与婚姻诉讼制度上的重婚范围并不相同。依照我国《刑法》的规定，有配偶而重婚，或者明知他人有配偶而与之结婚的，应追究刑事责任；不知对方已有配偶而与之结婚的，不是重婚的犯罪主体。而在婚姻法上，无论无配偶的一方是善意或者恶意，均破坏了一夫一妻的婚姻制度，对该婚姻无效的认定没有任何影响。② 我国《民法典》上涉及"重婚"的规定共有六处，分别涉及禁止重婚的原则性规定、婚姻无效的情形、重婚导致婚姻无效的财产处理、诉讼离婚中"感情确已破裂"的认定情形、应依法追究刑事责任的

---

① 参见王礼仁：《婚姻诉讼前沿理论与审判实务》，人民法院出版社 2009 年版，第 473 页。

② 参见杨大文主编：《婚姻家庭法（第六版）》，中国人民大学出版社 2015 年版，第 92 页。

情形、离婚损害赔偿请求权。

2. 有禁止结婚的亲属关系

禁婚亲，是指法律规定的禁止结婚的亲属。我国《民法典》第 1048 条明确了直系血亲和三代以内旁系血亲禁止结婚。禁婚亲的传统源于原始社会的婚姻禁忌，进入个体婚制后，人类以立法限制近亲结婚，一方面是基于优生学的考虑：若夫妻双方血缘关系太近，易将疾病或缺陷遗传给子女；另一方面则是基于伦理道德的要求，近亲结婚有碍于人类长期形成的婚姻道德，易造成亲属身份上的紊乱。① 由于各国和地区民族文化和习惯传统的不同，禁止结婚的亲属关系在范围上存在宽严之别，我国《民法典》上禁止结婚的亲属关系具体是指直系血亲和三代以内旁系血亲。

3. 未到法定婚龄而致婚姻无效

依照《民法典》第 1047 条的规定，我国的法定婚龄为男 22 周岁、女 20 周岁。该情形的特殊之处在于该条婚姻效力的限制必将随着婚姻双方当事人年龄的增长而灭失，因此该种无效婚姻的确认申请应当在双方当事人达到法定婚龄前作出方为有效。

《婚姻法》第 7 条第 2 款明确禁止患有医学上不应当结婚疾病的公民结婚，第 10 条也将其列为婚姻无效的情形。该项条款主要是为了优生优育，防止新生儿缺陷。然而，该项规定与婚姻自主权之法益产生抵触，《民法典》颁布施行后，该条情形已被修改为婚姻撤销的法定事由之一，将于后文作详细论述。

（二）婚姻无效的宣告程序

《民法典婚姻家庭编解释（一）》第 20 条明确规定，无效婚姻或可撤销婚姻在依法被确认无效或被撤销后，才确定该婚姻自始不受法律保护。

我国《民法典》第五编"婚姻家庭"第二章"结婚"部分，仅规定了导致婚姻无效的情形，对申请主体及具体程序并未加以明确。2021 年正式施行的《民法典婚姻家庭编解释（一）》第 9 条

① 杨大文主编：《婚姻家庭法（第六版）》，中国人民大学出版社 2015 年版，第 82 页。

明确了人民法院受理婚姻无效宣告之申请的程序性规定，确认了人民法院的管辖权。除了人民法院有权处理无效婚姻，我国的婚姻登记机关依据 1994 年《婚姻登记管理条例》的规定，原来一直也对无效婚姻之申请事项具有管辖权，[①] 但 2003 年新的《婚姻登记条例》删除了这一规定。2003 年民政部《婚姻登记工作暂行规范》第 45、46 条更是进一步明确了除受胁迫结婚外，婚姻登记机关不得受理因其他任何理由宣告婚姻无效或撤销婚姻的请求。由此可见，目前我国无效婚姻的宣告主体仅限于人民法院，婚姻登记机关不再行使宣告之权。

依照《民法典婚姻家庭编解释（一）》第 9 条的规定，有权申请宣告婚姻无效的主体，在婚姻双方当事人之外，还包括利害关系人。利害关系人一般是指当事人的近亲属，在重婚的情形下还包括基层组织。宣告请求权不受除斥期间的限制，任何时候均可申请宣告。

在宣告婚姻无效案件的程序适用方面，根据《民法典婚姻家庭编解释（一）》第 11 条，法院审理申请宣告婚姻无效，在婚姻效力的认定方面不适用调解，婚姻无效的判决一经作出，即生效力。对于与之相关的财产及子女抚养争议，可以适用调解。《民法典婚姻家庭编解释（一）》第 16 条还规定，因重婚导致婚姻无效的，如果涉及财产处理，法院应准许原合法婚姻当事人作为有独立请求权的第三人参加诉讼。

二、不足之处

（一）关于确认婚姻无效之诉的性质之争

我国有部分学者将婚姻无效之诉定性为非讼案件，主张比照适用特别程序进行审理。如有学者指出："《婚姻法解释（一）》虽未明确规定申请宣告婚姻无效案件适用特别程序进行审理，但是从

---

① 1994 年《婚姻登记管理条例》第 25 条规定，当事人弄虚作假骗取婚姻登记的，婚姻登记管理机关有权受理宣告婚姻无效的申请。

其规定的具体程序内容上看应属于特别程序。"① 有学者认为："我国《婚姻法》上并未明确申请宣告婚姻无效案件的程序性质，但从《婚姻法解释（一）》中的不适用调解、判决一经作出即生效力等规定来看，应该是确立了申请宣告婚姻无效案件为非讼案件，应当比照适用《民事诉讼法》关于特别程序的规定进行审理。"②还有学者解释道："申请宣告婚姻无效案件的争议内容具有非讼性，婚姻效力问题并非对民事权益的归属有争议，而只是要求法院对婚姻关系是否有效作出确认，因此应类推适用《民事诉讼法》中的非讼案件的审理程序，即特殊程序进行审理。"③

　　由上述学者的观点中不难看出，他们对于无效婚姻的非讼性质之判断是以《婚姻法解释（一）》（现为《民法典婚姻家庭编解释（一）》）中的相关程序规定为依据的，其主要理由是宣告婚姻无效的程序性规定排除了调解的适用，适用一审终审，从而与我国特别程序的现有规定相一致等。笔者认为，虽上述规定被《民法典》及其司法解释继受，但这种以程序规定倒推事件性质的方式不够严谨，且并未清晰地区分特别程序及非讼程序的性质差异。

　　毋庸置疑，现有立法及司法解释中的相关条文对于婚姻无效案件规定了特殊的审理程序，但是此种特殊程序并非对应非讼程序也即"特别程序"，而是对应我国民事案件一审诉讼程序中的通常婚姻诉讼程序，或者对应域外专门的人事诉讼或家事诉讼程序。笔者也认为对于婚姻无效案件的审理应适用特殊的诉讼程序，但在我国民事诉讼程序中，"特别程序"里并没有单独的婚姻诉讼程序或人事诉讼、家事诉讼的规定。前文已述，宣告婚姻无效的程序性规定目前乃是集中于婚姻法司法解释中，此类特别的规则条款不能成为婚姻无效案件的定性依据。

---

① 谭兵主编：《民事诉讼法学》，法律出版社 2004 年版，第 415 页。

② 黄松有主编：《婚姻家庭司法解释实例释解》，人民法院出版社 2006 年版，第 112 页。

③ 单国军主编：《婚姻法司法解释理解与运用·典型案例裁判理由》，中国法制出版社 2010 年版，第 37 页。

从一方面来看，对于无效婚姻程序之认定不适用调解制度，主要是因为该类婚姻的存在已经违反了法律规定，一经当事人申请或发现即必须认真依法审查，婚姻是否有效不以当事人的意志为转移。换言之，婚姻无效的法定情形不能因当事人的合意而改变该段婚姻关系违法的客观事实，经查证该段婚姻在提起诉讼时确实存在四种违法情形之一的，就不能经由当事人合意调解而转变为有效婚姻。① 此种制度设计的考虑与特别程序中对调解的排除并不一致。

从另一方面来看，我国现有的特别程序是针对特定、专门事件的程序总称，如确认选民资格程序，认定公民无民事行为能力、限制民事行为能力程序等，具有较强的针对性，也不能与非讼程序完全划等号。② 确认婚姻无效案件在性质、类型等方面与上述事件均没有同质性，因此在婚姻无效案件的处理中也无法借鉴特别程序的相关规定。除非在特别程序中专门规定确认婚姻无效程序或者婚姻诉讼程序，否则，特别程序对确认婚姻无效之诉的审理是难以发挥程序依据作用的。③

（二）我国现有之规定存在诸多不足

首先，相关程序规定不成系统。由上文表1中可以看出，对于宣告婚姻无效之诉讼程序，我国《民事诉讼法》及相关司法解释中未有涉及，主要集中于《民法典》及其司法解释中。这一"实体法定程序、程序法不涉及"的做法在我国实体法、程序法相分离的立法背景下，明显缺乏系统性。其次，在此种立法现状下，零散穿插于实体法条文中的程序性规则也缺乏逻辑性和完整性。其条文规定无法涉及婚姻无效的各个诉讼阶段，且主要集中于婚姻法司法解释中，效力层次明显偏低。最后，现有规定易带来程序定性上的困扰。该种零散的规定貌似是对于确认婚姻无效之诉适用普通诉

---

① 参见黄松有主编：《婚姻家庭司法解释实例释解》，人民法院出版社2006年版，第137页。

② 我国特别程序一章中的"选民资格案件"不属于非讼程序。

③ 参见陈爱武、赵莉：《婚姻无效之诉若干问题研究》，载《江海学刊》2007年第1期。

讼程序基础上的一种补充，但又与普通民事诉讼程序的规定有较大的差异也即体现了非讼的程序性质，这一略显混乱的规定势必会给司法实践中的案件处理带来困惑。

第三节　对婚姻撤销程序设置之审视

可撤销婚姻，是指依照法律的规定，可以应行为人的要求而加以撤销从而使婚姻关系自始消灭的婚姻。① 具体到我国的婚姻诉讼程序中，特指"受胁迫结婚"和"被隐瞒特定疾病而结婚"这两种适用情形。

一、《婚姻法》及司法解释的相关规定

（一）具体程序规则

在《民法典》颁布前，2001 年《婚姻法》第 11 条规定了可撤销婚姻制度，具体内容为："因胁迫结婚的，受胁迫的一方可以向婚姻登记机关或人民法院请求撤销该婚姻。受胁迫的一方撤销婚姻的请求，应当自结婚登记之日起一年内提出。被非法限制人身自由的当事人请求撤销婚姻的，应当自恢复人身自由之日起一年内提出。"《婚姻法解释（一）》对于"胁迫"的具体要件、可撤销婚姻适用的诉讼程序、婚姻被撤销的效力等问题作出了规定。

由以上规定可以看出，可撤销婚姻诉讼的具体程序要件有：

第一，申请撤销婚姻的主体仅限于受胁迫的一方当事人。《婚姻法解释（一）》第 10 条第 2 款明确规定，有权请求撤销婚姻的主体是确定且唯一的，仅限于"受胁迫的一方"。这是由于受胁迫方在结婚时未能真实表达自己的意愿，使得婚姻关系的发生与维系违背其意志。除此之外，其他任何人不得申请撤销，婚姻登记机关或人民法院也不得主动撤销。

第二，有权应当事人请求而撤销婚姻的机关为婚姻登记机关和

---

① 参见马原主编：《新婚姻法条文释义》，人民法院出版社 2002 年版，第 109 页。

人民法院。如前所述，《婚姻法》第 11 条将因受胁迫结婚而请求撤销婚姻的案件管辖权交予婚姻登记机关及人民法院，当事人可选择适用。受胁迫方对于婚姻登记机关作出的决定不服的，不能向法院提起民事诉讼，只能提请行政复议或行政诉讼。值得注意的是，2011 年发布的《婚姻法解释（三）》第 1 条规定了婚姻登记的撤销，该项事由与此处的可撤销婚姻不同，不是由于一方结婚时受胁迫而是特指结婚登记程序存在瑕疵的情形，瑕疵结婚登记的撤销仅能通过提起行政复议或行政诉讼的方式来处理。

第三，撤销婚姻申请权有严格的时间限制。《婚姻法》第 11 条规定了受胁迫的一方婚姻当事人有权行使撤销权的时间，将其明确限制在自结婚登记之日起或其恢复人身自由之日起 1 年内，此处的 1 年期限不适用诉讼时效中止、中断或延长的规定。即为维护婚姻家庭的稳定性，当事人申请撤销婚姻的权利期间属于不变期间。

这一设置考虑到了司法实务中可能会存在结婚时违背自身意愿的被胁迫一方经过一段时间的共同生活后，与对方产生了感情，愿意与其继续维持婚姻关系的情况，在此种情形下若将受胁迫婚姻规定为无效婚姻则着实不妥。这一规定的合理性在于：如果受胁迫方长期不行使该撤销请求权，一方面会使该婚姻关系长期处于一种不稳定的状态，不利于双方当事人、子女、甚至家庭及社会的稳定，也会导致婚姻登记机关或人民法院在进行"当事人受胁迫"的事由判断时因长时间耽搁而失准。

（二）无效婚姻与可撤销婚姻之比较

无效婚姻与可撤销婚姻，都是属于虽然履行了法定的结婚登记手续但是不符合法定结婚条件的婚姻。《婚姻法》在 2001 年修改时之所以将二者作了区分，主要是考虑了它们在性质上的差异：从侵害的利益上看，无效婚姻多违反社会公德、社会公共利益，而可撤销婚姻仅违反个人意愿。因此，立法上对于两者设置了不同的诉讼规则：

1. 从请求主体上看，无效婚姻的请求主体包括当事人及利害关系人，可撤销婚姻则仅能由被胁迫一方当事人决定是否申请撤销，除此之外的其他利害关系人，以及婚姻关系中的胁迫方，均无权作为原告提起撤销之诉。

2. 从无效的性质上看，无效婚姻属于绝对无效，可撤销婚姻属于相对无效。只要符合无效婚姻的情形，其请求权不因时间的经过而消灭，而可撤销婚姻的请求权存在除斥期间的限制规定。

3. 从宣告机关上看，无效婚姻未将婚姻登记机关明确规定为宣告机关，可撤销婚姻则是将婚姻登记机关与人民法院一起列为受理、宣告机关。

二、《民法典》关于婚姻撤销诉讼程序的修改内容

（一）删除了《婚姻法》关于婚姻撤销主体之双轨制的规定

可撤销婚姻制度自设立之初，《婚姻法》及其司法解释即规定了民事、行政"双轨制"的管辖规则，即婚姻登记机关与人民法院都享有管辖权，这一做法也是我国的特色规定，与域外国家和地区明显不同。该项规定导致在法院处理婚姻撤销问题时，有民事诉讼和行政诉讼两种情形。

1. 《婚姻法》关于婚姻撤销主体之双轨制的检讨

（1）双轨制的设置背景

我国最初规定婚姻登记机关有权处理婚姻效力纠纷是在 1994 年的《婚姻登记管理条例》中。该条例第 25 条规定，当事人弄虚作假、骗取婚姻登记的，婚姻登记管理机关应当撤销登记，对当事人宣布其婚姻关系无效并收回结婚证或离婚证。此类规定是有其历史背景的：一方面，在当时的婚姻程序立法上并未设立婚姻无效制度，婚姻登记机关撤销婚姻效力的行为实际上是对我国婚姻无效制度的空白填补；另一方面，婚姻登记行为一度被认为是行政许可行为，因此由该行为引发的纠纷，就被当然地规定为须经行政复议或行政诉讼解决的纠纷。

以上两方面的背景至今均已发生变化。《婚姻法》在 2001 年的修改中设置了无效婚姻和可撤销婚姻制度，针对两类特殊的婚姻情形分别规定了严格的适用条件，其中可撤销婚姻被严格限定为"受胁迫"这一种情形。在此情形下，若允许登记机关撤销婚姻登

记，则会明显扩大可撤销婚姻的范围。① 鉴此，我国民政部于
2015 年 12 月发布并于 2016 年 2 月试行的《婚姻登记工作规范》
第五章（第 46 条至第 53 条）为婚姻登记机关办理撤销婚姻的相
关规定，其中第 53 条明确：婚姻登记机关不受理除受胁迫结婚之
外的以任何理由请求宣告婚姻无效或者撤销婚姻的请求。

（2）"双轨制"的运行困境

首先，"双轨制"导致法律适用上的混乱。我国婚姻登记机关
除受胁迫结婚这一事由之外，不受理其他任何涉及婚姻效力的纠
纷，这恰恰与我国婚姻法解释上的规定相抵触。《婚姻法解释
（三）》第 1 条即规定了因婚姻登记瑕疵请求撤销婚姻登记的，当
事人应申请行政复议或提起行政诉讼。这类相互抵触的规定之所以
会出现，可能的原因是有关制订机关将婚姻效力纠纷与婚姻登记瑕
疵纠纷进行了区分，认为婚姻登记瑕疵不涉及婚姻效力的范畴。但
是这一处理方式未免草率，因为司法实务中两者很难明确区分，撤
销婚姻登记必然引起具体婚姻的效力变更。除此之外，行政诉讼之
重点乃是在于审查行政行为即婚姻登记行为的合法性问题，民事诉
讼中的撤销婚姻之诉则主要审查婚姻关系的有效性问题，这两者的
审查内容及判断标准并不统一甚至差异较大。同类性质的婚姻案
件，分别提起行政诉讼或民事诉讼，其诉讼结果可能完全不同。如
在登记结婚时使用虚假证明、登记机关越权登记等情形，在行政诉
讼中属于违法行政行为，可能导致撤销婚姻登记，而在民事诉讼程
序中，该婚姻却可能有效。② 除了具体案件审理标准上的差异，两
类诉讼的另一较大差异体现在诉讼时效方面。民事诉讼程序对于可
撤销婚姻的除斥期间有着特殊的规定，而行政诉讼上则未予明确。
因此，同样是对登记瑕疵提起诉讼，但最后的民、行裁判结果却并
不统一。有的法官依照行政诉讼上的规定对于存在登记瑕疵的婚姻

---

① 前文已述，根据 1994 年的《婚姻登记管理条例》第 25 条的规定，
当事人弄虚作假、骗取婚姻登记的情形是婚姻登记机关撤销婚姻登记的事由。

② 参见王礼仁：《解决婚姻行政诉讼与民事诉讼打架之路径》，载《法
律适用》2011 年第 2 期。

一律加以撤销，有的法官则依照民事诉讼程序上的规定作出处理，在行政诉讼中同样适用民事诉讼除斥期间的规定。

其次，"双轨制"给当事人带来诉讼困难。我国立法上对婚姻撤销之诉规定了"双轨制"的管辖主体，但除此之外，不仅对于具体诉讼规则未作分别之明晰，而且也未规定两个主体在适用情形上的差异、适用时的选择规则以及适用冲突时的裁决主体，因此造成了司法实务中对婚姻效力纠纷相互推诿的情形，导致当事人诉讼无门，甚至无法摆脱受胁迫之婚姻等。① 因为这一相互推诿的情形极有可能造成可销婚姻的诉讼期间无谓经过，从而直接导致当事人申请权灭失这一严重后果。从后续程序上看，婚姻登记机关无权处理与婚姻效力相关的其他民事问题。《婚姻登记条例》第 9 条第 2 款规定："婚姻登记机关经审查认为受胁迫结婚的情况属实且不涉及子女抚养、财产及债务问题的，应当撤销该婚姻，宣告结婚证作废。"依法条规定可知，婚姻登记机关对于子女抚养、财产及债务问题均无权处理，若符合前述条件的婚姻由登记机关加以撤销，那么当事人之间关于子女抚养、财产及债务等问题的争议便只能另外向法院提起民事诉讼，这无疑会大幅增加当事人的诉讼成本。

最后，"双轨制"浪费司法资源。以行政诉讼方式处理婚姻登记瑕疵问题，需要以行政处理结果作为诉讼的前提条件，因此，从诉讼主体来看，在此类行政诉讼中便先后存在着婚姻登记机关、法院、婚姻双方当事人这四方主体；从审理效果上看，法院对于当事人不服行政机关处理结果而提起的行政诉讼，即便认为有误，也只能撤销或指令该机关重新处理，这样一来，一个婚姻行政诉讼案件在行政机关和法院之间循环往复，效率十分低下；从机构性质上看，进行形式审查的婚姻登记机关不同于对实体问题进行处理的裁决机关，其法律专业水平有限，要正确及时处理这类问题较为困难；从诉讼成本上看，无疑要为一个简单但当事人不服的行政行为

---

① "一男子被陌生女子假结婚骗财想离婚还离不成"，载中国离婚网 http：//www. lihun66. com/hynews/71759. html2016 年 1 月 5 日 15：48 分访问。

的纠正付出巨大的时间成本和人力成本，明显不符合诉讼经济原则。①

2. 《民法典》第 1052 条将撤销婚姻的主体修改为单轨制

由婚姻登记机关对婚姻登记予以撤销，是在我国民事审判制度尚不发达的背景下，由行政法规确定的一种习惯性做法，并非当然合理。它混淆了婚姻登记机关与司法审判机关的区别，赋予了婚姻登记机关本不该享有的民事裁判职能，从而导致了权力配置上的错误。② 作为民法的调整对象之一，婚姻关系之纠纷属于民事领域的纠纷，行政机关很少介入其之处理，而通过司法途径加以解决已是现代法治国家的通行做法。由人民法院统一受理则可以有效避免"分而治之"的复杂局面。

《民法典》第 1052 条第 1 款规定，因胁迫结婚的，受胁迫方可以向人民法院请求撤销婚姻。该项修改明确了婚姻登记撤销权之形成诉权之属性，规定该种撤销权仅可以诉讼的方式行使，自然，当事人请求撤销的机关只能是人民法院而非婚姻登记机关。与此同时，考虑到"胁迫"多为持续性的行为，本条还将当事人撤销权的行使时间，由"应当自结婚登记之日起一年内"修正为"应当自胁迫行为终止之日起一年内"，更有利于被胁迫方的婚姻救济。

因此，对于涉及婚姻效力之争的案件，理应由人民法院按照民事诉讼程序加以处理。婚姻登记机关则仅应限于处理单纯的行政侵权案件，如拒绝婚姻登记、在登记中乱收费等情形，对于此类行政侵权行为，当事人可申请行政复议或提起行政诉讼。

（二）《民法典》第 1053 条新增隐瞒疾病的可撤销婚姻

《民法典》第 1051 条虽然将"婚前患有不应当结婚的疾病且婚后尚未治愈"的情形从禁婚情形中删除，但隐瞒重大疾病导致婚姻破裂的情况在实践中确有出现，此类婚姻中善意当事人的疾病

---

① 参见王礼仁：《解决婚姻行政诉讼与民事诉讼打架之路径》，载《法律适用》2011 年第 2 期。

② 参见赵钢、刘学在：《婚姻无效之诉与撤销婚姻之诉研究》，载《民商法论丛》2002 年第 2 号。

知情权理应得到法律保护。为充分尊重婚姻自主权,《民法典》设置了婚姻当事人关于严重疾病的如实告知义务和未如实告知情形下的救济。

身体健康状况虽非婚姻缔结的主要考虑因素,但重大疾病显然会影响到婚姻内的经济状况和生育状况,甚至影响对方当事人的健康。婚姻的本质是双方基于感情的信任共同体,在婚姻的缔结过程中,双方当事人应当基于对彼此负责的态度,如实了解并相互相知身体健康状况。本条规定从赋予疾病当事人之婚姻缔结权和保护善意当事人之知情权的角度出发,其积极意义值得肯定。然而,该条规定尚未解决疾病婚姻之范围认定的实践难题。此前,强制婚检作为《婚姻法》之禁婚疾病的配套措施,由行政法规辅助实施,因患有特定疾病而婚姻无效的认定,多由婚检机构直接下结论,因禁婚疾病而提起的婚姻无效之诉,法院可以医疗机构的婚检证明为判断依据。然而,在取消强制婚检后,如何判断禁婚疾病的范围,如何选择合适的鉴定机构,均成为困扰司法机关的难题。需要强调的是,该条规定中关于"重大疾病"的界定,与《婚姻法》中关于禁婚疾病的界定一样,尚未形成明确的认定标准或疾病名单,导致相同疾病在司法实践中形成了不同甚至相反的认定结果。

从"无效"到"可撤销",疾病婚姻的效力修订保障了患病弱势群体的婚姻缔结自由,也兼顾了被隐瞒疾病之无过错方的损害赔偿请求。与此同时,该项修订也改变了无效婚姻和可撤销婚姻的情形,对于我国无效婚姻制度的理论研究和实践适用带来深远影响。

三、《民法典》为疾病婚姻当事人提供双重权利保障

《民法典》对禁婚疾病性质的调整,不仅赋予了患病弱势群体婚姻缔结权,同时也可为疾病婚姻中的善意当事人提供救济途径。

(一)《民法典》保护患病弱势群体的婚姻缔结权

与《婚姻法》相比,《民法典》第五编"婚姻家庭编"第二章"结婚"的修订主要集中于疾病婚姻之效力认定上。具体内容包括:第一,在禁婚条件方面,《民法典》删除了"患有医学上认为不应当结婚的疾病"的情形,禁婚情形仅剩一类:直系血亲或

三代以内旁系血亲。第二，《民法典》同时对婚姻无效情形作出调整，删除了"婚前患有医学上认为不应当结婚的疾病，婚后尚未治愈的"这一情况。第三，《民法典》第 1053 条新增了"隐瞒疾病的可撤销婚姻"，具体规定为"一方患有重大疾病的，应当在结婚登记前如实告知另一方；不如实告知的，另一方可以向人民法院请求撤销婚姻"。值得注意的是，《民法典》同时限定婚姻撤销权仅可通过诉讼方式行使，删除了《婚姻法》第 11 条原定的婚姻登记机关的撤销权限。第四，《民法典》第 1054 条第 2 款新增了婚姻无效或可撤销情形中无过错方的损害赔偿请求权。在《婚姻法》中，该项请求权原本仅限于因特定情形导致离婚的无过错方享有。婚姻损害赔偿请求权主体范围的扩大，与"一方隐瞒重大疾病导致婚姻可撤销"的情形相呼应，强化了对该类婚姻关系中善意当事人的利益保护。

综合《民法典》对婚姻无效制度的修订不难发现，上述四处修订均围绕着疾病婚姻的效力展开，且从根本上改变了疾病婚姻的性质：疾病婚姻从无效婚姻转变为特定条件下的可撤销婚姻。这一立法规定必将对疾病婚姻的理论研究及实践适用带来深远影响。

（二）赋予患病弱势群体婚姻缔结权的合理性分析

1. 婚姻缔结权是公民的基本人权

婚姻是两性结合形成的为社会制度所确认的夫妻关系。广义上的婚姻权是指与婚姻有关的各项权利，即双方结合为夫妻的过程中所享有的自由和利益不受侵犯的权利，具体表现为缔结婚姻、存续婚姻、终止婚姻的权利。① 缔结婚姻的权利即结婚自由权，是其他婚姻权行使的前提和基础，是至关重要的民事权利。《世界人权宣言》第 16 条规定："成年男女、不受种族、国籍或宗教的任何限制，有权婚嫁和成立家庭。他们在婚姻方面，在结婚期间和在解除婚约时，应有平等的权利。"《公民权利和政治权利国际公约》第

---

① 韩松：《婚姻权及其侵权责任初探》，载《中南政法学院学报》1993 年第 3 期。

23 条和《欧洲人权公约》第 12 条都涉及"结婚权"。①《中华人民共和国宪法》强调"国家尊重和保障人权""禁止破坏婚姻自由",《婚姻法》也明确规定我国公民享有婚姻自由。在婚姻缔结的过程中,当事人自由真实的意思表示应是婚姻成立的唯一正当依据。患病主体本就是弱势群体,《婚姻法》仅从控制疾病、优生优育、提高人口素质的社会目的出发,采用国家管制的手段,不作区分地禁止特定患病主体结婚,显然是不恰当的。② 缔结婚姻的自由权作为公民的基本权利,应当受到严格的保护,对于患病主体也不例外,非因维护重大法益之需要不应对其作出限制。③

2. 婚姻与生育的功能分离为弱势群体之婚姻缔结权提供社会基础

随着社会发展和观念转念,婚姻与生育的关系经历了从"统一"到"分离"的过程。在我国封建社会,婚姻与生育紧密相连,"家庭是人口生育的小作坊,婚姻是人口生育的加工手段,生育是婚姻和家庭的主要目的"。④ 即便在近现代社会,在缺少避孕技术和人工生育技术的情况下,生育权的实现仍需以结婚权为基础。随着婚姻功能的转变和人工生育技术的发展,婚姻与生育呈现出明显的分离态势。婚姻的功能可分为自然功能和社会功能两个方面,自然功能主要表现为情感功能和性满足功能,社会功能则包括生产功能、消费功能、生育功能和扶养功能。⑤ 传统婚姻强调社会功能如生育功能的实现而人为抑制自然功能的满足。伴随着个人权利意识的觉醒,婚姻的自然功能逐渐强化,情感功能

① 张荣芳:《论生育权》,载《福建大学学报(哲学社会科学版)》2001 年第 4 期。

② 申晨:《论婚姻无效的制度构建》,载《中外法学》2019 年第 2 期。

③ 马忆南:《民法典视野下婚姻的无效和撤销——兼论结婚要件》,载《妇女研究论丛》2018 年第 3 期。

④ 高留志:《婚姻与生育的分离——与我国婚姻制度的改革》,载《河北法学》2006 年第 9 期。

⑤ 周良勇:《论我国部分结婚禁止条件的"解禁"》,载《西南科技大学学报(哲学社会科学版)》2012 年第 2 期。

和性满足功能也超越了生育等社会功能，成为公民缔结婚姻的首要考量。

3. 医疗技术的发展为弱势群体之婚姻缔结权提供技术支撑

人工生育技术的发展和绝育手术的推广更是为婚姻与生育的功能分离提供了强有力的技术支撑。夫妻双方拥有了生育方面的自主选择权：可以选择是否生育，也可以选择以何种方式生育。前文已述，我国禁婚疾病的设置与婚姻生育功能的实现直接相关。在婚姻与生育分离的背景下，患病主体在缔结婚姻之后，可以借助避孕技术选择不生育，也可借助医疗技术如人工生育技术、基因阻断技术等排除特定疾病对生育功能的影响。在上述医疗技术发展完善的基础上，《民法典》赋予患病弱势群体缔结婚姻自由权与优生优育的生育政策并不冲突。《母婴保健法》的相关规定也体现了这一立法精神，第 10 条规定，对诊断患医学上认为不宜生育的严重遗传性疾病的，经男女双方同意，采取长效避孕措施或者施行结扎手术后不生育的，可以结婚。

(三)《民法典》同样保护非患病主体的婚姻权利

《民法典》将疾病婚姻的性质由绝对无效修改为特定条件下的可撤销婚姻，赋予了患病弱势群体婚姻缔结权。然而，在此类疾病婚姻中，非患病主体的权利也应得到有效保护。

疾病婚姻可撤销制度对于非患病主体的权利保护应分为知情和不知情两种情况讨论。对于知情当事人来说，《民法典》在赋予患病主体婚姻缔结权的同时，也保障了知情配偶的婚姻自主权，民事主体有权自主选择是否结婚以及跟谁结婚，实践中也不乏当事人在知晓对方患有重大疾病后仍愿与其缔结婚姻的情况。在《民法典》颁布之前，《婚姻法》及相关司法解释剥夺了知情配偶的婚姻自主权。疾病婚姻属禁婚情形，即便双方自愿缔结婚姻，与患病者共同生活的近亲属均有权申请确认该项疾病婚姻无效。双方自愿的情节无法阻却同住近亲属的申请权，该项婚姻仍有被确认无效的风险。《民法典》对疾病婚姻可撤销的规定有效保障了未患病方配偶的婚姻自主权：在充分知晓对方身体健康状况的情况下，该方配偶有权选择与其缔结婚姻，该项疾病婚姻合法有效，同住成年家属无权干预。

对于对疾病不知情的配偶来说，疾病婚姻可撤销制度保障其撤销婚姻并获取赔偿的权利。疾病婚姻的有效成立应以患病主体在婚前充分履行告知义务、坦诚告知病情为前提，然而，患病主体为缔结婚姻而故意隐瞒病情的案例也并不少见。① 实践中的处理方式依疾病类型的不同而有出入：法院判断属于《婚姻法》上禁止结婚疾病的，确认婚姻无效；法院判断不属于禁婚疾病的，驳回当事人确认婚姻无效的申请，建议以"感情破裂"为由提起离婚诉讼。②《民法典》在允许患病主体行使婚姻缔结权的同时，也规定了患病主体的如实告知义务，并赋予不知情之婚姻当事人撤销权。婚前被隐瞒的未患病方，在婚后被告知病情或自行发现病情的情况下，有权选择是否行使婚姻撤销权。若该方主体于婚后知情且仍愿与患病方共同生活进而放弃撤销权的行使，则该项婚姻仍旧有效。若未患病方选择撤销婚姻，则该段婚姻自始无效，双方的婚姻状态回复至本段婚姻缔结之前。然而，婚姻状态的回复远不足以弥补不知情方当事人在欺诈婚姻中所承受的无可逆转的损害事实，尤其是涉及共同财产、生育子女的情况。因此，《民法典》将损害赔偿制度引入无效婚姻和可撤销婚姻，无过错方在该段欺诈婚姻中的损失可通过损害赔偿请求权得到救济。无过错方可自由选择对维护权益最有利的方法，既可选择要求侵权人返还财产、赔偿损失，也可要求侵权人恢复名誉、赔礼道歉、精神损害赔偿等。③

---

① 目标案例中存在隐瞒病情情节的案例有 16 例，除 2 例涉及性病外（案号为：（2015）开民初字第 3507 号；（2015）秦红民初字第 306 号）其他均涉及精神疾病（案号为：（2015）龙民一初字第 36 号等）。

② 值得注意的是，《最高人民法院关于人民法院审理离婚案件如何认定夫妻感情已破裂的若干具体意见》第三条将"婚前隐瞒了精神病，婚后经治不愈"的情况视为夫妻感情确已破裂的表现之一，与《民法典》关于疾病婚姻可撤销的规定相抵触。

③ 江必新主编：《民法典重点修改及新条文解读（下）》，中国法制出版社 2020 年版，第 819 页。

第四节 对离婚诉讼程序设置之审视

离婚，又称婚姻关系之解除，是指夫妻双方依照法定的条件及程序解除婚姻关系的民事法律行为。离婚诉讼即为婚姻双方选择通过诉讼程序解除婚姻关系而进行的民事诉讼，在我国现有的婚姻诉讼程序中，离婚诉讼无疑是数量最多的一类。我国关于离婚诉讼的程序性规定在婚姻诉讼中也属于相对完善的一类，《民事诉讼法》中对其有 7 个条文的规定，主要涉及本人出庭、调解、不公开审理、判决生效前当事人不得另行结婚、诉讼终结、解除婚姻关系的判决不可再审等事项。《民法典》婚姻家庭编有第四章"离婚"的专章规定，其中涉及相关程序的主要有离婚的种类、诉讼离婚的实质标准、军婚的特殊规定、离婚的限制等。

一、现有规定

（一）离婚程序的种类

离婚程序，顾名思义是指婚姻当事人主动解除婚姻关系时必须办理的手续和步骤。《民法典》第 1076 条、第 1080 条明确规定了两种离婚程序：协议离婚和诉讼离婚。协议离婚是指夫妻双方协商一致，自愿到婚姻登记机关办理离婚登记手续以解除婚姻关系的法定方式和程序；诉讼离婚是指只有一方当事人要求离婚或者双方虽均同意离婚但对子女抚养、财产分割等问题存在分歧时，诉至人民法院而启用的相关程序。①

从离婚程序的种类上比较，各主要国家和地区主要采取以下三种做法：一是仅能由法院判决或调解离婚，排除协议离婚的适用，如德国、瑞士等；二是虽规定有协议离婚，但仍需将离婚的意愿表达及双方达成的离婚协议呈交法院，由法院进行批准和裁定，代表性国家有法国、美国等；三是实行行政程序协议离婚和法院诉讼程

---

① 参见陈爱武：《人事诉讼程序研究》，法律出版社 2008 年版，第 172 页。

序离婚之双轨制，代表性国家有日本、俄罗斯等，这也是我国在离婚程序上采取的做法。

（二）离婚的实质要件

离婚的实质要件，即双方当事人解除婚姻关系需要满足的实质条件，各国在离婚的实质要件上大致有三种类别，我国在这方面有自身的特点。

第一类国家和地区对离婚采取禁止的态度，此种做法一般属于天主教国家的遗留规定，且目前均有较大的改观。第二类国家和地区采用限制离婚的做法，包括限制离婚条件、限制离婚时间、设置苛刻条款等。域外大多数国家和地区均对离婚规定有限制性的要求，如德国、日本、英国、法国、澳大利亚等。第三类也即我国立法上采取的做法——自由离婚，只要婚姻关系在客观上已经破裂即可准许离婚，没有其他限制性条件。"我国自 1949 年以来一直实行离婚自由原则。"[①]

（三）法定离婚标准

1. 法定离婚标准的含义

法定离婚标准，即由立法明确规定的，用于法院判决离婚的衡量条件或依据。当然，离婚标准具有多重功能，其不仅是法院处理离婚案件据以判断应否准许的法定条件，同时也对婚姻关系起着规范和指引作用。

2. 我国法定离婚标准的立法模式

我国 1980 年《婚姻法》采取概括主义的立法模式，在第 25 条第 2 款将离婚标准明确界定为"如感情确已破裂，调解无效应准予离婚"。之后经过立法及司法实践的发展与完善，1989 年最高人民法院发布的《感情破裂具体意见》中列举了 13 种判断夫妻感情确已破裂的情形；到 2001 年修改的《婚姻法》则采例示主义之立法模式，在离婚标准方面作出了重大突破，在法条表述上作出了 5 项具象例示及 1 项抽象例示。《民法典》第 1079 条在上述规定的

---

① 王礼仁：《婚姻诉讼前沿理论与审判实务》，人民法院出版社 2009 年版，第 176 页。

基础上，新增了 1 项应当准予离婚的情形。综上所述，我国法定离婚标准的特点如下：（1）离婚的标准为夫妻感情确已破裂，且不限于法条中的例示情形。（2）我国在离婚标准方面采无过错主义，无过错方及过错方均可请求离婚。（3）可以离婚的事项不限于感情确已破裂，非感情因素也可引起离婚，如婚姻一方被宣告失踪等。

3. 法定离婚标准的具体演变

上文已述，我国先是通过司法解释对"夫妻感情确已破裂"的法定情形作了多达 13 项的具体例示，而后在 2001 年修改《婚姻法》时仅保留了其中的少数，以下作些概要分析：首先，2001 年《婚姻法》设立了婚姻无效制度，此前《感情破裂具体意见》中的一些情形被囊括进了婚姻无效的情形之中，具体是指患有禁止结婚的疾病（1）、患有精神病（3）等。其次是《感情破裂具体意见》中的部分情形被 2001 年《婚姻法》中感情破裂的情形所采用并进行了或多或少的调整，如分居（7）、同居（8）、重婚（9）、有赌博等恶习（10）、虐待（13）等。最后，除上述情形外，剩下的 7 种情形未被 2001 年《婚姻法》所采纳，继而被弃用。《民法典》第 1079 条在上述例示外，新增规定：判决不准离婚后，双方又分居满一年，一方再次起诉离婚的，应当准予离婚。

4. 法定离婚标准的具体认定

（1）重婚或与他人同居。《民法典》上的重婚，仅指有配偶者又与他人结婚，而刑法上之"重婚罪"中，无配偶者明知他人有配偶而与之结婚的，也构成重婚。至于"与他人同居"的情形，《民法典婚姻家庭编解释（一）》第 2 条将其阐述为：有配偶者与婚外异性，不以夫妻名义，持续稳定地共同居住。有配偶而与其他异性同居，构成对夫妻忠实义务的违反，对婚姻关系造成了威胁。①

（2）家庭暴力或虐待、遗弃家庭成员。此处"虐待、遗弃"的对象被明确规定为家庭成员，而家庭暴力的作用范围是否也为全

---

① 参见杨立新：《家事法》，法律出版社 2013 年版，第 142 页。

体家庭成员呢？笔者认为此处应当作限缩解释。《感情破裂具体意见》中的第 13 种离婚情形为虐待等暴力行为，暴力行为的实施对象被明确规定为双方亲属，但两者的设置是有区别的：首先，《感情破裂具体意见》中给出了"经教育不改，另一方不谅解"的限制条件，《民法典》中规定的家庭暴力之离婚情形则没有该项限制。其次，《感情破裂具体意见》中的各项情形之适用，其前提条件是"可以"依法准予离婚，而《民法典》中离婚标准的前提条件是"应"准予离婚。最后，结合《民法典》关于离婚损害赔偿的规定来看，也是仅限于夫妻间的家庭暴力。① 因此，在符合《民法典》所列情形即应准予离婚的严格前提下，该条文又删除了原有的限制条件，这就决定了应当将该情形中的"家庭成员"限缩解释为"夫妻之间"，至于夫妻之外的其他家庭成员，如果夫妻一方对其有家庭暴力达到了导致双方感情破裂的程度，则可根据离婚标准中的抽象例示条款请求离婚。

（3）有吸毒、赌博等恶习屡教不改的。一方有恶习乃是大多数国家亲属法上明确规定的离婚事由。此项情形的适用，应当同时具备三项条件：一是必须是吸毒、赌博等危害相当或更严重的恶习，二是存在屡教不改的情况，三是配偶一方因恶习而不履行婚姻义务，夫妻难以共同生活。②

（4）因感情不和分居满二年。"所谓分居，是指配偶双方拒绝在一起共同生活，互不履行夫妻义务的行为。"③ 该项情形的适用条件较为明确，即在主观上要有分居的愿望，拒绝一起生活，客观上则须满足"导致持续分居状态""该状态持续满两年"这几项并列条件。

（5）一方被宣告失踪。此项条件在我国婚姻诉讼离婚诸项标

---

① 参见王礼仁：《婚姻诉讼前沿理论与审判实务》，人民法院出版社 2009 年版，第 340 页。

② 参见杨立新：《家事法》，法律出版社 2013 年版，第 143 页。

③ 杨立新主编：《最高人民法院婚姻法司法解释（三）理解与运用》，中国法制出版社 2011 年版，第 64 页。

准的规定上较为特殊，与前四项有明显的不同。这不仅是我国离婚标准中唯一一项非感情因素的标准，也是唯一一项绝对离婚的条件。一方被宣告失踪，另一方提起离婚诉讼的，该婚姻便无继续维持的必要，法官在此情形下无自由裁量权，只要有被宣告失踪的事实存在，便须判决准予离婚，此前无须进行调解也无法进行调解。① 此项情形在《感情破裂具体意见》中的第 12 项也有体现，但其区别在于《感情破裂具体意见》中仅要求有下落不明满两年的情形，而在《婚姻法》中则明确了必须具备经法院宣告失踪的前提。

除了上述五类明确的立法规定外，其他导致夫妻感情破裂的情形都包含在《婚姻法》第 32 条第 3 款第 5 项的弹性条款中，需要法官在司法实践中运用自由裁量权作出判断。此处需要关注的是，《婚姻法解释（三）》第 9 条规定：夫以妻擅自中止妊娠侵犯其生育权为由请求损害赔偿的，人民法院不予支持；夫妻双方因是否生育发生纠纷导致感情破裂，一方请求离婚的，人民法院经调解无效，应依照《婚姻法》第 32 条第 3 款第 5 项的规定处理。该条文也是相关立法及司法解释中少见的对于"其他导致感情破裂的情形"的例示。

（6）经法院判决不准离婚后，双方又分居满一年，一方再次提起离婚诉讼的，应当准予离婚。早在《感情破裂具体意见》第 7 条，即有"……经人民法院判决不准离婚后又分居满一年，互不履行夫妻义务"的破裂情形。《民法典》在此基础上明确了该项情形的适用条件并将其纳入法定的离婚情形。此项情形的适用，应当限定为先后提起离婚诉讼的为相同主体，对方起诉离婚的不在此列。

除了上述六类明确的立法规定外，其他导致夫妻感情破裂的情形都包含在《民法典》第 1079 条第 3 款第 5 项的弹性条款中，需要法官在司法实践中运用自由裁量权作出判断。此处需要关注的是，《民法典婚姻家庭编解释（一）》第 23 条规定：夫以妻擅自

---

① 参见杨立新：《家事法》，法律出版社 2013 年版，第 144 页。

中止妊娠侵犯其生育权为由请求损害赔偿的，人民法院不予支持；夫妻双方因是否生育发生纠纷导致感情破裂，一方请求离婚的，人民法院经调解无效，应依照《民法典》第 1079 条第 3 款第 5 项的规定处理。该条文也是相关立法及司法解释中少见的对于"其他导致感情破裂的情形"的例示。

（四）离婚诉讼案件的程序规则

1. 对起诉的限制

我国《民法典》上对于离婚诉讼的起诉条件作了特殊限制，主要体现在三个方面：一是对男方起诉的限制：根据《民法典》第 1082 条的规定，女方怀孕、分娩后一年内、中止妊娠后六个月内，男方不得提出离婚。这一限制仅仅针对婚姻关系之男方主体，女方不受此限。"这一规定是为了保护妇女和子女的合法权益，在一定的条件下对男方离婚请求权的一种限制。"[1] 二是对重新起诉的限制：根据《民事诉讼法》第 111 条第 7 款及《民诉法解释》第 214 条的规定，判决不准离婚、调解和好的离婚案件、原告撤诉或按撤诉处理的离婚案件，没有新情况新理由，原告在六个月内又起诉的，不予受理。这一限制仅针对原诉讼的原告方，原诉讼被告方不受此限。"这是为了给双方一段时间，以消除双方的隔阂，促进双方和好。"[2] 三是对于离婚诉讼和婚姻无效诉讼竞合的处理，《民法典婚姻家庭编解释（一）》第 13 条规定，法院就同一婚姻关系分别受理了离婚及申请宣告婚姻无效请求的，对该离婚案件的审理，应当待申请宣告婚姻无效案件作出判决后进行。这一限制是两类婚姻事件的性质决定的，若同一婚姻关系有无效情形的，则应当宣告其无效，而无需再对离婚请求进行审理。

---

[1]　杨大文主编：《婚姻家庭法》，中国人民大学出版社 2015 年版，第 144 页。

[2]　全国人大常委会法制工作委员会民法室编：《〈中华人民共和国民事诉讼法〉条文说明、立法理由及相关规定》，北京大学出版社 2007 年版，第 207 页。

2. 自认的排除适用

自认是指当事人一方对于他方所主张的不利于己的事实承认其为真实的陈述。我国 2001 年《证据规定》初步确立了民事诉讼程序中用以体现辩论原则的有关诉讼规则，并在第 8 条和其他相关条文中首次明确了在普通诉讼程序中将自认等规则排除适用于身份关系诉讼案件。① 该项规定在 2020 年《证据规定》第 8 条中同样有所体现。具体到离婚诉讼中，对自认的排除体现在：即便是被告对于原告提出的证明夫妻双方感情确已破裂的事实表示承认，法院也不能据此判决离婚，而应当根据案件的客观事实并调查收集相关证据来确认是否存在感情破裂的法定情形。由此可见，为使法官更准确地判断夫妻感情之现状，在规定了自认规则之排除适用的同时，还应当有职权探知主义的相应规则与其配套。

3. 离婚诉讼中的职权探知主义

离婚诉讼中的职权探知虽然是各国人事诉讼程序遵循的通例，但在我国立法上却并未明确。1989 年《感情破裂具体意见》中明确规定："判断夫妻感情是否破裂，应当从婚姻基础、婚后感情、离婚原因、夫妻关系的现状和有无和好的可能等方面综合分析。"该项规定可以被看作中国式婚姻诉讼中职权探知的尝试性规定，也是司法实务中法官处理离婚案件的通用标准。

在司法实践中，我国法官对于离婚案件的职权探知主要是针对以下几个方面：其一，探知婚姻基础，即看婚姻当事人在结婚时的感情状况，例如了解其是自由恋爱、介绍结婚还是包办结婚等，由此斟酌其感情现状；其二，探知婚后感情，即看婚姻当事人婚后共同生活的表现，联系婚姻基础，分析其婚后的感情变化趋势；其三，探知离婚原因，这也是离婚诉讼中争议的焦点问题，这一过程中可能存在原告为了达到离婚目的而采取夸大事实甚至捏造事实的情况，因此，法官不仅要听取当事人的陈述、审查证据资料，在必

---

① 参见张晓茹：《家事裁判制度研究》，中国法制出版社 2011 年版，第 202~204 页。

要时还可自行调查取证，以期全面了解离婚原因；其四，探知夫妻关系现状，即看原告起诉离婚时夫妻双方的感情状况，这与婚姻基础及婚后感情的探知紧密联系；其五，探知有无和好可能，这是法官在对以上四个方面进行探知后对离婚诉讼当事人的婚姻关系得出的一个基本心证，由此判断是否有和好的可能并作出是否准许离婚的判决。①

4. 调解的特殊规定

虽然我国没有独立的家事调解制度，但调解制度在婚姻诉讼程序中仍然有着重要的地位。《民法典》第 1079 条规定，法院审理离婚案件应当进行调解，调解无效也是准予离婚的前提之一。最高人民法院《简易程序规定》第 14 条明确了法院在审理婚姻家庭纠纷时应于开庭审理之前先行调解，这是我国关于婚姻家庭案件调解前置程序的明确规定，也是我国家事调解领域最重要的一项制度。与其他几类婚姻诉讼相比，离婚诉讼中的调解规定相对完善：（1）调解是离婚案件的必经程序，前文已述，《民法典》第 1079 条明确规定：法院审理离婚案件应当进行调解，"应当"即表明了调解作为离婚诉讼必经程序的规则地位；（2）离婚调解需要当事人的亲自参与。与此同时，《民诉法意见》第 147 条规定，离婚案件当事人确因特殊情况无法出庭参与调解的，除本人不能表达意志外，应当出具书面意见。

5. 当事人或法定代理人应当亲自到庭

我国《民事诉讼法》第 62 条要求在离婚案件中即便有诉讼代理人，当事人本人仍应出庭；确因特殊情况②无法出庭，必须向人

---

① 参见张晓茹：《家事裁判制度研究》，中国法制出版社 2011 年版，第179 页。

② 比如：当事人是精神病人，不能正确表达自己的意思，其出庭没有意义；当事人正在患传染病；当事人正在国外不便亲自到庭等。参见：全国人大常委会法制工作委员会民法室《中华人民共和国民事诉讼法条文说明、立法理由及相关规定》，北京大学出版社 2012 年版，第 96 页。

民法院提交书面意见。① 上文中提到的《民诉法意见》第 147 条也强调了离婚调解中当事人必须到庭的规定。②

6. 不公开审理

为保证法院裁判的公正性,诉讼案件的审理原则上应当公开进行。然而,由于婚姻事件通常涉及当事人的隐私,从性质上看不宜公开审判,故不公开审理也是各国对于婚姻诉讼案件的通行做法。这里的"不公开"是指不对社会公开。我国《民事诉讼法》将离婚诉讼案件纳入"可以不公开审理"的案件类型,当事人有权向法院申请不公开审理。

7. 裁判的效力

婚姻案件涉及公益,相关裁判是由法院依职权审慎审理后作出的,离婚判决一经生效,即产生既判力,双方当事人之间的婚姻关系即告解除。不仅如此,就离婚案件作出的生效裁判还具有对世效力,任何人不得再行与之相异的主张。若法院判决不准离婚,则该判决也会产生暂时的阻却效力,也即阻断原告就相同的事实在六个月内再行起诉的效力。除此之外,在判决、调解离婚的情形下,我国《民事诉讼法》第 202 条将该生效判决、调解书排除于再审程序的适用范围,这也是我国离婚诉讼中尤为特殊的规定。

8. 离婚损害赔偿请求权

我国《民法典》第 1091 条确立了婚姻诉讼程序中的离婚损害赔偿规则,《婚姻法解释(一)》第 29 条随后对其进行了相关补充。具体来说,其规则内容主要有以下几个方面:

(1)该请求权的权利主体为离婚诉讼中的无过错一方当事人。这里对该权利主体有三个限制条件:首先要是婚姻关系的一方主

---

① 对于不能表达意思的当事人,不仅可以不出庭,而且也不用提交书面意见。全国人大常委会法制工作委员会民法室《中华人民共和国民事诉讼法条文说明、立法理由及相关规定》,北京大学出版社 2012 年版,第 96 页。

② 确因特殊原因无法出庭的,除本人不能表达意志的以外,应当出具书面意见。

体，第三人无权提出该项请求；其次必须为无过错的一方当事人，有过错方无权提出请求；最后是该项权利的行使必须是在离婚诉讼程序中，法院判决不准离婚或者当事人未提起离婚诉讼而单独提出该项请求的，不予支持。《民法典婚姻家庭编解释（一）》对于无过错方提出离婚损害赔偿规定了三种情形：一是无过错方为原告提起离婚诉讼的，损害赔偿请求必须同时提起；二是无过错方为被告的，损害赔偿请求应在一审期间提出，在二审期间提出的，法官应调解，调解不成的，告知其在离婚后一年内提出；三是无过错方为被告，在离婚诉讼中不同意离婚且也未提起损害赔偿请求的，可在离婚后一年内就损害赔偿单独提起诉讼。

（2）适用离婚损害赔偿的过错行为与离婚事由高度重合。该请求权规定的过错行为包括重婚、有配偶者与他人同居、家庭暴力、虐待遗弃家庭成员。以上几种情形均被离婚事由中的过错情形完全包含。① 这一特点更加突出了离婚损害赔偿请求权作为离婚诉讼附带请求的权利定位。值得注意的是，该项请求权的适用事由仅限于法条具象列举的四种情形，并未出现概括性条款。

（3）离婚损害的赔偿范围不仅限于物质损害赔偿，精神损害赔偿也包括在内，该规定在《民法典婚姻家庭编解释（一）》第86条已有明确。精神损害赔偿的常见方式为赔礼道歉、恢复名誉、赔偿损失等，此处对于精神损害赔偿额度的确定，应参照另一方当事人的过错程度、损害后果、社会危害性以及经济水平等因素加以综合考虑。

本书对于我国婚姻诉讼程序的研究，主要集中于身份关系诉讼部分，对于与婚姻诉讼相关联的财产分割等问题不作过多涉及。

二、不足之处

在我国婚姻诉讼程序中的三类具体诉讼类型中，离婚诉讼的适

---

① 离婚事由中"有赌博、吸毒等恶习屡教不改"的过错情形之所以不属于可以对之提起离婚损害赔偿的案件适用范围，主要是由于此类恶习与前述情形相比不会对无过错一方当事人不会造成直接、严重的损害。

用范围最为广泛，其程序规定也相对完善。但是将这些规定置于司法实践中去应对纷繁复杂、数量众多的离婚案件时，除了我国各类婚姻诉讼程序共通的缺陷如未设专门制度、未设专司人员等以外，其具体规则中的不足之处亦较为明显。

（一）离婚事由中的例示条款未发挥应有功能

从理论上说，离婚事由中的例示条款为法官判断夫妻感情是否破裂提供了明确具体的适用标准，为其审理离婚案件提供了较大的方便，但是从司法实践的效果上看，例示条款的指导功能十分有限。

离婚事由中的例示情形在实际判决离婚的理由中所占的比例较小，一般仅在10%左右，其他的均是例示以外的情形。例如，有调研数据显示，湖北省宜昌市中院2005年共审结186件离婚案件，从离婚事由的统计分析上看，因重婚、遗弃而离婚的数量为0；与他人同居而离婚的仅有2件；因家庭暴力而离婚的9件；因虐待而离婚的1件；因赌博恶习屡教不改而离婚的1件；因感情不和分居两年而提出离婚的4件；以上符合法定例示离婚事由的共计17件，仅占全年审结离婚案件数量的9.13%。[1] 由此可见，我国离婚事由中的例示情形无法代表公民诉请离婚的通常情形，2001年《婚姻法》的修订背景也印证了这一判断。彼时的离婚情形是根据全国妇联、上海、广东等地的离婚情况设定的，无法代表全国离婚诉讼的普遍情形。[2]

现有离婚例示事由的另一个不足之处是未明确依此类例示事由提出离婚申请的当事人是否限定为无过错的一方，此处特指过错事由，即：重婚或有配偶者与他人同居、家庭暴力或虐待遗弃、严重恶习屡教不改。《民法典》第1079条对于离婚例示情形的适用结果规定为"调解无效的，应准予离婚"，即只要符合例示事由，调

---

① 参见王礼仁：《婚姻诉讼前沿理论与审判实务》，人民法院出版社2009年版，第454页。

② 胡康生：《修改完善婚姻法需要研究的六大问题》，载《法制日报》2000年7月13日第5版。

解无效，法院即可依法作出解除婚姻关系的判决。因此，若对此类例示事由的申请主体不予限制，则会对意图借此离婚者起到引导作用，使其为达离婚之目的而故意为此类行为，从而对婚姻另一方当事人带来损害。这是因为虽有离婚损害赔偿制度对其进行赔偿性的惩戒，但离婚判决一经作出，对本不愿离婚的另一方当事人带来的伤害显然并非离婚损害赔偿制度所能弥补。因此，此处应当将离婚例示事由中过错事由的申请主体限制为无过错一方婚姻当事人，以避免过错人恶意利用该规定解除婚姻关系。①

（二） 离婚调解制度应予完善

我国在婚姻诉讼中一直坚持将调解规定为判决离婚的前置必经程序，然而，离婚案件之调解在规则方面的完备程度以及在实务中的适用现状均远与其重要性不相符合。前已述及，我国法院并未设定独立的机构和人员对离婚案件专司调解，因此在离婚诉讼调解的现有规则中，法官既是离婚案件的审判者同时又是调解的主持者，如此双重身份难免使其在调解过程中无法保持中立地位，或使其在调解阶段即获取了应当在后续的诉讼程序之举证阶段或质证阶段才能获取的案件事实或信息，从而妨碍其在诉讼阶段作出中立判断。与此相对应，在司法实务中，法官不仅存在调解者与裁判者的身份竞合问题，同时还有"调解结案率"等类似的考核目标之"压迫"，由此导致的久调不决以及法院在调解中向当事人施压等现象在实务中更是屡见不鲜。若在此种前提下达成解除婚姻关系的调解协议进而制作调解书，其定纷止争的效果恐难保障。而此类调解书在《民事诉讼法》第 202 条的规定中属于不能申请再审的文书范围，从而排除了当事人利用再审程序进行救济的途径。因此，家事调解特别是离婚调解更应当慎之又慎，现行规定亟待完善。

（三） 对离婚案件之缺席审判缺乏救济程序

缺席判决，是相对于对席判决而言的，具体是指："在某一方

---

① 参见王礼仁：《婚姻诉讼前沿理论与审判实务》，人民法院出版社 2009 年版，第 251 页。

当事人无正当理由拒不到庭或者未经法庭许可中途退庭的情况下，受诉人民法院经过开庭审理后，依法对案件所作出的判决。"[1] 离婚案件中可能会出现当事人缺席的情形，若因此拒绝裁判，则会导致案件久拖不决，对于存在家庭暴力等类似情形的案件，还可能会造成其他不利后果。因此，离婚案件中之缺席判决具有相对合理性。

我国现行规则中对于离婚案件中的缺席判决规定了三种情形：早先的《感情破裂若干意见》中规定夫妻一方下落不明的，另一方诉至人民法院要求离婚，人民法院应当受理，并可缺席判决；其后的《婚姻法》第 32 条规定，一方被宣告失踪，另一方提出离婚诉讼的，应予准许；《民诉法解释》第 148 条第 2 款规定，无民事行为能力人的离婚诉讼，法定代理人不能到庭的，人民法院可依法作出判决。上述规定在《民法典》及其司法解释中仍予继受。这三种情形之外的离婚案件不得适用缺席判决。上述三种情形宽严有别，但在适用上却未作统一，导致司法实践中的操作标准不明，有缺席判决范围扩大的风险。

如前所述，《民事诉讼法》第 202 条明确将已发生法律效力的解除婚姻关系的判决、调解书排除于当事人可申请再审的案件范围之外。此项规定足以让我们重新审视离婚诉讼中缺席判决的适用条件。在司法实践中，存在原告明知被告的地址，但为达离婚之目的而故意不提供或提供不实地址的情况。在此种情形下，往往会造成法院错误地适用公告送达并作出离婚判决。若被告在上诉期届满后方才发现自己已"被离婚"，由于此时法院的判决已生效力，故其在现有的离婚诉讼规则层面也就丧失了获得救济的途径。

三、对生效的离婚判决、调解书不能再审之质疑

就民事诉讼而言，再审制度是以纠正生效裁判中的错误为目的之特别救济程序。从世界各国的民事诉讼立法来看，只要符合法定再审事由，任何案件均应纳入再审程序的适用范围，从而使

---

[1]　赵钢、占善刚、刘学在著：《民事诉讼法》（第三版），武汉大学出版社 2015 年版，第 270~271 页。

受错误生效裁判损害的当事人之利益能够获得救济。① 然而我国的离婚判决、调解书却被排除于该救济制度之外。解除婚姻关系的判决不可再审的规定，在 1991 年作为新增条文写入了《民事诉讼法》，此后，除 2012 年《民事诉讼法》修订时又将解除婚姻关系的调解书纳入了该条文的适用范围外，该规定一直未作变动，这样的立法似为我国所独有。对于该项规定，理论界鲜有质疑，大多数学者肯定其在维护后续合法婚姻关系稳定性方面的积极作用。然而，笔者认为，这一规定贸然切断了当事人对前一合法婚姻关系的救济路径，使得发生错误的解除婚姻关系的判决、调解书得不到应有的纠正。这不仅有违再审制度的规制目的而缺乏正当性，而且在司法实践中也造成了离婚案件当事人救济无门的现实问题。

（一）　生效离婚判决、调解书适用再审的理论必要

1. 生效的离婚判决、调解书客观上也存在再审事由

民事再审程序是指人民法院对于已发生法律效力的判决、裁定、调解书，发现确有错误，依法对案件进行再次审理的程序。② 其作为一种特殊的救济程序，乃是通过撤销已生效但却存在错误的前述法律文书，即通过对案件的再次审理从而实现民事争议的正确解决。为维护生效裁判的稳定性及司法权威，民事再审程序在具体适用上有严格的限制，只有在符合法定再审事由的前提下才能启动再审程序。

我国现行《民事诉讼法》第 200 条规定的 13 项再审事由中，涉及事实认定的事由有 5 项、程序性错误的事由有 4 项、法律适用

---

①　日本学者松本博之认为：再审是对因诉讼程序及判决基础上存在即为重大瑕疵的确定判决的一种非常救济方法，对婚姻诉讼确定判决也可以进行再审，对离婚判决及婚姻撤销判决所进行的再审也不会因为另一方配偶再婚而受到妨碍。参见 ［日］松本博之：《日本人事诉讼法》，郭美松译，厦门大学出版社 2012 年版，第 217 页。

②　参见王怀安主编：《中国民事诉讼法教程》，人民法院出版社 1992 年版，第 323 页。

的事由有 1 项、其他事由有 3 项。① 只要符合前述再审事由之一，就可依法启动再审程序。具体到离婚案件，虽然其在性质上具有自身的特殊性，但从目前的审理程序上来看，其与普通民事案件并无太大差别，均需依照通常的诉讼程序进行审理（当然也要适用一些特殊规定），由此一来我国民事再审制度上规定的可以启动再审程序的事由也会不可避免地存在于生效的离婚裁判之中。鉴此，对于已生效的离婚判决，也同样存在启动再审程序以纠正错误的必要。在再审的必要性问题上，离婚案件与普通民事案件并无二致。

2. 生效离婚判决、调解书同样会有发生错误的可能

如上所述，我国启动民事再审的法定事由在离婚案件中均可能存在，对其开启再审程序的可能性方面并无疑义。启动再审程序的必要性则体现在已生效的离婚判决、调解书本身亦有发生错误的可能。

（1）我国判决离婚的法定事由

离婚之诉属于形成之诉，该类形成判决的作出需要法官对当事人形成权的实现条件作出判断。在满足程序性事项的前提下，法官需以我国现行的法定离婚事由为依据对该形成之诉进行裁判。

判决离婚的法定事由，即法官据以作出解除婚姻关系判决的实体法依据。如上所述，我国 1980 年《婚姻法》首次将"感情确已破裂"确定为判决离婚的法定情形。此后，1989 年《感情破裂具

---

① 再审事由有：1. 有新的证据，足以推翻原判决、裁定的；2. 原判决、裁定认定的基本事实缺乏证据证明的；3. 原判决、裁定认定事实的主要证据是伪造的；4. 原判决、裁定认定事实的主要证据未经质证的；5. 对审理案件需要的主要证据，当事人因客观原因不能自行收集，书面申请人民法院调查收集，人民法院未调查收集的；6. 原判决、裁定适用法律确有错误的；7. 审判组织的组成不合法或者依法应当回避的审判人员没有回避的；8. 无诉讼行为能力人未经法定代理人代为诉讼或者应当参加诉讼的当事人，因不能归责于本人或者其诉讼代理人的事由，未参加诉讼的；9. 违反法律规定，剥夺当事人辩论权利的；10. 未经传票传唤，缺席判决的；11. 原判决、裁定遗漏或者超出诉讼请求的；12. 据以作出原判决、裁定的法律文书被撤销或者变更的；13. 审判人员审理该案件时有贪污受贿，徇私舞弊，枉法裁判行为的。其中 1-5 项为事实认定的事由，第 6 项为法律适用的事由，7-10 为程序性错误的事由，11-13 为其他事由。

体意见》，采取了例示主义的规则制订模式，诸项列举了符合"夫妻感情确已破裂"的 13 种具体情形。2001 年修改的《婚姻法》承袭并吸收了《感情破裂具体意见》的合理内容，其第 32 条第 3款、第 4 款将"重婚或有配偶者与他人同居；实施家庭暴力或虐待、遗弃家庭成员；有赌博、吸毒等恶习屡教不改；因感情不和分居满二年；被宣告失踪"共计五种情形明确规定为"感情确已破裂"的具体离婚事由。《民法典》在此基础上新增规定，判决不准离婚后又分居满一年的，一方再次起诉离婚的，应当准许。

（2）离婚判决、调解书在事实认定方面存在错误的可能

作为民事判决的一种，离婚判决虽因涉及身份关系而具有一定的特殊性，但普通民事案件在审理过程中可能发生的判决错误在离婚案件中同样不可避免，并且该种特殊性还会在一定程度上增加离婚判决在事实认定方面发生错误的"风险"。

第一，相关条文过于陈旧。我国先后在司法解释和立法上对于"感情确已破裂"的具体表现形式予以明确，其目的在于给予抽象的法条规定以具象的判断标准，从而规范法官对案件事实的认定。然而，我国现行《民法典》中列举的应当准予离婚的 5 类情形，在 1989 年的《感情破裂具体意见》中均有所提及，仅是相关表述略有变动。也即自 1989 年的司法解释出台至今，27 年间我国婚姻法上对于"感情确已破裂"的具体表现形式未作实质性的扩充。最高人民法院在 2001 年后相继出台了关于《婚姻法》的三个司法解释，其中对于离婚事由中的特定术语作了文义解释，《婚姻法解释（一）》和《婚姻法解释（二）》并未对"感情确已破裂"的离婚事由作出进一步的扩充解释，值得注意的是，《婚姻法解释（三）》第 9 条将"是否生育发生的纠纷"增加为"其他导致感情破裂的情形"的例示。① 与此同时，随着社会的发展，民事主体的

---

① 《婚姻法解释（三）》第 9 条规定：夫以妻擅自中止妊娠侵犯其生育权为由请求损害赔偿的，人民法院不予支持；夫妻双方因是否生育发生纠纷，致使感情确已破裂，一方请求离婚的，人民法院经调解无效，应依照《婚姻法》第 32 条第 3 款第 5 项的规定处理。上述规定目前均被纳入《民法典婚姻家庭编解释（一）》。

思想观念及生活方式均发生了较大的改变，各种新情况新问题层出不穷。对于当事人提出的立法及司法解释例示情形之外的离婚请求，法官仅能依据一条概括性条款去判断其是否成立，此种立法和司法解释上的滞后显然会在一定程度上影响离婚诉讼中法官在事实认定上的准确性。

　　第二，在某些离婚诉讼中，离婚事由是否存在确实在客观上难以调查取证，从而影响了法官对事实的正确认定。在我国现行规则上规定的判决离婚之法定事由中，有些事由因其本身的特殊性，往往存在当事人难以举证以及法官难以调查取证的问题。因为这类案情往往涉及个人或家庭隐私，外人难以知晓，且大部分当事人在婚姻关系尚未恶化到离婚边缘时，大多忍辱求全，不会大肆张扬，也不会保留证据，这样一来，待起诉离婚时便十分被动。这无疑会给离婚诉讼中的证据调查带来一定的障碍，进而也会影响到法官认定事实的准确性。

　　第三，法官往往会对"感情确已破裂"这一概括性的法定离婚事由的判断存在主观性和片面性。离婚案件不同于普通的民事案件，同一种原因，对甲可能导致离婚，对乙则不然。法官在认定夫妻感情是否确已破裂时需要考虑诸多因素。上文已述，判断夫妻感情是否完全破裂，法官应从婚姻基础、婚后感情、离婚原因、夫妻关系现状和有无和好的可能等方面综合分析，在案件审理过程中更多地实行职权探知主义。某一例示事由是否必然导致夫妻感情破裂，很难确定一个普适的法定判断标准，而只能由法官在具体个案中作出甄别，这是离婚案件的特殊性所决定的。由于法官在判断法定离婚事由是否在个案中已经具备的过程中有较大的自由裁量空间，故而事实认定方面的错误自然不可避免。

　　（3）离婚判决、调解书在程序适用方面存在错误的可能

　　相较于事实性错误，程序性错误的判断往往更加直观明显。由于事实认定的主观性和复杂性，生效裁判、调解书中的事实性错误可能存在一时难以判断的情况，但在程序适用方面，该种情况则基本不会出现。《民事诉讼法》第 200 条规定的 13 项再审事由中，涉及程序性事项的有 4 种：审判组织不合法或应回避而未回避、应

参诉之当事人未参诉、剥夺当事人的辩论权利、未经传票传唤而缺席判决。此类事项具有直观性、程式化的特点，每一项程序性事项的进行均有各类司法文书、庭审笔录予以记载，或有庭审录像予以还原。特定的离婚诉讼是否存在再审事由中列明的程序性违法事项，大多可以作十分直观的判断。然而，此类明显存在的、可能对离婚案件之判决结果产生严重影响的程序性事项的错误在我国现行民事诉讼制度框架内却无法得到纠正。

（二）　生效离婚判决、调解书适用再审的现实需要

1. 实践中的现实困境

生效的离婚判决、调解书不仅在理论上有适用再审程序予以救济的必要，在司法实践中也存在对其进行救济的现实需要。对生效的离婚判决、调解书不得申请再审，其立法本意乃是为了维护社会关系、家庭关系的稳定，但当已生效离婚判决、调解书确有错误甚至被一些人恶意利用时，往往会使无过错一方当事人陷于无从救济的困难境地，从而可能导致一项普通的民事纠纷演变为严重的社会问题，"被离婚"案件就是其中具有代表性的一类。所谓"被离婚"，是指夫妻一方在不知道自己被对方起诉离婚的情况下，法院经缺席判决解除婚姻关系的情形。《中国新闻周刊》杂志中曾有一篇题为《"被离婚"者的缺席审判》①的相关报道，较为详尽地介绍了我国司法实践中"被离婚"案件的现状，笔者试缕析如下：

（1）现实生活中"被离婚"者并非罕见。文中提到，一些"被离婚"的受害者试图在网络上寻求帮助，他们组成了一个名为"被离婚受害者"的 QQ 群，群成员最多时有近 30 人。然而，懂得通过网络寻求帮助并且能准确搜索到该 QQ 群的"被离婚"者毕竟只占少数，该 QQ 群之外以及网络之外应该存在着更多有类似遭遇的受害者。湖北省宜昌市中级人民法院的王礼仁法官在接受采访时提到，他一共处理过一千多件离婚案件，其中"被离婚"案件大概有四五件。依此比例推论，司法实践中存在"被离婚"情形的离

---

① 参见陈薇：《"被离婚者"的缺席审判》，载《中国新闻周刊》2015年第 5 期，总第 695 期。

婚判决绝非罕见,"被离婚"者亦显非个别。

(2)网络可查证的"被离婚"案件均未得到纠正。宋雅红是"被离婚受害者"QQ群的创建人之一,其前夫是山东日照钢铁集团董事长杜双华。两人的离婚诉讼因涉及巨额财产分割而备受关注,涉及该案的相关理论文章及实务报道也很多。迫于舆论的压力,该案原审法院的院长提起了再审程序。之后的三次开庭无任何实质性进展,该案后又转至河北高院,但至今尚无定论。前文中提到的其他受害人也曾向法院申请再审,但无一例外地被法院以现行《民事诉讼法》第202条的规定为依据予以驳回,至今没有一位群成员在"被离婚"后得到救济。

(3)"被离婚"案件往往存在严重的程序错误。以《2009海民初字第19150号判决书》为例可作说明:这是一份准予离婚的判决,从该判决反映的情况来看,在这起离婚诉讼过程中,被告从未离开过居住城市,也未更改过联系方式,双方当事人也经常见面。仅因原告提供了一个过期的户籍地址,法官在案件审理过程中又未尽到充分送达之义务,导致传票无法送达被告,最终法院作出了准许两人离婚的缺席判决。从立案到审结的10个月内,另一方当事人一直毫不知情。

(4)不撤销离婚判决而单独就财产问题再审,并不能有效维护"被离婚"一方当事人的合法权益。在司法实务中,"被离婚"案件的原告方往往在被告不知情的情形下先行转移财产,随后提出离婚诉讼,同时声称对方下落不明,请求法院判决离婚并分割财产。在此情形下,法院关于夫妻共同财产的认定仅有原告方提供的证据,"被离婚"者不仅在不知情的情况下被解除了婚姻关系,在财产分割方面也必然遭受不公正的裁判。待"被离婚"者得知真相后再对财产分割部分的判决内容向法院申请再审,此时要对判决离婚当时夫妻双方共同财产的范围及其数额进行举证往往十分困难,而举证不能的后果则要由"被离婚"者承担,其不妥之处显而易见。

对于期望对生效的离婚判决、调解书进行再审的当事人而言,并不仅仅是因其认为双方感情仍未破裂那么简单,更多的乃是希望对方承担婚姻家庭责任，而这些责任均是以恢复婚姻关系为前提的。毫无疑问，"被离婚"者这一群体在心理上和情感上均遭受了严重的创伤，而不可再审的现行规定无疑是雪上加霜。婚姻关系不恢复，被离婚一方的合法权益就很难得到救济。

2. 检察机关对于错误的离婚判决、调解书进行法律监督困难重重

对于"被离婚"案件，试图努力纠正错误判决的并非仅有受害一方当事人，检察机关曾也进行过尝试。笔者以"检察机关对'被离婚'案件提出抗诉"为关键词在网络上进行搜索，发现实践中存在着多起检察机关对明显违法的离婚判决提出抗诉的案例，如：2009 年呼和浩特市人民检察院对（2007）赛民初字第 320 号民事判决书向呼和浩特市中级人民法院发出检察建议书、2009 年深圳市人民检察院对罗湖区法院 2004 年的一份离婚判决向深圳市中级人民法院提出民事抗诉、2012 年张家界市人民检察院对（2010）桑法民一初字第 287 号判决书向张家界市中级人民法院提出民事抗诉等。其实，最高人民检察院早先于 2001 年发布的《人民检察院民事行政抗诉办案规则》中即规定了检察院不得受理离婚案件的申诉，而这些案例中检察机关的此种"违规"，正是从一个侧面反映了该类案件在司法实务中的救济紧迫性。

从这类案件的抗诉理由上看，这些案件往往从事实认定到程序适用均存在严重的错误。此类案件一般仅有一方当事人陈述事实、提供证据，法院在"夫妻感情破裂与否"及夫妻共有财产的认定方面，大多缺乏充分的证据，并且一方当事人蓄意作伪证的也不在少数。不仅如此，该类案件在程序适用方面更是漏洞颇多，程序违法十分突出，典型的情形如法院对于另一方当事人下落不明的草率认定、对于裁判文书送达程序的违法等。前面提到，检察机关的坚持抗诉，一定程度上也可反映出实践中对于"被离婚"的当事人通过再审予以进一步的救济有十足的必要。

3. 理论界和实务界的现实呼声

自 1991 年《民事诉讼法》第 181 条首次规定离婚判决不能再审，迄今为止，虽然未出现专门探讨其正当性的学术论文，但仍有

一些学者、司法工作者对该项条文的合理性提出质疑。比如，傅郁林教授即认为："假离婚的案件应该启动两个撤销程序，前妻可以申请撤销前面的欺诈导致的错误裁判所确定的身份关系，同时申请撤销新的婚姻、请求宣告后面的婚姻关系无效。但现在这两个撤销程序都没有。"① 王礼仁法官也认为："'被离婚'案件应当有条件准许再审，再审也是纠正错误的唯一正确途径。"北京大成律师事务所的卢明生律师一直关注离婚判决的再审问题，他在诸多判决数据库和各类网络信息中至今没有找到一个撤销离婚判决的例子。他无奈地表示："法院基于过错，不能给'被离婚'者赔偿一个'丈夫'或'妻子'，也不会说声对不起，可错了重审总该可以吧?"②

（三）离婚判决之再审并无理论及制度上的障碍

1. 离婚判决之再审并无理论上的障碍

（1）现有规则及其理论支撑

1982 年颁布并施行的《民事诉讼法（试行）》中并未规定离婚判决不能再审。迨到 1991 年《民事诉讼法》正式颁布，其第 181 条始规定："当事人对已经发生法律效力的解除婚姻关系的判决，不得申请再审。"2012 年修法后，第 202 条规定："当事人对已经发生法律效力的解除婚姻关系的判决、调解书，不得申请再审。"

在司法解释方面，最高人民检察院于 2001 年 10 月 11 日发布的《人民检察院民事行政抗诉办案规则》第 6 条规定："有下列情形之一的申诉，人民检察院不予受理：……（二）判决解除婚姻关系或收养关系的。"最高人民检察院于 2013 年发布的《人民检察院民事诉讼监督规则（试行）》第 31 条规定："当事人根据《中华人民共和国民事诉讼法》第 209 条第一款的规定向人民检察院申请监督，有下列情形之一的，人民检察院不予受理：……

---

① 陆晴：《钢铁巨头之妻"被离婚"案》，载《三联生活周刊》2011 年第 24 期，总第 635 期。

② 陈薇：《"被离婚者"的缺席审判》，载《中国新闻周刊》2015 年第 5 期，总第 695 期。

（四）判决、调解解除婚姻关系的，但对财产分割部分不服的除外。"最高人民法院于 2015 年发布并实施的《民诉法解释》第 297 条规定："对下列情形提起第三人撤销之诉的，人民法院不予受理：……（二）婚姻无效、撤销或者解除婚姻关系等判决、裁定、调解书中涉及身份关系的内容。"第 382 条规定："当事人就离婚案件中的财产分割问题申请再审的，如涉及判决中已分割的财产，人民法院应依照民事诉讼法第 200 条的规定进行审查，符合再审条件的，应立案审理；如涉及判决中未作处理的夫妻共同财产，应告知当事人另行起诉。"第 414 条规定："人民检察院对已经发生法律效力的判决以及不予受理、驳回起诉的裁定依法提出抗诉的，人民法院应予受理，但适用特别程序、督促程序、公示催告程序、破产程序以及解除婚姻关系的判决、裁定等不适用审判监督程序的判决、裁定除外。"

不难看出，根据我国现行《民事诉讼法》及相关司法解释，解除婚姻关系的判决、调解书生效后，对于其中身份关系的内容，当事人不得申请再审，检察院也不得受理当事人的监督申请、不得提起抗诉。离婚案件（除已分割的财产部分）被完全排除在了再审程序的适用范围之外。

对于 1991 年《民事诉讼法》第 181 条规定离婚判决不能再审，具有准官方立法理由性质的《〈中华人民共和国民事诉讼法〉释义》作出了这样的解释："该规定是必要的。在解除婚姻关系的判决发生法律效力之后，原婚姻关系双方当事人有可能与他人建立新的婚姻关系，为了保持新的合法婚姻关系的稳定性，必须排除对于原解除婚姻关系的判决作出变更的可能。"[①] 时任最高人民法院民庭庭长的唐德华大法官认为："这一规定是由此类案件和判决的特殊性决定的。解除婚姻关系的判决生效后，当事人之间的婚姻关系不复存在，双方均可重新结婚。即便人民法院关于解除婚姻关系的判决确有错误，或不应当判决离婚，一方当事人已重新结婚后，

---

① 本书编写组：《中华人民共和国民事诉讼法释义》，中国政法大学出版社 1991 年版，第 232 页。

对方当事人提出再审申请，即使人民法院撤销原判决，也不能使当事人之间的婚姻关系自然恢复，更不能解除已经重新结婚的当事人的新的婚姻关系，申请再审对当事人毫无意义。再者，人民法院已经生效的解除婚姻关系的判决，也难以认定是否确有错误。因为这种判决的作出是以一方坚决要求离婚，双方感情破裂为基础作出的。允许当事人申请再审效果也不好。"① 2012 年《民事诉讼法》修改时，官方立法解释提到："解除婚姻关系的判决或者调解书发生法律效力后，夫妻任一方都没有与他人再婚的，根据《婚姻法》第 35 条的规定，离婚后，男女双方自愿恢复夫妻关系的，可以到婚姻登记机关进行复婚登记。因此，一方以感情未破裂为由，申请对离婚判决进行再审也没有任何意义。"②

（2）现有理论支撑其实并不成立

从以上论述可知，支持离婚判决、调解书不能再审的立法理由主要有以下几个方面：一是解除婚姻关系的判决、调解书是否有误难以认定；二是若原当事人一方或双方已另行结婚，须维持后一合法婚姻关系的稳定性；三是若原当事人双方未婚，可自行复婚，申请再审便无意义。

针对第一个理由，笔者已在前文中作过回应，离婚判决、调解书不仅同样存在发生错误的可能，而且是否有事实判断上的错误也有明确的基准可资遵循，至于程序是否违法的判断也与其他民事案件无异，"是否错误难以认定"这一理由并不能成立。

至于第二个理由，也是支持该项特殊法条的主流观点，笔者认为也不成立。该项规定的立法目的在于维持后一婚姻关系（指判决生效后一方当事人另行结婚而产生的婚姻关系）的稳定性。但需要反问的是，难道前一合法的婚姻关系就不应给予同等保护吗？

---

① 参见唐德华主编：《新民事诉讼法条文释义》，人民法院出版社 2008 年版，第 534 页。

② 参见全国人大常委会法制工作委员会民法室编：《〈中华人民共和国民事诉讼法〉条文说明、立法理由及相关规定》，北京大学出版社 2012 年版，第 332 页。

前一合法婚姻关系中的当事人在遭受错误判决的情形下就理应丧失救济途径吗？这显然是难以作出合理解释的。有必要进一步指出的是，若解除婚姻关系的判决、调解书生效后双方当事人均未另行结婚，一方申请再审且理由成立的，原判决被撤销后并不会"伤及无辜"。

针对最后一个理由，笔者认为，对错误的生效离婚判决、调解书进行再审与当事人复婚与否并无关联。"若原当事人双方未婚，可自行复婚，申请再审便无意义"，这样的解释显然十分牵强。既然"如果双方感情确未完全破裂"，那么法院之前的离婚判决本身就存在错误。对于错误的判决、调解书，法院应当依法撤销以维护司法公正，而不是让当事人被迫接受判决、承担错误后果。即便双方有可能复婚，但一个已经发生的错误审判并不会因双方复婚而得到自动纠正。

2. 离婚判决之再审并无制度上的障碍

由上文可知，离婚判决、调解书不可再审这一规定的现有理论支撑并不足以构成对其进行再审的理论障碍。而在现有的制度设计上，对生效的离婚判决、调解书进行再审也无障碍。

若将错误的生效离婚判决、调解书纳入再审程序的规制范围，其适用条件及审理过程与普通的民事再审案件无异，故不予赘述。目前学理上的主要争议点在于再审之后续程序的处理上，主要担心当事人一方或双方在离婚判决、调解书生效后已另行结婚的情况下，若法院通过再审决定撤销原判决，当事人之间的原婚姻关系及后一婚姻关系如何处理。笔者认为，我国现行立法上并不存在针对此类问题的制度障碍，婚姻诉讼当事人可以"重婚"为由申请法院宣告后一婚姻关系无效。

重婚，是指有配偶而又与他人结婚的，或者明知他人有配偶而与之结婚的行为。根据《中华人民共和国刑法》第 258 条的规定，有配偶而重婚的，或者明知他人有配偶而与之结婚的，处 2 年以下有期徒刑或者拘役。在我国立法上，重婚属于婚姻无效的情形之一，重婚者的后一婚姻自始无效。在重婚的情况下，由于其违反了一夫一妻制原则，因而无论重婚的后婚配偶是出于善意或恶意，明知或不知对方有配偶，都不能改变后一婚姻无效的性质。① 由此可见，重婚行为的后一婚姻当事人，无论其是否知情，无论其善意恶意，后一婚姻自始无效。这一原理也类推适用于离婚判决生效后原婚姻双方当事人再婚的情形。若法院再审后撤销原离婚判决，即表示离婚判决所确定的解除婚姻关系的效果自始未发生，则原离婚诉讼双方当事人的婚姻关系自始即存在。此时原离婚诉讼当事人的后一婚姻即为重婚，属于我国婚姻无效制度的规制范围，婚姻当事人及利害关系人可依据我国《民法典》及相关司法解释向法院申请宣告婚姻无效。若离婚判决错误的原因归责于一方当事人，则后一婚姻关系的无过错方可要求前者承担损害赔偿责任。

（四）德国相关立法之启示

如前所述，在再审程序中将解除婚姻关系的判决排除适用的规定似为我国独有，域外国家和地区的再审程序中鲜有对案件类型进行排除的做法。以德国的民事诉讼立法为例，其在肯定离婚判决再审正当性的同时，对离婚案件的审理作出了若干特别规定，以求降低发生错误判决的可能。

1. 对婚姻案件的再审并无排除规定

德国于 2008 年 12 月 17 日颁布《家事事件与非讼事件程序法》，将此前规定于民事诉讼法中的相关规则进行了专门立法。该法第二编"家事事件程序"第一章"总则"中第 118 条是关于家事事件再审的原则性规定："婚姻事件和家庭争议事件的再审程序，准用《民事诉讼法》第 578 条至第 591 条（即《德国民事诉讼法》第四编'再审程序'的全部内容）。"由此可见，在婚姻案件的再审适用上，再审之诉对于离婚判决也是一并适用的，对于再次审理的程序重新适用身份诉讼的规则。在权威教科书《德国民事诉讼法》中，专门提到了对我国学者所担忧的原婚姻当事人再婚的情形下对离婚判决再审的处理问题："对于离婚判决的再审，尽管实体法被简化，在另一方配偶再婚后也是允许的。不过必须仔

---

① 参见余延满：《亲属法原论》，法律出版社 2007 年版，第 192 页。

细地审查，提起无效之诉是否是一种不合法的权利行使。"①

2. 对被申请人缺席判决的排除

《家事事件与非讼事件程序法》第 130 条是关于婚姻诉讼缺席判决的规定，具体地说，在原告缺席的情况下，应对其作缺席裁判，视为原告撤回起诉。而针对被告的缺席裁判，以及依据案卷资料所作的缺席裁判，均不合法。德国《民事诉讼法》第 612 条明确规定，离婚诉讼中对于被告限制适用缺席判决。即德国民事诉讼法上的缺席判决不适用于婚姻诉讼中被告缺席或依案卷资料进行审理的情形。这一相对严格的规定可以促使离婚案件中的被告履行出庭义务，便于法官查明事实，避免错误裁判，更可以有效地降低"被离婚"类似情形的发生概率。

反观我国，司法实践中因当事人恶意诉讼，利用缺席判决获得生效离婚判决并经公告送达的案例屡见不鲜。现行《民事诉讼法》并未排除离婚案件中缺席判决的适用，实践中某些法院在婚姻诉讼中适用缺席判决的几率还比较高。② 缺席判决难以保障当事人辩论权、处分权有效行使，本是为保障诉讼进程和"效率"价值而牺牲"公正"价值之权衡之举，然而，在剥夺离婚判决之当事人再审救济权的同时，缺席判决的适用明显有损"公正"价值之实现。同理适用公告送达制度，作为一种法律拟制，公告送达无法从事实上确认受送达人对生效判决的收悉，尤其是在恶意诉讼骗取离婚判决的场合，对不知诉讼发生的受送达人更难课以关注公告送达之要求。如此一来，公告送达在经过法定期限即视为送达就会导致受送达人在不知情的情况下"被离婚"。"对离婚判决可适用公告送达"与"生效离婚判决不得再审"相结合，被离婚之当事人完全丧失了获得救济的合法途径。

3. 对婚姻诉讼案件设置独立的诉讼程序规则

---

① ［德］罗森贝克、［德］施瓦布、［德］戈特瓦尔德著：《德国民事诉讼法（第 16 版）》，李大雪译，中国法制出版社 2007 年版，第 1274 页。

② 胡军辉：《论离婚判决的既判力及其程序保障》，载《法学家》2014年第 3 期。

在德国的诉讼程序框架中，婚姻家事案件不仅由专门法院或专门法庭进行审理，还为其规定了独立的诉讼程序规则，以期为婚姻家庭关系提供更好的诉讼保障。如强制律师代理制度，德国《家事事件与非讼事件程序法》第 114 条第 1 项规定，在联邦家事法院、联邦高等法院及联邦最高法院进行的婚姻及其结果事件、家事诉讼，当事人应聘请律师进行代理。又如强制诉前调停机制，2000 年德国《法院外争议解决促进法》正式生效，在家事纠纷中引入法院外的强制诉前调停程序。2001 年《民事诉讼改革法》规定强制审前和解，设置"和解法官"，发挥裁判前的纠纷化解功能。① 除此之外，家事案件中还规定了针对人的证据方法如当事人、证人的特殊询问规则。② 婚姻诉讼案件在我国的民事程序立法中也属于应当先行调解的对象，但在调解规则、调解主体等方面未设特别规定。在婚姻诉讼的审前准备阶段推行强制调解，除了满足多元化纠纷解决之需要，也可以为法官提供了解案情、识别恶意诉讼、核对当事人联系方式、证据交换及争点整理、避免错误的缺席判决及公告送达的机会。在婚姻诉讼的审理过程中，也应强调法院的释明义务，充分重视对人的证据方法之特殊询问手段，保障当事人辩论权的有效行使。强调婚姻关系判决的说理性，尤其是判决离婚的案件，对于离婚事由的阐述应课以法官具体化义务，以督促裁判的慎重作出，也为再审事由的判断提供明确依据。

再审制度的主功能在于纠正已生效裁判中存在的无法通过其他方式予以救济的错误，以最大限度地保障当事人的利益。我国现行《民事诉讼法》第 202 条将生效的离婚判决排除在再审程序的适用范围之外，忽视了离婚判决本身错误的可能、阻却了当事人的救济路径，导致离婚案件恶意诉讼频发、"被离婚"之当事人司法救济无门等实践中亟待解决的现实问题。在德国等大陆法系国家，离婚

---

① 杨临萍、龙飞：《德国家事审判改革及其对我国的启示》，载《法律适用》2016 年第 4 期。

② 郝晶晶：《我国当事人陈述制度的规则审视——以裁判文书为分析样本》，载《法商研究》2018 年第 4 期。

判决仍属于再审救济范围，在承认离婚诉讼等人事诉讼案件特殊性的前提下，为维护离婚判决的稳定性，往往从源头上降低错误判决发生的几率，即在离婚案件的审判过程中增加必要的限制，尽量规避或降低被当事人恶意利用或法官作出错误判决的可能性。这样的做法无疑值得我们借鉴。

第五章 我国身份关系诉讼程序之分类考察 II——以亲子关系、收养关系诉讼为对象

第一节 亲子关系、收养关系诉讼概述

一、基本概念

亲子关系，是基于父母与子女之间的血亲关系而产生的法律上的权利义务关系。细分来看，血亲关系又有自然血亲和拟制血亲两种，法律上的亲子关系亦因血亲关系的不同而有所区别。

自然血亲的亲子关系基于出生的事实而发生，生母与子女之间的亲子关系依生育事实可明确确认，生父与子女之间的亲子关系依其与生母之间的婚姻关系而作推定。自然血亲的亲子关系有婚生亲子关系和非婚生亲子关系两种。拟制血亲的亲子关系一般是基于收养事实或再婚事实形成，包括养父母子女关系和继父母子女关系。拟制血亲之亲子关系与自然血亲之亲子关系在权利义务方面无差别，但在解除条件和诉讼种类上有明显差异。

与婚姻关系类似，亲子关系、收养关系同样是社会身份关系的重要组成部分。不仅如此，亲子关系、收养关系还与未成年子女的利益保护密切相关，是国家和社会需要重点调整和关注的领域。经济社会的飞速发展引发家庭观、价值观的较大变化，传统的家庭观念和夫妻责任发生动摇，未婚生育、婚外生育等现象屡有发生，使得亲子关系相关纠纷在数量上和复杂程度上均有显著提升，相关的诉讼规则亟待完善。生物学技术的进步显著提高了亲子鉴定的准确

度，亲子关系的证明规则和证明标准也随之发生变化。

从域外国家和地区家庭法立法规则来看，亲子关系、收养关系诉讼的具体范围并不完全相同。德国《民法典》删除了对于非婚生子女的歧视性规定，不再区分婚生亲子关系与非婚生亲子关系，相关诉讼的范围主要有确认生父之诉、否认生父之诉、解除收养关系之诉。日本的亲子关系诉讼范围包括婚生子女否认之诉、非婚生子女认领及撤销之诉、对母亲再婚后所生子女的确认父亲之诉。日本的收养关系诉讼包括：收养关系存在与否的确认之诉、收养无效之诉、解除收养关系之诉、收养撤销之诉等。我国台湾地区的亲子关系诉讼包括：婚生子女否认之诉、强制认领非婚生子女之诉、认领无效之诉、撤销认领之诉。收养关系诉讼包括：收养撤销之诉、收养无效之诉、解除收养关系之诉。

二、《民法典》对亲子关系、收养关系的修订

对于亲子关系，其与夫妻关系和其他近亲属关系一同规定于《民法典》婚姻家庭编第三节"家庭关系"中。第 1073 条新增了亲子关系异议之诉，该条规定的情形包括：父亲或母亲可向法院提的确认亲子关系之诉或否认亲子关系之诉，成年子女也可向法院请求确认亲子关系。

收养关系规定于《民法典》婚姻家庭编第五章，分三节对于收养关系的成立、效力和解除等内容作出规定。与《中华人民共和国收养法》相比，《民法典》作出如下重要修改：首先，明确收养的基本原则，第 1044 条规定，收养应遵循最有利于被收养人的原则，保障其合法权益，禁止借收养名义买卖未成年人；第二，扩大被收养人的范围，第 1093 条将被收养人的年龄规定由"不满十四周岁"修改为"未成年人"；第三，修改收养人的条件，因应国家计划生育政策的调整，第 1098 条将"收养人应无子女"修改为"无子女或者只有一名子女"；第四，可收养子女的数量也作出调整，第 1100 条根据收养人的子女数量而作出不同规定，无子女的收养人可以收养两名子女，有子女的收养人可收养一名子女；第五，加强对收养人条件的实质性审查，第 1098 条收养人条件中新

增规定"无不利于被收养人健康成长的违法犯罪记录";第六,加强公权力机构对收养行为的监管,第1105条规定县级以上人民政府民政部门应依法进行收养评估。

第二节　亲子关系诉讼的具体规则

一、婚生子女否认之诉

(一) 婚生推定规则

婚生子女否认是指丈夫证明在妻子受胎期间未与其有同居行为时,可依法享有否认该子女为亲生子女的诉讼请求权。[①] 婚生子女否认之诉的发生前提,是各国普遍采用的婚姻关系中子女的婚生推定规则。如我国台湾地区"民法"第1063条规定,凡是在婚姻存续期间受胎出生的,均推定为婚生子女。《日本民法典》第772条规定,妻子在婚姻中怀胎的子女,推定为丈夫的子女,自婚姻成立之日起200日后或自婚姻结束之日起300日内所生子女,推定为婚生子女。我国在实践中也长期适用该种推定法则,但在立法及司法解释中至今未有关于此项推定法则的明确规定。母亲基于分娩事实而与子女建立生理上和法律上的亲子关系,此项关系是没有争议的,但并非所有的子女都与婚姻关系中的丈夫一方有真实的血缘关系,仅是基于婚姻道德观念,把婚生子女推定为丈夫的亲生子女。为克服婚生推定规则的弊端,保护丈夫的权益,设置婚生子女否认之诉实属必要。

(二) 婚生子女否认之诉的适格原告

关于婚生子女否认之诉的适格原告,域外各国和地区也有不同的规定,主要有以下四种情形:一是规定有权提出婚生否认的原告仅限于被推定为生父的丈夫,如日本;二是规定子女的生母和生母的丈夫拥有起诉权,如法国;三是规定适格原告包括子女和被推定

---

① 巫昌祯:《婚姻与继承法学》,中国政法大学出版社2011年版,第227页。

的父亲，如瑞士；四是规定适格原告包括父亲、母亲和成年子女，如意大利、德国。①《民法典》第 1073 条规定，对亲子关系有异议且有正当理由的，父或母可向法院请求否认亲子关系。因此，我国婚生子女否认之诉的适格原告之规定与法国类似，包括生母和被推定的父亲，子女不是婚生子女否认之诉的适格原告。

前已述及，婚生推定原则对于丈夫一方存在推定错误的风险，从追求血缘真实性的立场出发，应赋予丈夫亲子关系否认之请求权，这也是上述国家和地区的通行做法。婚生子女否认之诉的争议主要集中于妻子和子女是否应享有否认请求权。

婚生推定的双方是子女和推定生父，妻子则是此项法律关系的第三方主体，由其提出否认之诉，推翻的是父亲与子女间的亲子关系而非自己与子女间的亲子关系。承认妻子的婚生子女否认权，是男女平等原则和子女利益原则的体现，但当子女利益与妻子权利发生冲突时，法院应斟酌具体情形，判断是否支持妻子的否认权。如，若推定生父尽心地抚养和照看子女，妻子不顾及此情形而执意提起否认之诉，而子女的生父又不愿意认领时，该子女便会成为非婚生子女，影响其合法权益。因此，应对妻子的此项请求权设置必要的限制或进行严格的审查，防止其出现滥用否认请求权的行为，若认定妻子行使否认请求权有妨害子女利益之虞，法院可驳回其请求。

作为亲子关系的一方主体，子女本应对该项法律关系享有否认请求权，但一些域外立法包括我国《民法典》并未确认子女本人的该项权利。这一做法有待斟酌，从未成年人最大利益保护原则和子女利益保护原则的意旨出发，应允许子女行使否认权。了解和认知自己的血统是子女的法定权利，子女通过否认之诉能否获知自己真实的血缘关系，也可能实现与生父的共同生活、对生父赡养和继承。《联合国儿童权利公约》也明确了子女有获知其血统来源之权利。因此，我国应当考虑赋予子女有限度的否认权，可与非婚生子女确认之诉统一，规定成年子女可提起婚生子女否认之诉。若该否

---

① 陈爱武：《人事诉讼程序研究》，法律出版社 2008 年版，第 195 页。

认有使推定之父限于生活困难情形的可能，对于履行过抚养义务的推定之父，该子女应给予一定的赡养费或履行赡养义务。

二、非婚生子女确认之诉

（一）非婚生子女权益的立法沿革

各国在亲子关系上多采用婚生推定规则，"非婚生子女"的概念便是此种推定规则的产物，特指没有婚姻关系的男女双方所生的子女，主要包括以下几种情况：无效婚姻或可撤销婚姻当事人所生子女、未婚男女所生子女、已婚男女与第三人所生子女等。从自然属性来看，非婚生子女和婚生子女并无区别，生育子女的男女是非婚生子女的生父母。但是从社会属性来看，由于非婚生子女的父母没有合法婚姻关系，在传统观念中备受歧视。尤其是欧洲各国受基督教义的约束，剥夺非婚生子女的正当权利，如英国普通法最初称非婚生子女为"无亲之子"，与其生父、生母不发生法律上的亲子关系。1804年的《法国民法典》规定，非婚生子女不得由其父认领，只得其母认领等。20世纪以来，随着平等思想、人道主义等先进思潮的传播和人权意识的觉醒，各国逐渐意识到非婚生子女产生的原因在父母而非子女，开始采取措施改善非婚生子女的法律地位，许多国家通过准正和认领的程序，使非婚生子女婚生化，试图在维护婚姻家庭制度与保护非婚生子女之间取得平衡。[1]

我国对于非婚生子女的立法保护在1950年《婚姻法》中即作出宣示，依第15条的规定，非婚生子女与婚生子女享受同等权利，任何人不得加以危害或歧视。经生母或其他证据证明其生父者，生父应负担子女必需的生活费和教育费的一部或全部直至成年，经生母同意，生父可将子女领回抚养。1950年《婚姻法》的规定不仅明确了非婚生子女与婚生子女的平等权利，还规定了生父对子女生活费和教育费的承担义务。1980年《婚姻法》延续了前述规定。2001年修订《婚姻法》时，对上述规定作出修改，第25条将非婚

---

[1] 江必新主编：《民法典重点修改及新条文解读（下）》，中国法制出版社2020年版，第839页。

生子女生活费和教育费的负担主体主体由"生父"修改为"不直接抚养非婚生子女的生父或生母"，此种安排对于保护非婚生子女的健康成长、保障父母同等负担抚养义务更为有利。《民法典》第1071条延续了此种规定。

（二）非婚生子女确认诉讼的相关规定

保护非婚生子女权益已成为各国家庭亲子立法中的共同原则。对非婚生子女的认领本不必以诉讼的方式进行，其生父可自愿认领并履行抚养义务。然而，在现实生活中使生父主动认领非婚生子女绝非易事，为逃避抚养义务而拒绝认领子女的生父也不鲜见。在此背景下，设置具有法律强制力的亲子关系实现机制对于非婚生子女之权益实现便十分重要。

最高人民法院2000年发布的《民事案件案由规定（试行）》第250条明确将"生身父母确认纠纷"列为婚姻家庭继承纠纷案由下的独立一项。但在2007年发布的《民事案件案由规定》中取消了该项案由。后于2011年版的规定中仍未明确。同年，最高院出台了《婚姻法解释（三）》，以司法解释的形式首次规定了我国非婚生子女领养诉讼中的推定法则，第2条第2款规定，一方起诉请求确认亲子关系并提供必要证据，另一方无相反证据又拒绝做亲子鉴定的，法院可推定请求确认亲子关系一方的主张成立。之后，《民法典》第1073条首次在立法层面确认了亲子关系确认之诉，具体规定为：对亲子关系有异议且有正当理由的，父亲、母亲、成年子女可向法院请求确认亲子关系。为与《民法典》的规定相统一，2020年12月，最高人民法院对《民事案件案由规定》进行了新的修正，新增了第21项亲子关系纠纷，包括确认亲子关系纠纷和否认亲子关系纠纷。

由此可见，我国目前关于非婚生子女确认之诉的规定主要集中于《民法典》及相关司法解释，《民事诉讼法》中未有相关的程序性规则。《民法典》关于此类诉讼的程序规则较为简单，主要涉及原告资格问题。在原告资格方面，各国对有权提起非婚生子女确认之诉的主体范围有不同规定。有的国家规定请求权人仅为子女本人，如法国、德国、意大利等；有的国家规定请求权人为子女本人、生母，如瑞士；有的地区规定请求权人为子女及其直系血亲，如日本。我国《民法典》上请求权人作出明确规定，成年子女、生母、生父均可向法院提起亲子关系确认之诉。此种诉讼的本质是确认非婚生子女与其生父的亲子关系，上述各国均规定了子女本人的原告资格。如日本《人事诉讼法》第 13 条规定，子女只要具备意思能力，即便诉讼能力受限也不妨碍其提起认领诉讼。适格请求权人还包括生母，子女的生母有权独立提起认领诉讼，其权利依据并非基于非婚生子女法定代理人的身份，而是基于自身的固有权利。在亲子关系纠纷中，生母对该子女履行抚养抚育义务，若确认了子女与生父的亲子关系，则该类抚养抚育义务即可直接减轻甚至免除。因此，生母享有的该项请求权具有实效性和必要性。我国《民法典》中还规定了生父的确认请求权。父亲提起亲子关系确认之诉，主要是指生父自愿认领非婚生子女的情形。值得注意的是，《民法典》规定的原告范围未包含未成年子女，是考虑到未成年子女在民事行为能力和诉讼行为能力上的缺乏，若需确认亲子关系，可由其父母作为原告提出。

三、亲子关系诉讼中的证明妨碍规则

身份关系诉讼应行职权探知主义，法院应通过积极主动的职权探知获得案件事实的具体情况并据此作出裁判。作为身份关系诉讼的一种，亲子关系纠纷的争议焦点便是血缘关系的证明。然而，血缘关系作为要件事实，往往难以通过间接证据形成完整的证据链。在诸多证明手段中，亲子 DNA 鉴定因其高度的准确性而在亲子关系诉讼中拥有绝对的证明力。若能够通过亲子鉴定获得 DNA 比对结果，则裁判者可根据鉴定结论，在自由心证的基础上对争议事实作出正确的评价，血缘关系的证明便随之解决。然而，亲子鉴定的进行需要被鉴定人的高度配合，亲子鉴定须考虑权利人的隐私保护、未成年子女的利益和家庭和谐，不可强制要求当事人进行。

美国、德国、日本等国家和地区在亲子关系纠纷中，明确规定了当事人或第三人的证据协力义务，也即提供血液的鉴定协力义务。鉴定协力义务是指，法院在进行亲子 DNA 鉴定时，当事人或第三人应当配合提供或采取血液以供检测。该协力义务包括检查忍受义务（血液的采取）和检证物提供义务（血液的提供）两项。[①]该项证据协力义务为当事人的公法义务，以牺牲当事人的隐私权为代价获取子女的人格权保护，具有确定亲子关系的高度公益性，非因正当事由不得拒绝。若当事人无正当理由拒绝履行鉴定协力义务，则可能承担证明妨碍的不利后果。

域外国家和地区对于亲子关系纠纷中不履行鉴定协力义务的情形规定了宽严不一的应对规定。德国的强制措施最为严厉，其《家事事件与非讼事件程序法》第 178 条规定，义务人无正当理由拒绝亲子鉴定的，可处以罚款或 6 个月以内拘役，且需承担因拒绝鉴定而产生的费用，甚至可以在穷尽上述措施后对义务人以抽血的方式进行强制鉴定。与德国的直接强制措施相比，大多数国家和地区采取了间接强制的方式。如瑞士采取罚款、拘留、拘传等方式对鉴定义务人施加压力。更多的国家和地区采取的间接强制措施是为其设置诉讼法上的不利后果。美国、英国的亲子鉴定必须经过义务人同意，当事人无正当理由拒绝进行亲子鉴定的，法院可考量拒绝的事由，推定不利于拒绝方的事实。

在亲子关系诉讼中，若非进行亲子鉴定，原告几乎无法完成证明责任。如果被告拒绝履行鉴定协力义务，会直接导致原告举证不能进而败诉，被告的证明妨碍行为获得了对自身有利的后果。在被告无充分理由拒绝亲子鉴定时，法官失去了获取关于血缘关系的实质真实的渠道，则需要通过规则设计确认关于血缘关系的法律真实，只能按照不利于被告的原则作出关于亲子关系的法律推定。

2011 年，我国《婚姻法解释（三）》首次对亲子关系诉讼中的证明妨碍规则作出规定，随着《民法典》的出台，该条规定被《民法典婚姻家庭编解释（一）》第 39 条继受，具体内容为："父或者母向人民法院起诉请求否认亲子关系，并已提供必要证据予以证明，另一方没有相反证据又拒绝做亲子鉴定的，人民法院可认定

[①] 邓学仁、严祖照、高一书：《DNA 鉴定——亲子关系争端之解决》，台湾元照出版公司 2006 年版，第 81 页。

否认亲子关系一方的主张成立；父或者母以及成年子女起诉请求确认亲子关系，并提供必要证据予以证明，另一方没有相反证据又拒绝做亲子鉴定的，人民法院可以认定确认亲子关系一方的主张成立。"上述规定将亲子关系确认之诉和否认之诉中的证明妨碍规则上升到了法律层面，为法官提供明确的裁量依据。

第三节　收养关系诉讼的具体规则

收养是领养他人子女为自己子女的法律行为，使原本没有血缘关系的人之间产生法律拟制的亲子关系。[①] 养父母子女关系与血缘关系无关，但也是亲子关系的一种，是对自然血亲之亲子关系的必要补充。收养必须符合《民法典》规定的条件和程序方能成立。自收养关系成立之日起，养父母与养子女之间的权利义务关系适用《民法典》关于父母子女关系的规定，即养父母对养子女有抚养、教育和保护的义务，养子女对养父母有赡养、扶助的义务，他们彼此之间还有相互继承遗产的权利。被收养子女与亲生父母及其近亲属之间的权利义务关系，因收养关系的成立而消除。

相较于《收养法》，《民法典》关于收养关系的修订内容主要集中于被收养人的范围扩充和收养条件的变动。收养条件是根据我国计划生育政策的调整而变化，被收养人范围扩充的变动更为明显。

一、被收养人范围的修订

被收养人的范围此前规定于《收养法》第 4 条，《民法典》主要作出两项修改，一是删除了《收养法》中关于被收养人年龄在十四周岁以下的限制，符合条件的未成年人均可被收养；二是修改了被收养条件的第 2 项，将"查找不到生父母的弃婴和儿童"修改为"查找不到生父母的未成年人"。

---

① 陈棋炎、黄宗乐、郭振恭：《民法亲属新论》（修订十一版），台湾三民书局股份有限公司 2013 年版，第 321 页。

　　我国《收养法》对被收养人作出年龄限制主要是为了稳定家庭关系、培养亲子感情的目的。因收养人与被收养人本无血缘关系，年龄过大的被收养人往往与生父母感情深厚，在心理上较难接受养父母，会直接影响收养关系的稳定性。不仅如此，已满 14 周岁的未成年人心智发育趋向成熟，独立意识较强，将其纳入被收养人的范围可能不利于收养关系各方当事人家庭关系的和谐稳定。① 然而，从现实情况来看，这一年龄段的未成年人虽具有一定的自理能力，但一般仍处于在校学习阶段，不具备劳动和谋生能力，同样需要监护人的经济供给和情感关爱，否则容易误入歧途。更重要的是，随着公共安全事件、大规模自然灾害事件频发，在自然灾害或重大事故中失去双亲的年满 14 周岁的未成年人不在少数，《收养法》的规定使此类未成年人失去了获得收养的机会。因此，《民法典》取消了对被收养人的年龄限制，使所有满足条件的未成年人均可被收养。

　　《民法典》第 1093 条第 2 项将"查找不到生父母的弃婴和儿童"修改为"查找不到生父母的未成年人"。查找不到生父母的弃婴和儿童，是指生父母放弃对子女的监护权，故意抛弃子女，导致子女面临无人监护的境地。国家可对此类未成年人实施监护权，指定福利机构作为送养人，将弃婴和儿童送养给他人。② 除此之外，还存在因其他原因而查找不到生父母的未成年人，如无法找到生父母的被拐卖未成年人。此类未成年人在被解救后，经过法定公告期间，依然无法找到其生父母的，可以成为被收养人，这是对被拐获救未成年人安置渠道的积极探索。

　　综上所述，《民法典》关于被收养人范围的修订，旨在扩大被收养人的范围，减少对被收养人条件的限制，从而扩大收养制度的适用范围，使更多无法受生父母直接抚养照料的未成年人通过收

---

　　①　中国审判理论研究会民事审判理论专业委员会：《民法典婚姻家庭编条文理解与司法适用》，法制出版社 2020 年版，第 203 页。

　　②　江必新主编：《民法典重点修改及新条文解读（下）》，中国法制出版社 2020 年版，第 879 页。

养，在正常的家庭环境中健康成长。这不仅可以充分发挥收养制度的积极作用，也是未成年人利益最大化原则的具体体现。收养制度也充分考虑了未成年人的个人意愿。《民法典》第 1104 条规定收养 8 岁以上未成年人应征得被收养人的同意，14 周岁以上未成年人若不愿被他人收养，可在收养过程中表达反对意见，阻止收养的成立。

二、收养无效之诉

收养无效之诉，是指因存在特定的收养无效原因，相关当事人向法院提起的请求法院确认收养无效的诉讼。依《民法典》第 1113 条规定，违反"总则编"关于民事法律行为无效的规定以及本章关于收养行为实质要件规定的收养行为无效。具体而言，无效的收养行为包括：收养人、送养人不具备完全民事行为能力；收养人与送养人恶意串通为虚假的收养行为；收养行为违反公序良俗；收养行为不符合本章规定的条件，包括各方当事人自身条件、生父母共同送养、夫妻共同收养、收养子女人数、异性收养的年龄差距等。本条第 2 款还确定了收养无效之诉的溯及力，收养无效的法律效果溯及既往。无效的收养行为自始不发生法律效力，各方当事人间不产生拟制的亲子关系。

作为一项法律行为，收养行为将引起当事人身份地位及法律关系的变化，对各方当事人的利益均会产生重大影响，收养人和送养人均应具备完全行为能力，否则收养无效。收养行为的动机应当纯正，收养人应有收养子女、履行法定义务并与其形成法律上亲子关系的真实意愿。收养不得违反法律的禁止性规定，不得违反公序良俗。不得存在恶意串通，损害他人利益的行为。对收养行为的效力判断，应当适用《民法典》中有关法律行为效力的相关规定。

《民法典》列举了收养无效的具体情形，但未对收养无效之诉的适格当事人作出规定。日本对于收养无效诉讼规定的适格原告包括：养父母、养子女、具有利害关系的亲族或其他利害关系人。我国收养无效之诉之适格原告的规定，可参照婚姻无效诉讼的相关规定，根据不同的无效情形设置不同的适格原告范围，总的原则是将收养关系的原告资格适当扩充到当事人的近亲属等利害关系人、基层组织等，以体现国家对涉及公共利益的身份案件的重视和对未成年人合法权益的保障。关于收养无效之诉的被告资格，我国立法同样未作出规定。此处同样可以参照婚姻无效诉讼中关于被告的规定，收养关系一方当事人申请宣告无效的，对方当事人为被告；利害关系人申请的，双方当事人为共同被告。

三、解除收养关系之诉

（一）解除收养关系的事由和方式

收养关系是人为建立的拟制血亲关系，大多数国家允许通过法定条件予以解除，也有个别禁止解除的例外，如法国禁止完全收养关系的解除，英国虽允许解除收养关系，但对解除条件设置了严格的限制。① 我国实体法规定了解除收养关系的法定事由和方式。法定事由包括合意和收养关系的实质破裂，即收养人不履行抚养义务、有虐待遗弃等侵害被收养人合法权益的行为。我国对收养关系的解除方式采取双轨制，规定了协议解除和判决解除两种方式。

收养关系的协议解除方式根据被收养人的年龄而有区分。当被收养人未成年时，为保护被收养人的合法权益、稳定收养关系，在被收养人成年之前原则上不允许收养人单方解除收养关系。必须收养人与送养人一致同意解除收养关系，且应征得年满八周岁的被收养人的同意。或出现某些法定事由导致收养关系的实质破裂，送养人有权要求解除收养。当被收养人成年时，协议解除收养关系的双方便为收养人和被收养人。自愿达成协议解除收养关系的，可直接到收养登记机关登记解除。

收养关系并非总能通过合意的方式解除，一方当事人不同意解除收养关系的情形不在少数，甚至会出现继续维持收养关系将损害被收养人利益的情形。在一方或双方当事人要求解除收养关系但无法达成合意的情况下，可采用判决解除的方式。法院应查明收养关

---

① 王竹青、魏小莉编著：《亲属法比较研究》，中国人民公安大学出版社 2004 年版，第 351~352 页。

系破裂的真实原因，根据养育现状，秉持未成年子女利益最大化原则处理纠纷。

（二）解除收养关系诉讼的适格当事人

依据《民法典》第 1114 条的规定，被收养人为未成年人时，若发生法定的不宜维持收养关系的情形，双方无法达成协议的，仅允许送养人提起解除收养关系诉讼，被收养人无起诉权。在此情形下，未成年被收养人无解除诉权。未成年人被收养后，与送养人鲜有见面机会，若被收养人遭受虐待、遗弃等暴力情形或被不良对待，又无法及时有送养人取得联系，可能会使的被收养人无法得到即时有效的救济。从域外立法来看，《日本民法典》规定，具有意思能力的未成年养子女，可作为适格原告自行提起终止收养关系之诉。在养子女未满 15 周岁时，可由收养关系终止后应当成为养子女法定代理人的人提起。为更好地保护未成年养子女的合法权益，我国收养关系诉讼中应当承认满足一定条件的养子女具有解除收养关系的诉权，此处的条件应根据"意思能力"和"年龄条件"进行限制。对于年龄较小、没有意思能力的未成年子女，规定其法定代理人具有适格原告资格。

第六章　我国身份关系案件审理程序之完善

　　上文已对我国现行的婚姻诉讼程序进行了详细的梳理，同时归纳总结了三类具体婚姻诉讼程序的不足之处。总的来说，我国现行的婚姻诉讼程序在规则层面数量不足且分布零散，在制度层面未设与其案件性质相适应的操作原则，在运行层面没有专门的人员或机构专司其职，在实务层面不能满足办理婚姻诉讼案件的现实需要。在此背景下，完善我国的婚姻诉讼程序具有较强的现实意义。

第一节　我国身份关系诉讼程序立法的应然模式之选择

　　身份关系诉讼程序法是以婚姻诉讼为代表的身份关系诉讼得以规范运作的基础、前提与根本保证。如前所述，国外许多国家和地区都制定了身份关系诉讼相关程序法规，而我国现行法律法规中有关身份关系诉讼程序的规定不仅很少，且分散于多项法律条文之中，严重制约了身份关系纠纷案件的审判效率和质量。因此，有必要对身份关系诉讼程序作出专门规定。

　　一、现有立法模式之比较

　　从世界范围来看，身份关系诉讼程序的立法模式主要有以下三类：第一类是制定人事诉讼或家事诉讼程序单行立法，身份关系诉讼程序是其中的重要组成部分。此类模式的典型代表有日本的《人事诉讼法》、韩国的《家事诉讼法》等。第二类是在民事诉讼法中以单独一编（或一章）来规定人事诉讼或家事诉讼程序。此类模式的典型代表国家和地区有法国、我国台湾地区等。第三类是松散立法，即既未设人事诉讼程序或家事诉讼程序的单独法典，又未在民事诉讼法中以专编或专章的形式予以体现，而是松散地分布于婚姻家庭实体法、民事诉讼法以及调解规定、证据规则等规范性文件中的且与身份关系诉讼程序相关的内容，英美法系国家和地区多采此种立法模式。① 值得注意的是，该种立法模式与我国现行身份关系诉讼程序的零散规定并不等同。此处的松散立法，虽然在形式上未作统一梳理，但采此种立法模式的国家和地区大多已在民事诉讼程序上存在相关的符合人事诉讼或家事诉讼性质的特殊原则、特殊判例对零散立法提供支撑，属于"形散而神不散"。我国现行的身份关系诉讼立法现状则不在此列。

上述三种立法模式各有千秋。第一种模式的适用前提是该国家或地区已有成熟的人事诉讼或家事诉讼程序法典作为依托，依此构建的身份关系诉讼程序规则体系结构完整、内容翔实完善；第二种模式的适用前提是该国家或地区的民事诉讼法典中已有关于人事诉讼或家事诉讼程序的专章规定，依此构建的身份关系诉讼程序规则体系在内容上虽较第一种立法模式稍显简略，但在系统性和具体性方面仍较完备；第三种模式的适用前提是该国家或地区现有的民事诉讼制度体系中已有符合人事诉讼或家事诉讼程序之特殊性的原则规定，并有相关诉讼判例予以支撑，依此构建的身份关系诉讼程序规则体系虽内容分布松散，但实用性较强，足以应对司法实践的适用需求。

上述立法模式是各个国家和地区在充分考虑身份关系诉讼程序的特殊性质并结合自身的法律文化传统、法律体系现状、公民诉讼观念等因素后得出的最佳选择，且随着人事诉讼或家事诉讼程序的发展而不断地进行改进，在调整身份关系纠纷方面发挥着积极的作用。

---

① 参见陈爱武：《人事诉讼程序研究》，法律出版社 2008 年版，第 140 页。

二、我国身份关系诉讼程序立法模式的理性选择

根据本节第一部分的模式归纳，结合我国身份关系诉讼规则的现状，以上三种立法模式从严格意义上讲均不能为我国的身份关系诉讼程序立法所直接采纳。笔者认为，我国的身份关系诉讼程序应当以"身份关系诉讼条例"的名称采用单独立法的模式。具体原因试缕析如下：

首先，我国的民事诉讼程序中尚未构建独立完整的人事诉讼或家事诉讼程序，也没有针对其特殊性的原则规定。因此，虽然身份关系诉讼程序是域外国家和地区人事诉讼或家事诉讼程序的重要组成部分，但结合我国民事诉讼立法的现状，完整的人事诉讼或家事诉讼程序的构建尚需时日。而身份关系诉讼案件在各类家庭案件中所占数量最多，且是衍生其他婚姻家庭案件的基础和前提。因此，先行制定以婚姻诉讼程序为中心的身份关系诉讼之单行法，不仅可以促进人事诉讼或家事诉讼程序的完整构建，而且该单行法中的相关原则性规定也可为其他类型的家事诉讼案件提供借鉴。

其次，我国现行《民事诉讼法》中的编章安排决定了"身份关系诉讼程序"无法作为专编、专章或专节纳入其中。现行《民事诉讼法》有四编内容：总则、审判程序、执行程序以及涉外民事诉讼程序的特别规定，"身份关系诉讼程序"与其中的任何一编都无法并列，因此不能设置专编；第二编审判程序中有 7 章内容：第一审普通程序、简易程序、第二审程序、特别程序、审判监督程序、督促程序、公示催告程序，"身份关系诉讼程序"依旧无法并列其中，因此不能设置专章；第二编第四章（法典第十五章）为"特别程序"，从字面上看貌似是针对不同于普通民事案件的特殊案件而设置的程序，但是细探其内容，实际上主要是非讼事件程序，"身份关系诉讼程序"在此章中也无法与非讼案件之程序相并列，因此不能设置专节。综上所述，在我国现行《民事诉讼法》中并未系统设置家事诉讼程序的背景下，"身份关系诉讼程序"无

法纳入其中。

再次，我国现有的关于身份关系诉讼之程序性规则的分布现状决定了应当对"身份关系诉讼程序"单独立法。前文已述，我国的身份关系诉讼程序规则不仅零散分布于《民法典》《民事诉讼法》、相关司法解释及其他规范性文件之中，而且在《民法典》《民事诉讼法》中也未呈现最基本的系统性分布。上文已将在现行《民事诉讼法》中系统规定"身份关系诉讼程序"的可能性予以排除，而若在《民法典》中专章规定相关程序性事项也不符合其作为实体法的性质定位。唯有将"身份关系诉讼程序"单独立法，并将其作为《民事诉讼法》的关系法、下位法之一，才能更好地整合现有的程序性规定，更好地体现身份关系诉讼案件的特殊性，达到立法目的。

又次，对"身份关系诉讼程序"单独立法也是维护《民事诉讼法》稳定性的必然要求。身份关系诉讼程序立法制定之初，难免存在程序不完整、具体操作规则不够细化等有待进一步完善之处，若将其直接置入《民事诉讼法》中，日后对身份关系诉讼程序的调整与完善必将与《民事诉讼法》的相对稳定性形成矛盾，实为不妥。

最后，身份关系诉讼程序本身的特点也决定了应当进行单独立法。身份关系诉讼程序与我国普通的民事诉讼程序在原则规定和规则设置上均有较大的不同，且在身份关系诉讼程序内部，也有婚姻无效诉讼、可撤销婚姻诉讼、离婚诉讼、亲子关系诉讼、收养关系诉讼的进一步分类，不同种类的身份关系诉讼案件在程序设置上也不尽相同。该类程序本身的特殊性和复杂性也为其单独立法提供了必要。

因此，笔者建议先对"身份关系诉讼程序"进行单独立法，待我国的家事诉讼程序建立之时，无论是其采取单独立法的模式还是在《民事诉讼法》中设置专编，身份关系诉讼程序作为其重要组成部分均可被顺理成章地直接纳入其中。还应注意的是，在具体制定身份关系诉讼程序法规时，应对身份关系诉讼程序的立法目的、审判方式、审理范围作出具体界定；身份关系诉讼程序的目的，是为了妥善处理双方当事人之间产生争议的身份关系，维护社会稳定与和谐；身份关系诉讼应尽可能地采用不公开、非对抗的审理方式，发挥法官的职权作用，并在其中运用灵活多样的调查、调解方法；身份关系诉讼案件的具体范围应包括：离婚案件、确认结婚无效案件、确认离婚无效案件、结婚可撤销案件、离婚可撤销案件、婚生子女否认案件、非婚生子女确认案件、收养无效案件、解除收养关系案件等。

第二节 我国身份关系诉讼程序
所应确立的特殊原则

构建身份关系诉讼程序的第一步，即要明确该程序有效运行所需的指导性原则。由于身份关系诉讼案件的特殊性质，其在所需原则上与我国民事诉讼程序现有的、针对普通民事案件的、一般用于解决财产关系纠纷的原则有明显不同。下文即针对我国应当在身份关系诉讼领域确立的特殊原则进行重点梳理。

一、职权主义原则

（一）职权主义原则的概念

在普通的民事诉讼程序中，法院的裁判应根据当事人对案件的陈述和举证在诉讼请求范围内依法作出，身份关系诉讼案件的审理则与此不同。原因在于身份关系诉讼以确认、变更身份关系为主要内容，涉及家庭稳定、社会秩序及国家公益，故不能任由当事人自由处分。而身份关系诉讼中往往可能出现当事人隐瞒事实真相等不利于案件公正审理的情况，为探求实体真实，已确立人事诉讼或家事诉讼程序的域外国家或地区，大多限制辩论原则和处分原则的适用，同时认可法官的职权探知。

此处的职权主义原则，包括程序运行方面的职权进行主义以及法官裁判方面的职权探知主义，即当事人的诉讼行为对审理过程及判决内容均不产生直接拘束。① 法院在婚姻诉讼案件的审理过程中，可以依职权主动调查收集证据；可以斟酌当事人请求范围之外的未提出之事实；可以基于对未成年子女等利益保护的考虑，对当事人未提出的请求进行裁判，如在离婚诉讼中为未成年子女指定监护人；当事人所为的自认、认诺、和解受到不同程度的限制；法官可依自由心证对有关事项作出判断或裁判；法院还可以依职权作出保全或中止诉讼的裁定。②

（二）我国现有规则中的职权主义之体现

我国的民事诉讼立法中虽未确立婚姻诉讼或人事诉讼的专门程序，但已有的关于婚姻诉讼程序的规范性文件中已存在职权主义的相关体现。

2019 年《证据规定》第 8 条明确了在身份关系诉讼案件中排除适用通常诉讼程序中的自认规则，即在我国的婚姻诉讼中，当事人的自认和对他人主张的事实不予争执的事实不能直接作为裁判的依据，法官仍应依职权进行调查。《民法典之婚姻家庭编司法解释（一）》第 11、12 条对确认婚姻无效案件审理过程中的国家干预和职权审判原则作了规定。具体为：人民法院受理请求确认婚姻无效案件后，原告申请撤诉的，不予准许；对婚姻效力的审理不适用调解，应当依法作出判决；人民法院受理离婚案件后，经审理确属无效婚姻的，应当将婚姻无效的情形告知当事人，并依法作出确认婚姻无效的判决。

（三）该原则的例外情形

在身份关系诉讼程序中确立职权原则，并非要完全限制当事人对诉讼权利的行使。当事人的程序主体地位及其处分权的主要内容依然存在。当事人仍然应当提出事实主张和相应的证据，而不是由法官全权包揽。作为辩论主义之体现的当事人主张和举证的权能依

---

① 参见郭美松：《人事诉讼程序研究》，西南政法大学 2005 年博士学位论文，第 57 页。

② 参见陈爱武：《人事诉讼程序初论》，南京师范大学 2002 年硕士学位论文，第 37 页。

然存在，只是当事人未主张的事实也可能得到法院的承认，当事人的责任得到了大幅减轻，但并不表示法院必须负担调查一切可能的事实、收集所有证据的责任。① 值得一提的是，在通常诉讼中，主张责任和证据调查都仅限于当事人提出的内容。在身份关系诉讼程序中确立职权主义原则，同样应当给予当事人针对法院调查和收集的材料充分陈述意见的机会，以避免法院对当事人的突然袭击。

二、强制调解与禁止调解相结合之原则

（一）强制调解原则的概念

强制调解，主要是指婚姻诉讼中大部分诉讼案件在法院裁判之前必须经过调解程序，如离婚之诉、域外国家和地区家事诉讼中的夫妻同居之诉等。

婚姻诉讼纠纷的解决不仅是简单地分清是非，而是应当促使当事人双方消除对立、化解矛盾。调解制度在解决纠纷方面有其独特的优势，有助于缓和对抗、消除婚姻诉讼中的情感对立、更好地保护夫妻关系中弱势一方和未成年人的利益，促进实质正义的实现和纠纷的彻底解决。因此，域外设置了人事诉讼程序或家事诉讼程序的国家和地区或是将调解设定为必经程序，或是建立了专门的家事调解程序，或是规定了法官的调解义务，以期通过非公开和非对抗的方式来解决婚姻诉讼纠纷。②

（二）禁止调解原则的概念

禁止调解原则，是指在婚姻诉讼程序中，由于某些案件的特殊性质，法律明确规定绝对禁止适用调解程序，同时排除适用当事人和解，如我国的婚姻无效之诉。这是因为此类案件中所涉之法律关系是否发生效力，并不取决于当事人双方的意愿，而是由实体法中

① 参见［日］谷口安平：《程序的正义与诉讼》（增补本），王亚新、刘荣军译，中国政法大学出版社 2002 年版，第 145 页。
② 参见邵彩然：《论人事诉讼程序》，中国政法大学 2006 年硕士学位论文。

的强制性条款规定的。若允许适用调解或和解程序，即会动摇强制性规定，导致其形同虚设。与此同时，此类案件中涉及的相关扶养、财产分割等附带性事项作为例外则是允许适用调解与和解的。① 值得注意的是，我国立法并未明确规定可撤销婚姻案件可否进行法院调解。在笔者看来，可撤销婚姻案件并不像婚姻无效案件那样侵害社会公益，只是没有满足"双方有结婚的合意"这一婚姻构成要件，故其主要还是涉及婚姻当事人双方的私益。因此，在可撤销婚姻诉讼中应当允许调解程序的适用，但不宜设置强制调解。《民法典婚姻家庭编解释（一）》也规定了可撤销婚姻案件的审理适用普通程序或简易程序，也未指出在该类诉讼中对调解程序的排除问题。

（三）我国现有立法中的体现

强制调解原则在我国婚姻诉讼程序的立法上有明确体现。《民法典》第 1079 条第 2 款规定，人民法院审理离婚案件，应当进行调解；若感情确已破裂，调解无效的应准予离婚。由此可见，我国在离婚诉讼中设置了调解前置程序，未经法院调解不得作出离婚判决。目前我国在婚姻诉讼中实行调审合一的调解模式，调解的过程贯穿于案件审理过程，在最终无法调解和好的情况下，法官才会作出离婚判决。禁止调解原则在我国的相关婚姻诉讼规范中也有体现。比如，最高人民法院 2004 年发布的《关于人民法院民事调解工作若干问题的意见》第 2 条规定，婚姻关系确认案件，法院不予调解。又如，《民法典婚姻家庭编解释（一）》第 11 条规定，人民法院受理请求确认婚姻无效案件后，对婚姻效力的审理不适用调解，应当依法作出判决。

三、不公开审理原则

（一）不公开审理原则的概念

不公开审理，是指某些类型的案件由于性质特殊，故不对外公

---

① 参见陈爱武：《人事诉讼程序研究》，法律出版社 2008 年版，第 147 页。

开其审理过程。根据我国《民事诉讼法》第 10 条的规定，普通民事诉讼案件以公开审理为原则，不公开审理为例外。公开审理有利于实现社会对司法过程的监督，防止法官先定后审、肆意裁判，从而保护当事人的合法权益。婚姻家庭诉讼案件的审理则恰好相反，应以不公开审理为原则，公开审理为例外，这是由身份关系诉讼案件的特殊性决定的。此类案件多涉及当事人的家庭隐私、感情生活及未成年子女的切身利益，公开审判制度直接有违身份关系诉讼案件在程序"私密性"上的要求。为维护当事人的隐私及尊严，保护未成年子女的利益，故身份关系诉讼案件应遵循不公开审理原则。再者说，若对身份关系诉讼案件采用公开审理的方式，当事人便可能在公众面前难以作出真实的陈述甚至故意隐瞒事实真相，而身份关系诉讼又实行职权探知主义，为求案件客观真实甚至需要强行要求当事人作出陈述，这样就可能会隔断当事人通过诉讼维护权利的念头，使权利受侵害的状况难以通过诉讼予以排除。① 为在身份关系诉讼中发现实体真实、实现实质正义、妥善处理纠纷，身份关系诉讼案件即应当不公开审理。

（二）我国现有立法中的体现

我国《民事诉讼法》第 134 条规定：民事案件的审理除涉及国家秘密、个人隐私或者法律另有规定的外，应当公开进行。离婚案件、涉及商业秘密的案件，当事人申请不公开审理的，可以不公开审理。由此可见，我国对于离婚诉讼案件已经有了不公开审理的相关规定，这就为在身份关系诉讼程序中设立不公开审理原则奠定了立法和司法基础。

我国现行立法将离婚诉讼纳入"可以不公开审理"的范围，即对离婚案件以公开审理为原则，不公开审理为例外：需要当事人提出申请方能不公开审理。笔者看来，此种制度安排应当作一调换，即将离婚案件以及其他种类的身份关系诉讼案件纳入"应当

---

① 参见［日］梶村太市、德田和幸编：《家事事件手续法》，有斐阁 2005 年版，第 164 页。

不公开审理"的案件范围，以不公开审理为原则，公开审理为例
外。① 而且要将不公开的内容扩展至调解不公开、庭审不公开和判
决不公开。但若双方当事人对于无碍公序良俗的案件合意公开，也
可公开进行（前述三个环节）。

四、本人诉讼原则

（一）本人诉讼原则的概念

本人诉讼原则是指："在诉讼程序中特别是在庭审程序中，即
便当事人委托了诉讼代理人，也需要当事人亲自到庭参加诉讼的原
则。在普通民事诉讼程序中，当事人在授权诉讼代理人代理诉讼的
情况下，即没有必要亲自到庭。而身份关系诉讼程序中的规定则与
此相反。"② 设置该项原则主要有以下原因：首先，从当事人陈述
的真实可靠性来说，身份关系具有不可替代性，案件情况涉及婚姻
生活的私密内容，诉讼代理人不可能比当事人更加了解案件真实情
况，故当事人本人亲自到庭陈述事实，有利于法官掌握案情并作出
妥当裁判。③ 其次，从促进调解的可能性来说，当事人亲自到场陈
述事实经过，可以打破因双方沟通不畅而导致的不良心理状态，有
助于促使调解成立。最后，从婚姻诉讼的实践经验来说，要求当事
人亲自到场，也有利于避免前文中提到的因被告未出庭而缺席判决
所导致的"被离婚"等情况的发生。因此，应尽量扩大婚姻诉讼
当事人的诉讼能力，只要有意思表达能力，就应使其为诉讼行为。
反之，在某些情况下，若当事人一方（主要是被告）不出庭，法
院甚至可以强制其出庭。域外国家和地区的身份关系诉讼程序中也
有类似的规定，如日本的人事诉讼程序中就规定，婚姻案件的当事

---

① 参见郭美松：《人事诉讼程序研究》，西南政法大学 2005 年博士学位
论文。

② 郭美松：《人事诉讼程序研究》，西南政法大学 2005 年博士学位论
文。

③ 参见张晓茹：《家事裁判制度研究》，中国法制出版社 2011 年版，第
170 页。

人本人应当亲自参加诉讼，法院可命令其出庭。本人不能出庭或者住地遥远的，可托受命法官进行询问，对于不出庭的当事人，准用《民事诉讼法》中关于不出庭证人的规定。①

（二）我国现有立法中的体现

我国民事诉讼程序上已有关于本人诉讼原则的体现。《民事诉讼法》第 62 条规定，离婚案件有诉讼代理人的，本人除不能表达意志的以外，仍应出庭；确因特殊情况无法出庭的，必须向人民法院提交书面意见。不能因当事人委托了诉讼代理人就免除其出庭义务。

此项立法是在考虑到婚姻诉讼案件特殊性的基础上制定的，笔者认为，在构建身份关系诉讼程序时，应继续沿用我国现行法律规定的本人直接诉讼原则，并应当将其适用范围从离婚案件扩展到婚姻诉讼其他类型的案件。另外，应当对婚姻诉讼中无故不出庭的当事人实行强制到庭，并辅以一定的惩罚措施。

五、全面解决原则

（一）全面解决原则的概念

全面解决原则，是指在身份关系诉讼中，法院在对当事人之间的身份关系进行裁判的同时，应尽可能地将该身份关系涉及的诉讼请求一并审理。普通民事诉讼案件通常仅涉及当事人之间的私益，只需在当事人之间相对地解决，而身份关系诉讼案件关系社会公益，影响范围较广，且大多涉及对夫妻共有财产的处理及子女抚养等问题。因此，实务中应尽量避免对基于同一身份关系而产生的多次、多种形式的争议进行多次审判，以避免婚姻关系、亲子关系长期处于不稳定的状态。这就需要法院对于身份关系诉讼案件所涉及的问题予以一般性地、对世地确定，促使身份关系达到稳定状态，

---

① 参见刘艳群：《论我国人事诉讼程序之建构》，四川大学 2005 年硕士学位论文，第 34 页。

以期全面地解决纠纷。① 为此，域外各国各地区的身份关系诉讼程序中有许多特殊的规定：首先，应相应地放宽诉的合并、追加和反诉等规定，实行别诉禁止原则，将同一身份关系引发的纷争尽可能集中于一个诉讼程序中加以处理。如针对一个婚姻关系提起婚姻无效或撤销婚姻或离婚之诉，因理由不充分而被法院驳回诉讼请求的，承受该判决的原告，不得援用以前依诉的合并、变更或追加中所主张的事实，提出独立的诉讼请求；对于被告而言，曾在反诉中提起婚姻无效或撤销婚姻或离婚之诉，因理由不充分而被法院驳回诉讼请求的，承受该判决的被告与类似情形的原告作相同处理。此类规定可以尽量避免不同的法院针对同一诉讼标的，在多个诉讼中作出不同甚至矛盾的裁判，以此保障婚姻身份关系的确定性。② 其次，应赋予身份关系诉讼之生效判决以对世效力，使非当事人的案外第三人也必须受此项判决的拘束。此外，全面解决原则还包括在处理身份关系的同时，将该纠纷所涉的财产分割、子女抚养等相关问题一并处理。

（二）我国现有规制中的相关规定

《民法典婚姻家庭编解释（一）》第 16 条明确规定："人民法院审理重婚导致的无效婚姻案件时，涉及财产处理的，应当准许合法婚姻当事人作为有独立请求权的第三人参加诉讼。"此项规定是我国身份关系诉讼程序相关规则中关于"全面解决原则"的最直接体现。关于该项原则的其他相关规定，则适用《民事诉讼法》中关于诉的合并、变更、追加及第三人的相关规定。

全面解决原则也必然是身份关系诉讼程序中的一项重要的指导原则。所有基于同一身份关系的诸项身份纠纷均可在同一诉讼系属过程中得到处理，原告可自由变更诉讼请求，被告可随时提出反诉，此外还应对第三人参加之诉的适用范围进行扩充，如在离婚之

---

① 参见陈计男：《民事诉讼法论》（下），台湾三民书局出版公司 1994年版，第 412 页。

② 参见张晓茹：《家事裁判制度研究》，中国法制出版社 2011 年版，第173 页。

诉中，第三人可针对该诉提出婚姻无效之诉。婚姻判决已经确定的，原告基于可变更的请求、被告基于提出反诉继而产生的事实，均不可再针对同一身份关系提起相关人事诉讼。除了上述身份纠纷，基于特定身份关系所产生的附带事项抑或关联请求也可合并进行，如我国立法上已规定的离婚损害赔偿，① 确认婚姻无效之诉中的财产分割和子女抚养②等问题。立法上应当增加可撤销诉讼及离婚诉讼中法院对于财产分割和子女抚养一并处理的规定。③

六、检察机关参与诉讼原则

（一）检察机关参与诉讼原则的概念

检察机关参与诉讼原则，顾名思义，是指检察机关参与身份关系诉讼案件审判程序的原则。检察机关参与身份关系诉讼，是为了维护社会公益，不受民事诉讼程序上"不告不理"原则的限制，只要发现在婚姻家庭生活中出现了有违公共秩序或善良风俗的行为，即可自主决定提起或参与到身份关系诉讼中去。④ 我国已有学者提出："应将违反亲属法并损害或危及公序良俗的案件纳入检察机关参与民事诉讼的范围。"⑤

与前述几项规则原则不同，检察机关参与诉讼原则在我国身份关系诉讼程序的现有规定中并无直接的体现。司法实践中，即便身份关系诉讼程序实行职权探知主义，也难以保证对实体真实的绝对

---

① 具体规定于 2001 年《婚姻法》第 46 条。

② 具体规定于《婚姻法解释（一）》第 9 条及《婚姻法解释（二）》第 4 条。

③ 《婚姻法解释（二）》第 25 条规定：当事人的离婚协议或者人民法院的判决书、裁定书、调解书已经对夫妻财产分割问题作出处理的，债权人仍有权就夫妻共同债务向男女双方主张权利。这是司法解释中对于法院判决书对夫妻财产分割作出处理的间接体现。

④ 参见张晓茹：《家事裁判制度研究》，中国法制出版社 2011 年版，第 140 页。

⑤ 江伟：《略论检察监督权在民事诉讼中的行使》，载《人民检察》2005 年第 9 期（下）。

发现。而身份关系诉讼之判决相较于普通民事判决有更强的裁判效力，也即对未参加诉讼的案外第三人也有拘束力。为切实保障案外第三人的合法权益，保护社会公益及国家利益，日本、德国等国家和地区对于检察官参与人事诉讼案件的审判程序是予以认可的，并将之作为对法官职权探知主义的必要补充。尤其在日本的人事诉讼程序中，检察官充当着十分重要的角色，发挥了不可或缺的作用。现行日本《人事诉讼法》规定，检察官被准予以当事人的身份或以其他方式参与人事诉讼。具体而言其以原告身份只能提起婚姻撤销诉讼，在其他人事诉讼中则可作为共同诉讼人或独立被告，也即在人事诉讼中本应作为被告者死亡的，即可将检察官作为被告。除此之外，法官认为必要时，可以让检察官列席辩论期日，就案件发表意见、主张事实或提供证据。[1]

（二）我国现有规则中的相关规定

目前我国立法中没有检察机关参与婚姻诉讼的规定，但是存在需要进一步完善的相关程序规范。例如，《民法典婚姻家庭编解释（一）》第 14 条规定："夫妻一方或者双方死亡后，生存一方或者利害关系人依据婚姻法第十条的规定申请宣告婚姻无效的，人民法院应当受理。"[2] 然而，该项规定中并未明确申请宣告婚姻无效的原告方。针对这一疏漏，我国已有学者提出了以"检察机关"参与的方式解决该项问题的建议。比如江伟教授提交的关于修改民事诉讼法建议稿第 347 条建议即规定："诉讼中检察院可以提起宣告身份关系无效的家事诉讼，可以提出事实主张和证据。"[3]

---

① 参见［日］松本博之：《日本人事诉讼法》，郭美松译，厦门大学出版社 2012 年版，第 129 页。

② 此前，《婚姻法解释（二）》第 5 条规定："夫妻一方或者双方死亡后一年内，生存一方或者利害关系人依据婚姻法第十条的规定申请宣告婚姻无效的，人民法院应当受理。"《婚姻家庭编解释（一）》删去了对死亡后一年的时间限制。

③ 江伟主编：《民事诉讼法典专家修改建议稿及立法理由》，法律出版社 2008 年版，第 350 页。

由此可见，我国在构建身份关系诉讼程序时有必要将检察机关参与诉讼之原则列入其中。我国检察机关的职能主要有两大部分：代表国家提起公诉和监督法律的实施，检察官参与制度正是检察机关监督法律实施的题中应有之义。这不仅是出于完善诉讼规则的考虑，更重要的是为了满足维护社会公益的需要。身份关系诉讼之司法实践中大量存在的家庭暴力、"包养小三"以及以离婚为手段来逃避购房等各类政策限制的虚假离婚现象，此类情形中的当事人及其近亲属一般不会主动提起诉讼，故只能由代表公益的检察官提起诉讼。

检察机关参与身份关系诉讼一般包括两种模式：一是以当事人的身份即作为原告或被告参与诉讼，二是以诉讼参与人的身份参与诉讼，即列席相关身份关系诉讼案件的审判并提出事实主张与证据。在该项原则的设置中应当对检察机关参与的案件范围进行严格限制，以婚姻诉讼为例：当其作为当事人参加诉讼时，应仅限于确认婚姻无效之诉、撤销婚姻之诉以及因重婚而导致感情破裂的离婚诉讼中的当事人身份；当其作为其他诉讼参与人参与诉讼时，也是限于法官认为必要的情形，此时检察机关可以出席婚姻诉讼案件的庭审，并陈述意见、提出事实和证据。①

第三节 我国身份关系诉讼程序的
适用范围与适用机构

上文简要剖析了我国身份关系诉讼程序的应有立法模式及主要指导原则，这些皆是构建完整的身份关系诉讼程序的基础和保障。本节将对身份关系诉讼程序的适用范围与适用机构试行探讨，以期弥补现有程序规则的缺位并进一步助益于司法实践中现实问题的解决。

---

① 参见郭美松：《人事诉讼程序研究》，西南政法大学 2005 年博士学位论文，第 143 页。

一、婚姻诉讼程序的适用范围应予扩充

前已述及，在设立相关婚姻诉讼程序的国家和地区，婚姻事件大致包括离婚之诉、同居之诉、撤销婚姻之诉、确认婚姻无效之诉以及确认婚姻关系存在与否之诉。相形之下，我国现有规则中反映出的婚姻事件则仅包括离婚之诉、撤销婚姻之诉以及确认婚姻无效之诉这三种类型。构建我国的婚姻诉讼程序，是否应当对其适用的案件范围进行适当扩充？比如是否应当将离婚无效之诉和同居之诉囊括其中，这里试作简要探讨。

（一）有必要扩充婚姻无效之诉及可撤销婚姻之诉的涵盖范围

根据我国《民法典》第 1051 条的规定，我国现行的婚姻无效案件专指结婚无效的情形，而不包括对离婚无效的宣告。但是我国曾有过关于离婚无效的相关规定。我国 1994 年颁布的《婚姻登记管理条例》第 25 条明确规定："申请婚姻登记的当事人弄虚作假、骗取婚姻登记的，婚姻登记管理机关应当撤销婚姻登记……对离婚的当事人宣布其解除婚姻关系无效并收回离婚证，并对当事人处以 200 元以下的罚款。"

在我国的婚姻诉讼中增加这一诉讼类型，最直接的作用就是可以应对登记离婚中的"假离婚"情形，开辟我国离婚救济的新途径。婚姻诉讼之司法实践中大量存在以"假离婚"来规避法律或国家政策的行为，如借"假离婚"逃避债务、借"假离婚"逃避购房政策限制等非法行为。由于婚姻登记机关属于行政机关，不具有司法审查权，在登记离婚的办理过程中，仅是对婚姻当事人的离婚材料进行书面审查及对相关事项进行问询，以上真正的非法事由很难被发现，登记离婚发生错误在所难免。若在立法中增设离婚无效之诉，则针对此类违法情形，利害关系人或检察机关即可以提起离婚无效之诉，由人民法院依法宣布其登记离婚无效。其实，除了双方合意利用离婚制度达到非法目的的行为外，还存在因被欺骗或受胁迫而离婚的情形。在此类情形下，若是设置了离婚可撤销之诉，被欺骗或受胁迫的一方当事人即可通过向法院起诉来维护自己的合法权益。

（二）同居之诉应当缓行

同居之诉，是指通过诉讼的方式督促婚姻关系之对方当事人履行同居义务的请求。域外国家和地区的婚姻诉讼程序中多规定了这一诉讼种类。笔者看来，我国目前的婚姻诉讼程序构建中尚不宜规定这一诉讼种类。因为实行同居之诉的国家和地区之婚姻家庭实体法上均有明确的关于配偶权及夫妻同居义务的相关规定，但在我国实体法上则不然。我国《民法典》中并未明确规定"夫妻有同居的义务"，仅是在第 1042 条第 2 款中有"禁止有配偶者与他人同居"的间接表述。因此，拟议构建的婚姻诉讼程序中暂不适宜规定以配偶权或夫妻同居义务为基础的案件类型。

二、探索建立身份关系案件专门法院

适用机构的确定是设置具体诉讼规则特别是管辖规则的前提。从域外人事诉讼或家事诉讼制度较为完善的国家和地区对于家事案件管辖主体的设立情况来看，其设置模式较为多样，主要的模式有以下四种：一是在普通法院之外设置专门的家事法院管辖家事或人事诉讼案件，身份关系诉讼案件亦被包括其中；二是在普通法院之外设立少年法院（或者青少年法院）管辖家事或人事诉讼案件，身份关系诉讼案件也在其内；三是在普通法院内部设立专门的家事法庭管辖身份关系事件及其他家事事件；四是在普通法院内部设立专门的家事法官，掌管相关案件的审理和裁判。①

（一）设置家事法庭和家事法院

科学合理的机构设置有利于提高司法效率，促进当事人程序保障权的切实实现。考量我国法院机构设置的现实情况并吸收借鉴家事审判改革的诸多实践成果，现阶段应在各地法院设置家事审判庭，并设置专司婚姻诉讼案件、亲子关系案件、抚养关系案件的各类家事事件合议庭，主要负责案件的审判、总结审判经验、联系婚

---

① 参见陈爱武：《家事法院制度研究》，北京大学出版社 2010 年版，第 105 页。

姻登记机关、民政部门等相关事宜。与普通的民事审判法庭相比，身份关系事件合议庭应当在工作中具有较强的主动性；同时应当设置有利于化解身份关系纠纷的辅助设施、设备，如配置心理咨询室等。

在各地各级法院设置家事法庭和身份关系事件合议庭的基础上，还应选取家事审判改革成果较为突出的若干地区探索设置独立的家事法院。作为专门法院的一种，家事法院得以设立的重要依据即在于家事案件相较于普通民事案件的特殊性和专业性，为应对此类案件的司法需求，相关的程序法理和诉讼规则均应作出与财产类纠纷不同的制度安排。为妥当解决家事纠纷，需要设置特殊的程序规则并安排具有相关审判技巧和专业技能的法官和其他辅助人员。从前文的域外经验不难看出，大多数国家和地区在婚姻家事案件的专业化改革方面均选取了设置家事法院的方式。家事法院的设置对我国家事事件的妥当解决同样意义深远，是身份关系案件审判机构专门化的终极目标，既可更好地实现柔性司法和实质正义，也可有效保护身份关系案件当事人的诉讼权利，提高审判质效。

（二）身份关系诉讼案件审判人员的专业化建设

在审判人员的设置方面，应当在法庭内配备专业、规范、稳定的法官队伍，选用符合特定条件的身份关系诉讼案件专职法官。除了复杂的案件事实和法律适用，身份关系诉讼案件还涉及社会学、伦理学以及民风民俗等各类综合知识，这就要求身份关系诉讼案件的审理法官必须具备较高的理论素质和综合知识。具体来说，身份关系事件合议庭的专职法官应当满足如下条件：（1）熟练掌握身份关系诉讼案件的基本理论和诉讼知识，参与过相关业务培训，素质全面；（2）具有较丰富的身份关系诉讼案件审判经验，可以从现有民事审判第一庭中主司婚姻家庭案件的法官中选任；（3）善于做思想工作，具有较强的沟通调解能力、较成熟的调解技巧、强烈的责任感和耐心细腻的工作方法；（4）针对较为复杂的身份关系诉讼案件，应根据当事人的要求安排具有必要经历的已婚法官处理。身份关系案件涉及个人情感、夫妻生活、子女抚养等问题，由已婚法官处理可能使身份关系案件当事人更易产生共鸣，从而便于诉讼活动的进行。① 当然，该项要求并非绝对，也不能笼统地以是否结婚来判断法官个人的身份关系诉讼案件审判能力，因此，该项条件的适用可以结合当事人的申请作弹性处理。②

在我国身份关系专门法庭的人员配置上，除了要有专门处理身份关系诉讼案件的法官，专门的家事纠纷调解员也必不可少。不区分调解和审判的主体，往往会造成调解人员具有潜在强制力，在法院追求高调解率的大背景下可能导致"以拖压调、以判压调、以诱促调"等现象，损害当事人的利益。为彻底化解当事人之间的矛盾，提高案件的调解质量，有必要提高家事调解员的准入门槛，选任专门的调解员来担任案件的调解工作。调解员的选任可以从心理学、社会学、教育学、法学、医学等方面的专门人士中考虑，并对其进行相关的调解培训。调解员除承担身份关系案件的调解工作外，必要时还可为当事人提供心理咨询服务。

在身份关系诉讼之专任法官和纠纷调解员的关系上，两者并非绝对分立，符合要求的法官可以兼任调解员，但要保证同一法官不能在一个案件中先后担任调解员和法官。此外，配置专门的调解人员，实行"审调分离"，并非意味着法官在案件审理过程中完全不能适用调解。此处的"审调分离"是指法官在其办理的离婚案件开始审理之前并不参与到调解程序之中，同时，在调解程序中担任过调解员的法官也不能在以后的审判程序中继续担任审判员。只要不违背上述规则，法官在案件的审理过程中依然可以根据需要合法合理地适用调解原则。

---

① 我国台湾地区"家事事件处理办法"第 4 条规定："家事法庭，置法官若干人，担任事件之调解及裁判。法官三人以上者，置庭长一人。候补法官及未结婚之法官，原则上不得承办。"如果让一个未婚的法官去审理离婚或者离婚后财产分割、子女抚养的案子，不仅难以胜任，还可能面临许多尴尬。

② 参见王礼仁：《婚姻诉讼前沿理论与审判实务》，人民法院出版社2009 年版，第 874 页。

第四节 完善我国身份关系诉讼程序的具体设想

要设立一项完整的诉讼程序，不仅需要提纲挈领的原则规定，还要有符合其自身特点的完备规则体系。笔者在上文中对于我国身份关系诉讼程序的应设原则、适用范围及适用机构已进行了逐一界定，本节内容则主要是对具体身份关系诉讼案件应有之程序规则进行相应完善。

一、确认婚姻无效程序设置之完善

我国现行的婚姻无效之诉在适用范围上仅限于申请确认"结婚无效"的单一情形，且有权申请确认"结婚无效"的主体范围较窄。为了更好地发挥确认婚姻无效诉讼的制度价值，笔者认为对该类诉讼应进行如下完善：

（一）有权申请宣告婚姻无效的主体范围应予扩充

无效婚姻因其有违社会公益和伦理，是法律明确禁止的绝对无效的婚姻。在对结婚无效的宣告上，应适当拓宽有权申请宣告结婚无效的主体范围，以加强对无效婚姻的纠正，维护当事人的合法权益。具体地说，"结婚无效"的申请主体应为：（1）以重婚为由申请宣告无效的，现有规定为当事人、近亲属、基层组织，这里应当强调重婚者的前婚配偶的申请权。同时，重婚属于重大违法事由，会造成公共利益的损害，依照检察机关参与诉讼的原则，检察机关也应有权对其申请确认无效。（2）以未达法定婚龄及有禁止结婚的亲属关系为由申请宣告无效的，现有规定为未达法定婚龄的当事人及其近亲属，此处还应增加"基层组织"。

此外，对于被申请人，此前的《婚姻法解释（二）》第6条作了相关规定，其中在利害关系人申请确认婚姻无效的情形下，若夫妻双方均已死亡，该解释明确不列被申请人。这一做法显然不符合婚姻诉讼案件中两造对立的诉讼构造，此处应当以检察机关参与诉讼的方式加以解决，将被申请人明确规定为检察机关。《民法典婚姻家庭编解释（一）》未保留上述规定，也未对相关情形作出其他规定。

（二）对于有权申请宣告婚姻无效的当事人须区分善意和恶意

应当限制或剥夺故意在结婚时隐瞒无效情形的恶意一方当事人的申请权，仅允许善意的一方当事人或其近亲属、基层组织、检察机关等成为宣告婚姻无效的请求主体。该项规定主要是参考英美法系的禁反言原则。① 参照该项原则，若婚姻一方当事人在缔结婚姻时明知自己有法定的禁止结婚的事由，仍与不知情的对方结婚，则对于该知情方的婚姻无效的申请权应当给予限制。

（三）应当设立离婚无效之诉

上文已经论述了设立离婚无效之诉的必要性及可行性，本部分主要对于离婚无效之诉的具体规则进行设计。

1. 离婚无效之诉的适用事由

应当指出的是，离婚无效和结婚无效在具体事由的设置方面应有重大区别。因为结婚是婚姻关系的建构行为，而离婚则是与之相对立的婚姻关系的解除行为。程序要件违法虽然也可以成为结婚无效的原因之一，但其主要原因还是违反结婚的实质要件。与此相反，离婚是对合法婚姻关系的解除，主要关注离婚程序是否到位以及当事人的离婚意愿是否真实。所以，离婚无效的具体事由，主要应当锁定在离婚程序是否违法以及是否违背了当事人的真实意愿，其核心是：当事人是否自愿离婚并达成一致意见。从司法实务来看，严重违反协议离婚程序的，一般都是违背当事人是否愿意离婚之意志的。② 还需指出的是，前已述及，我国程序法上对于离婚裁判不予再审，笔者已对这一规定的合理性进行了质疑并提出了程序法上的解决途径。而此处离婚无效之诉的适用范围，应仅限于双方

---

① 该原则的具体内容为：一方当事人将一事实作虚伪的意思表示予相对人，相对人信其意思表示为真实，而为一定的作为或不作为致自身受损，在此情况下，法院禁止虚伪意思表示的当事人再为任何与其之前虚伪表示相左之陈述或主张。杨桢：《英美契约法论》，北京大学出版社2000年版，第146页。

② 参见王礼仁：《婚姻诉讼前沿理论与审判实务》，人民法院出版社2009年版，第550页。

协议离婚的情形。

划分离婚无效与离婚可撤销的标准，可以参照结婚无效和结婚可撤销：是否严重违反法定程序继而严重危害公共利益。登记（即协议）离婚的一方当事人欺诈、胁迫另一方当事人而为意思表示的，受欺诈和胁迫的一方当事人可以申请撤销离婚登记。[①]

关于离婚无效的具体事由，从离婚的特点来考察，主要包括以下几种情形：双方当事人在办理离婚登记时一方或双方为无行为能力人或限制行为能力人、雇请假配偶冒名顶替离婚、双方当事人通谋而为虚假的意思表示以欺骗婚姻登记机关以及其他违背离婚登记的程序和实质要件的情形。[②] 此类情形不仅严重破坏了我国的婚姻登记制度，而且可能造成弱势配偶无家可归，侵害他人权益，危害社会稳定。其中，对于仅危害婚姻当事人个人权益、违反其离婚意愿的，如受胁迫登记离婚，可作为可撤销离婚的事由加以处理。关于可撤销离婚的具体规定，将在下文可撤销婚姻制度的部分中进行详细论述。

2. 离婚无效之诉的具体规则

在婚姻无效之诉中设立离婚无效的同时，还应当对离婚无效的申请权利人、申请期限等具体程序问题加以规定。一般来说，离婚无效的申请主体除了无过错的一方当事人以外，还应包括利害关系人及检察机关。在申请期限方面，申请离婚无效的期限应与结婚无效一样不受限制。至于其他的具体规则，一般均应准用我国现有婚姻诉讼程序中关于结婚无效的相关规定。

二、可撤销婚姻诉讼程序之完善

在《民法典》出台之前，我国可撤销婚姻制度最大的问题乃

---

① 《日本民法典》第 764 条规定，本法第 747 条的规定（即因欺诈、胁迫结婚的，可请求法院撤销其婚姻），准用于协议离婚。参见王爱群译：《日本民法典》，法律出版社 2014 年版，第 120 页。

② 参见夏吟兰等：《21 世纪婚姻家庭关系新规制》，中国检察出版社 2001 年版，第 230 页。

是在于可撤销婚姻办理上的行政、司法"双轨制"。《民法典》第1052条停止婚姻登记机关对可撤销婚姻事件管辖，将撤销婚姻事件的管辖权统归人民法院。此外，还有疾病婚姻可撤销程序有待完善、可撤销婚姻之事由及申请主体有待扩充等问题。

（一）疾病婚姻可撤销制度之配套机制的完善建议

《民法典》关于疾病婚姻的效力修订在保护弱势群体的婚姻缔结权、维护婚姻的社会功能等方面无疑具有积极意义。然而，上述修订仍未列明重大疾病的范围，也未明确当事人告知义务的履行方式及证明责任，疾病婚姻之效力认定在规则层面和实践层面的痛点尚难解决。为更好地落实疾病婚姻可撤销制度，破解《民法典》现有规定对弱势群体婚姻权利的保护限度，相关配套措施亟待完善。

1. 明确重大疾病的认定标准

《婚姻法》上疾病婚姻无效的判断集中于两个要件："婚前患有不应当结婚的疾病""婚后尚未治愈"。两项要件的标准不明直接导致了司法实践中关于疾病婚姻性质的同案不同判现象。《民法典》中疾病婚姻可撤销的要件则为："重大疾病""未如实告知"。从疾病要件上看，《民法典》将《婚姻法》中的"不应当结婚的疾病"修改表述为"重大疾病"。此处将应该告知的内容限定为"重大疾病"而非全部疾病，主要有两处考量：一是若将所有疾病都作为告知义务的对象，将不利于维护个体在婚姻关系中的独立性，也有侵犯婚姻当事人隐私权之嫌；二是有些疾病本身并不会影响或妨碍双方的婚姻生活。[1]

然而，"重大疾病"的表述仍具有较大的自由裁量空间，若不对认定范围作出限定，该法条的实践适用难免会遭遇同案不同判的现实问题。对其进行限定的思路有二：一是直接列明具体的疾病种类，二是补充相对客观的认定规则。对于前一思路，在立法过程中也多次有相关意见认为应当对疾病范围作出明确，但《民法典》

---

[1]　江必新主编：《民法典重点修改及新条文解读（下）》，中国法制出版社2020年版，第813页。

最终仍规避了这一问题。① 从科学的角度考量，伴随医疗水平的提高，疾病诊疗技术在不断更新，随着旧疾病被治愈、新疾病被发现，重大疾病的范围在不同的历史时期会有不同的认定结果。考虑到立法稳定性的要求，无法对"重大疾病"作出明确列举，具体的认定标准需要司法机关和有关部门、单位在司法实践中达成统一。② 既然无法直接列明疾病的种类，则应当退而求其次，考虑给出相对客观的认定方法。关于"重大疾病"的认定方法，在搜集立法意见时也有不同观点，如：授权卫生部门作出规定、具体评估疾病影响后确定范围；更多的立法意见指出可沿用《母婴保健法》中严重的传染病、精神病或者遗传性疾病的范围。③

笔者认为，鉴于《民法典》和《婚姻法》在疾病婚姻效力规定上保护的法益不尽相同，此处"重大疾病"的范围与《婚姻法》中"不应当结婚疾病"也不应等同。具体地说，《婚姻法》牺牲患病方配偶的缔结婚姻自由权以保护未患病方的健康权及生育权、以提高全民族的身体素质，④ 而《民法典》则更侧重于保护未患病方的知情权。这一法益保护的差别在修法过程中即有体现。在《民法典》草案的审稿意见中，有学者建议，将该条款修改为"……如不如实告知且婚后尚未治愈的，另一方可以向人民法院提起民事诉讼请求撤销该婚姻"。⑤ 该条建议未被采纳，便是侧重保护未患病方配偶知情权而非健康权的有力证明：即便婚后疾病治

---

① 有观点指出：如果要规定禁婚疾病，要明确是哪些疾病，具有可操作性。若不能明确，建议删除关于禁婚疾病的内容。编写组：《民法典立法背景与观点全集》，法律出版社 2020 年版，第 514~515 页。

② 黄薇主编：《中华人民共和国婚姻家庭编解读》，中国法制出版社 2020 年版，第 63 页。

③ 《民法典婚姻家庭编部门座谈会简报》，载编写组：《民法典立法背景与观点全集》，法律出版社 2020 年版，第 618 页。

④ 全国人大常委会法工委研究室编：《中华人民共和国婚姻法条文释义及实用指南》，中国物价出版社 2001 年版，第 29 页。

⑤ 编写组：《民法典立法背景与观点全集》，法律出版社 2020 年版，第 660 页。

愈，被隐瞒的配偶仍有权撤销该段婚姻。从立法保护未患病方配偶之知情权的角度出发理解"重大疾病"的范围，应以具体案件中被隐瞒配偶的主观感受为判断标准，即"重大疾病"应理解为会对未患病方的结婚意愿产生重大影响的疾病：若在婚前对该疾病知情，则不会愿意作出结婚的意思表示。这一观点在《关于〈民法典各分编（草案）〉的说明》的表述中亦有体现，"现行婚姻法规定，患有医学上认为不应当结婚的疾病者禁止结婚。这一规定在实践中很难操作，且在对方知情的情况下，是否患有疾病并不必然影响当事人的结婚意愿"。① 立法者将"是否影响当事人的结婚意愿"作为引入重大疾病条款的重要考量。因此，"重大疾病"的范围应当大于"禁婚疾病"的范围。禁婚疾病必然会影响民事主体的结婚意愿，而非禁婚疾病也极有可能产生此种影响，由此出发，只要疾病具有恶化至严重程度的可能性，就可能会对对方当事人的结婚意愿产生重大影响。

然而，仅将"影响当事人结婚意愿"作为"重大疾病"的界定标准，又难以解决司法实践中的认定困难，相关司法解释仍应对"重大疾病"的具体疾病类型作阶段性的列举说明。这一界定可尝试从婚姻之功能实现的角度入手。婚姻的功能主要包括生产、生育、性生活、情感交往、经济、扶养等。结合《母婴保健法》对疾病的列举和分类，《民法典》第 1053 条所指的重大疾病大致有：影响生育和性生活的疾病如梅毒、艾滋病等；影响情感交往的疾病如智力低下、精神疾病等；影响家庭生产生活、需要巨额医疗费用的疾病如白血病、恶性肿瘤等。以上疾病的列举并不全面，尤其是需要巨额医疗费用之疾病的判断，可能因家庭经济能力和负担水平的不同而在司法实践中出现差异化的认定。对于此种情况，可根据各省各地区经济发展水平和收入水平，探索制定差异化的认定标准，如以每年的治疗费用与当地年平均工资的比例来判断某项疾病是否属于"重大疾病"的范围。

---

① 编写组：《民法典立法背景与观点全集》，法律出版社 2020 年版，第 26 页。

综上所述，为保护未患病方配偶的知情权，"重大疾病"所囊括的疾病范围应大于"禁婚疾病"。相关司法解释应尽快从家庭功能之实现的角度对相关疾病作出例示。指导性案例、最高人民法院公报或相关裁判指引也应及时发布涉及"重大疾病"认定的代表性案例，对实践中的有益经验进行总结。

2. "如实告知"之证明责任的实现

婚姻缔结是重大的身份行为，事关本人重大利益，准配偶的身体健康状态不仅关系到另一方配偶健康权的维护，更关系到婚姻的长久稳定和后代的健康状况。因此，《民法典》在保障弱势群体婚姻权利的同时，更要重点保护未患病方配偶的知情权。① 若出现婚前故意隐瞒重大疾病的情形，未患病方可行使撤销权，向法院提出撤销婚姻之诉。疾病婚姻之可撤销的要件有二："重大疾病"和"未如实告知"。"重大疾病"的证明相对简单，在司法解释出台相关疾病例示的基础上，患病方的病例、处方、体检报告、鉴定意见等证据均可直接证明身体状态进而完成该项要件的证明责任。相较于此，"未如实告知"的证明则颇为困难。尤其是对于未患病方主体来说，若患病方有欺诈行为，如提供虚假体检报告、告知虚假健康信息等，相关的证据资料还有迹可循，若双方在婚前未就健康情况进行过交流或仅限于口头交流，则该要件的证明则较为不易。鉴于"如实告知疾病"是《民法典》在赋予患病主体婚姻缔结权的同时要求其必须履行的对等义务，从公平合理地分配证明责任的角度看，该项义务的履行情况应由患病方承担证明责任。综上所述，疾病婚姻撤销之诉的证明责任应当作如下分配：未患病方主体对"配偶婚前患有严重疾病"承担证明责任，患病方主体对"已履行如实告知义务"承担证明责任。

在划定证明责任的基础上，为减轻当事人的证明负担，降低实践中待证要件真伪不明的风险，同时更好地保护未患病方主体的知情权，规避骗婚等道德风险，可探索在婚姻登记环节加强对患病方

---

① 蒋月：《准配偶重疾告知义务与过错方撤销婚姻和赔偿请求权——以〈民法典〉第 1053 条和第 1054 条为中心》，载《法治研究》2020 年第 4 期。

如实告知义务的释明，甚至直接要求其履行如实告知义务。具体来说，《婚姻登记条例》第七条要求婚姻登记机关对结婚登记当事人出具的证件、证明材料进行审查并询问相关情况。在此环节可增加询问双方当事人的身体状况，要求其对重大疾病进行告知。询问结果由当事人签名并存档，若婚后发现对方患有重大疾病，可申请调取该份询问笔录，作为对方隐瞒病情的证据。在要求患病方履行如实告知义务的同时，为维持婚姻关系的稳定，避免知情的未患病方在婚后反悔、滥用婚姻撤销权，对患病方的疾病状况知情的未患病方也应在婚姻登记时声明对对方所患疾病清楚认知并仍愿缔结婚姻的意思表示。

婚姻是家庭成立的前提，婚姻权利也是民事主体各项家事权利的基础，《民法典》第 1041 条明确规定，婚姻家庭受国家保护。《婚姻法》从优生优育、提高人口素质之政策角度出发，长期限制患特定疾病弱势群体的婚姻缔结权，继而影响了该类群体其他家事权利的行使。随着社会经济文化的发展，婚姻观念也发生了较大变化，生育不再是婚姻的首要目的，情感满足、经济支撑、相互扶养等功能成为当事人缔结婚姻的重要考量，婚姻的上述功能对于弱势群体保护同样意义重大。有鉴于此，《民法典》第 1053 条有条件地承认疾病婚姻的效力：在相互知晓对方身体健康状况的情况下，疾病婚姻合法有效；一方违反婚前重大疾病告知义务缔结的婚姻，对方配偶有权申请撤销。遗憾的是，原则性的权利宣示对弱势群体婚姻权利的保护力度有限，为更好地推动疾病婚姻可撤销制度的实践适用，降低同案不同判的发生概率，相关司法解释应在借鉴既有审判经验的基础上明确"重大疾病"的认定标准、界定"告知义务"的证明责任，婚姻登记机关应加强对重大疾病如实告知义务的释明。以上配套机制的完善可为疾病弱势群体之婚姻权利的实践保障提供助益。

（二）应将符合特定条件的"登记离婚"纳入可撤销婚姻的适用范围

上文已述，我国现行可撤销婚姻与婚姻无效事件一样，仅指"可撤销结婚"，可撤销的事由为受胁迫而结婚。我国的法定离婚方式有向登记机关申请离婚登记或向法院提起离婚之诉。相较而言，婚姻登记机关在办理离婚登记时一般仅对形式要件进行审查，对实体性问题的审查远不及离婚之诉中法院的审查清晰。与此同时，登记离婚中也会出现与登记结婚相同的欺诈、胁迫之情形，故受胁迫离婚的一方当事人也应被赋予申请撤销离婚的权利。

1. 可撤销离婚的具体事由

"婚姻自由"是我国《民法典》的基本原则，婚姻自由既包括结婚自由，也包括离婚自由。一方不同意离婚的，另一方当事人不得强迫其离婚，而只能通过诉讼程序，由人民法院判决是否准予离婚。鉴于我国在婚姻诉讼上将胁迫结婚规定为可撤销婚姻的具体事由，因此，胁迫离婚也可准用胁迫结婚的规定，作为可撤销离婚处理。

参照《婚姻家庭编解释（一）》第 18 条对于"胁迫"的定义，"胁迫离婚"的概念可以表述为：一方婚姻当事人以另一方婚姻当事人为对象或第三人以双方婚姻当事人为对象以婚姻当事人另一方或双方本人或其近亲属的生命、健康、自由、名誉、财产等方面造成损害为要挟，迫使另一方婚姻当事人违背真实意愿而离婚的情形。

2. 可撤销离婚的请求期限

笔者认为，相较于可撤销结婚申请权的一年除斥期间而言，可撤销离婚的请求期限可以更短一些。因为婚姻一旦解除，一方可能再婚，如果请求撤销离婚的期限规定的过长，容易引发社会矛盾。为促使当事人尽快行使权利，受胁迫的一方应当自离婚登记之日起 3 个月或 6 个月内提出撤销请求；对于被非法限制人身自由的当事人，应当自恢复人身自由之日起 3 个月或 6 个月内提出撤销请求。该期间为不变期间，不适用中止、中断或延长之规定，超过该期间的，其申请权灭失。

3. 可撤销离婚的申请主体

可撤销离婚的申请主体，应当仅限于受胁迫的双方或一方的婚姻当事人本人。胁迫离婚不仅存在婚姻一方当事人胁迫另一方当事人的情形，还有可能存在婚姻双方当事人之外的第三人对双方当事人进行胁迫的可能。在此情形下，双方均可以申请撤销离婚。

三、离婚诉讼程序之完善

前文中对于婚姻无效之诉和婚姻可撤销之诉的相关程序内容分别提出了完善建议，但目前在我国的婚姻诉讼程序框架内，案件数量最多、所涉程序最完整的无疑是离婚诉讼程序，因此，对离婚诉讼程序的完善乃是构建我国婚姻诉讼程序的重中之重。本章第二节即婚姻诉讼中特殊原则的确立，便多是以离婚诉讼为适用主体的，因此，此处关于离婚诉讼程序之完善，则是在整合《民事诉讼法》《民法典》及相关法律法规和司法解释已有规定的前提下，根据案件的特殊性质增设若干诉讼操作层面的具体规定。

（一）管辖的特别规定

为应对婚姻诉讼案件的特殊审判要求，应当把婚姻案件的管辖从普通管辖中分离出来，明确规定其适用特殊地域管辖乃至专属管辖的原则，以最大限度地方便当事人进行诉讼。2015 年《民诉法解释》第 12—17 条明确了离婚诉讼作为特殊地域管辖案件的具体规则。而无效婚姻案件和可撤销婚姻案件的管辖规定应与之相同。

（二）审判组织的组成

笔者认为，离婚诉讼案件的审判组织应当全部采用合议制的形式，这样一方面能够使案件在事实判断和法律适用等方面比独任制更具"众筹"优势，另一方面也可以避免当事人对"大权独揽"的独任审判员的猜疑和不信任，减少案件处理上的阻力。合议庭的人员应当由审判员和陪审员共同组成；在陪审员的选择方面，可以邀请婚姻当事人所在地有较高威望的长者或当地村民委员会、居民委员会的成员参加，也可以邀请婚姻家庭问题方面的专家参与；在保证庭审活动之严肃性的前提下尽量营造一个宽松的环境。由上述人员组成合议庭，有利于帮助当事人分析问题、调整观念、疏导心理，促使双方当事人积极妥善地处理问题，防止相关纠纷的再次发生。①

（三）当事人之特别规定

前已述及，婚姻诉讼程序强调当事人本人参与，同时应当扩大当事人的诉讼能力。一般而言，夫妻一方或双方为限制民事行为能力人的，在婚姻诉讼案件中应认定其具有完全的诉讼能力。"未成年人可以就身份关系的效力或者身份关系是否存在提起诉讼。"②

（四）关于起诉的特别规定

与普通民事案件相比，婚姻诉讼案件在起诉方面较为复杂，法律为求当事人之间与婚姻有关之诉讼能够同时得到解决，特就诉之合并、变更、追加、反诉设置特别规定，而不受通常诉讼程序之拘束。③在我国婚姻诉讼程序的构建上也应对于起诉方面的特别规定予以明确，具体应包括：其一，各类婚姻诉讼请求可以任意合并提起，如婚姻无效之诉、撤销婚姻之诉、离婚之诉，可以任意为诉的合并，也可在第一审或第二审言词辩论终结前进行诉的变更、追加或反诉；④其二，与具体婚姻诉讼有关的财产权请求（如离婚损害赔偿）可以与离婚事件合并提起，尽管有关财产权的请求应当适用普通诉讼程序进行处理，但因其与具体婚姻事件密切相关，合并审理可以简化诉讼，故在遵从当事人意愿的前提下，法律应当特许该类诉讼合并提起；其三，对于未成年子女的监护问题可附带提出请求，因婚姻关系的解除和变更会涉及无辜的未成年子女，故在婚姻诉讼中，当事人得于一审或二审言词辩论终结前附带提出关于未

---

①　参见郭丽红：《冲突与平衡：婚姻法实践性问题研究》，人民法院出版社 2005 年版，第 372 页。

②　江伟主编：《民事诉讼法典专家修改建议稿及立法理由》，法律出版社 2008 年版，第 349~350 页。

③　王甲乙、杨建华、郑健才：《民事诉讼法新论》，台湾三民书局出版公司 2005 年版，第 810 页。

④　参见江伟主编：《民事诉讼法典专家修改建议稿及立法理由》，法律出版社 2008 年版，第 352 页。

成年子女监护的事项以保护其合法利益。

（五）离婚诉讼中的调解前置程序

在我国的婚姻诉讼程序中，由于各类案件性质的不同及所涉权利的私益或公益性质的差别，调解前置程序仅可在离婚诉讼中加以适用，婚姻无效和婚姻可撤销中均未设相关规定。① 最高人民法院于 2005 年 5 月颁布的《关于增强司法能力、提高司法水平的若干意见》中强调：要大力加强诉讼调解，坚持"能调则调、当判则判、调判结合、案结事了"的要求，尽量通过诉讼调解达到平息纠纷的目的。这也是现阶段处理婚姻诉讼调解的基本原则。

离婚诉讼中的法院调解有两方面的作用，一是实现调解和好，使婚姻双方当事人放弃离婚的意愿，继续维持婚姻关系；二是虽不能达到调解和好，也可以促使双方当事人平息怨恨、减少敌对，对今后的生活给予充分的考虑，在离婚所带来的相关事项如子女抚养、财产分割等方面达成一致意见，从而解决矛盾，避免产生后续纠纷。调解不仅是离婚案件不可或缺的程序性要件，也是法官判断应否准予离婚的实质性要件，只有当夫妻"感情确已破裂，调解无效"时，法院才可准予离婚。② 基于上述功能，我国现有法律明确规定调解是办理离婚案件不能省略的必经程序，承办人员在裁判作出之前都可依职权主动进行调解。③

强调调解强制性的同时，也不能忽视对离婚调解的程序和期限作出明确规制。现行离婚调解的适用和执行有较大的随意性，不利于调解机制预期目的的实现。此外，调解程序和期限的缺失还会导致当事人无法根据对调解结果的合理预见来行使权利，保护自身的合法利益。因此，为规范离婚案件的诉讼调解，有必要以婚姻案件为立足点制定相应的调解规程，包括调解的基本程序、调解的期

---

① 如前所述，婚姻无效案件中排除调解的适用，可撤销婚姻诉讼中不强制调解的适用。相应地，离婚无效及离婚可撤销亦同。

② 参见郭丽红：《冲突与平衡：婚姻法实践性问题研究》，人民法院出版社 2005 年版，第 377 页。

③ 参见曹诗权主编：《婚姻家庭继承法学》，中国法制出版社 1999 年版，第 263 页。

限、调解人员以及对调解效力的明确。建议将婚姻调解程序的启动设定在开庭审理之前，当事人在调解人员的帮助下彼此协商争议问题。当然，庭前调解与开庭后的调解并不冲突，法官在裁决前都应积极调解争议。庭前调解的期限不宜过长，以 15 日为宜，从而督促调解人及当事人积极参与，提高调解的效率。婚姻诉讼调解达成的调解协议一经签字即生效力，当事人可在特定条件下对其申请确认无效。①

（六）离婚案件不应适用简易程序处理

按照我国现行规则的相关规定，一般的离婚诉讼案件以及可撤销婚姻案件，若满足"事实清楚、权利义务关系明确、争议不大"的条件，法院可适用简易程序对其进行审理，而对于宣告婚姻无效案件的程序规定则更为简化，不适用调解且一审终审。但是对照我国《民法典》上关于法定离婚事由的规定，无论是重婚、家庭暴力、吸毒赌博、因感情不和而分居或其他情形，似乎都不能满足简易程序的适用条件。具体原因如下：第一类情况从双方当事人的离婚事由来看属于过错离婚，即重婚、家庭暴力、赌博吸毒，过错方须承担离婚损害赔偿责任，因此，该方当事人一般不会主动承认自己的过错。在此情形下，双方会有大量的举证、质证、辩论等诉讼行为，这类案件显然不应纳入简易程序的适用范围。第二类情形是双方当事人因分居满两年而诉讼离婚，由于我国尚未建立分居制度，分居需要满足的条件及需要提供的证明材料等相关内容尚不清晰，因此在诉讼中同样会产生复杂的举证、质证问题，这类案件也不属于简易程序的适用范围。最后一类情况也是司法实务中适用最多的情形，即因为"其他导致夫妻感情破裂的情形"而离婚，此种情况恰恰是最难判断的。最高法院曾在 1989 年颁布了《感情破裂具体意见》，但不可能囊括所有的婚姻不幸情形，这些不幸是否能够弥补，双方当事人是否还可能共同生活，法官都无法在短时间内作出迅速判断。由此看来，此类情形也是不宜适用简易程序的。

---

① 参见蒋月：《构建婚姻家庭诉讼司法调解制度》，载《甘肃社会科学》2008 年第 1 期，第 40 页。

日本学者松冈正义也表达了人事诉讼案件不宜适用简易程序的态度："人事诉讼，均须用严重之方法，不得援用简易手续。故裁判官对于人事诉讼之注意程度，与刑事诉讼同。"①

当然，我们不能排除在实际生活中存在符合简易程序适用条件的离婚案件的可能，但相较于大量的复杂离婚案件来说，这类案件并不具有普遍性。当事人无法达成协议的情形主要包括：是否同意离婚、子女由谁抚养、共同财产如何分割以及共同债务如何承担等问题。以上种种，都直接关系到当事人的切身利益，婚姻当事人可能对以上问题中的一个甚至几个争执不下，是否解除婚姻关系、如何解除婚姻关系往往无法简单判断。因此，司法实务中大量的普通离婚案件不符合简易程序的适用条件，对此应当在立法中作出明确规定。

（七）离婚诉讼案件应当一律不公开审理

在《民事诉讼法》的现有规定中，涉及国家秘密和个人隐私的案件属于应当不公开审理的范围，而离婚案件和涉及商业秘密的案件则一起被归类为可以不公开审理的范围，不公开审理需要当事人申请。此种安排着实不妥，因为离婚案件的审理必然涉及婚姻当事人的个人隐私，当事人之间有不愿他人知悉的私密，若被迫公开，不但可能侵害当事人的隐私及名誉，而且也不利于纠纷的妥善平息，故本应属于应当不公开审理的范围。因此，需要在法条中明确：离婚案件应当不公开审理，无需当事人的申请。无效婚姻及可撤销婚姻也应参照此项规定予以办理。

（八）设立职权探知主义为主、辩论主义为辅的审理原则

该原则在前文中已多次述及，婚姻诉讼案件当事人之间身份上的特殊性决定了还原其"内心真实"乃为关键，为达此目的，不仅要求婚姻诉讼案件的审判在程序运行方面采取职权进行主义，还要在举证质证方面采取职权探知主义，同时不完全遵循在普通民事诉讼中普遍适用的辩论主义。申言之，也即在辩论主义的原理之

---

① ［日］松冈正义口述，熊元襄编：《民事诉讼法》，上海人民出版社2013年版，第209页。

外，作若干例外或特殊规定。

在职权主义原则的具体措施方面，可以有如下规定：法官依职权主动调查收集证据，如一方申请离婚的理由在于另一方有赌博等恶习，法院可以斟酌当事人所未提出的事实，依职权调查收集证据；婚姻审判程序中应对当事人的认诺和不予争执的事实之效力认定作出限制，如一方申请确认婚姻无效，即使对方当事人认可该请求，法院也不能据此判决婚姻无效，而应当根据案件本身的客观事实并通过调查相关证据材料予以证实后，方可作出关于婚姻效力的裁判；为查明事实，法院可以强制当事人本人或法定代理人本人到场；在法院认为有关当事人间有和好之望时，可依职权命令暂时停止程序。[①]

需要注意的是，在婚姻诉讼中实行职权探知主义并不意味着当事人可以消极不作为，婚姻诉讼程序同样具有当事人主义的性质，为发现真实往往也需借助当事人或利害关系人某种程度的协力。

（九）　保全的特别规定

婚姻诉讼中有很多涉及弱势的当事人一方以及未成年子女之现实利益的情形，如感情确已破裂的判断标准中所列举的严重家庭暴力，对未成年子女施以虐待、遗弃、疏于管教等。在此类情况下，弱势的一方当事人（如未成年子女）往往没有能力或者资格提出保全申请。因此，法律应当明确在婚姻诉讼中法院在紧急情况下可以依职权裁定实施保全，并采取相关的保全措施，而无需拘泥于当事人的申请。当然，法院在依职权采取保全措施前，应当征求有一定认知能力的未成年人的意见，如果该未成年人没有认知能力，法院可以征询有关福利机构的意见。[②]

[①]　参见郭美松：《人事诉讼程序研究》，西南政法大学 2005 年博士学位论文。

[②]　参见陈爱武：《人事诉讼程序研究》，法律出版社 2008 年版，第 151 页。

（十）离婚诉讼中的缺席判决

我国既有规则中对于离婚诉讼缺席判决的规定共有六处：（1）《民事诉讼法》第 62 条规定，离婚案件中当事人本人应亲自出庭，一般不能缺席审理，但当事人因特殊情况无法出庭的，必须提交书面意见；（2）《民法典》第 1079 条规定，一方被宣告失踪，另一方提出离婚诉讼的，应准予离婚；（3）2015 年《民诉法解释》第 217 条保留了 1992 年的规定，夫妻一方下落不明，另一方诉至人民法院，只要求离婚，不申请宣告下落不明人失踪或者死亡的案件，人民法院应当受理，对下落不明人公告送达诉讼文书；（4）2015 年《民诉法解释》第 234 条保留了 1992 年的规定，无民事行为能力人的离婚诉讼，其法定代理人应当到庭；法定代理人不能到庭的，人民法院应当在查清事实的基础上，依法作出判决。（5）1989 年《感情破裂若干意见》第 12 条规定，一方下落不明满两年，对方起诉离婚，经公告查找确无下落的，视为夫妻感情确已破裂。（6）1989 年 8 月 22 日最高人民法院《关于对一方当事人下落不明未满两年的离婚案件是否受理的公告送达问题的批复》的规定：对于夫妻一方下落不明，另一方诉至法院，只要求离婚不申请宣告死亡的案件，不论下落不明人出走时间长短，法院均应受理，并应按照普通程序进行审理，法律文书的送达依照公告送达的规定进行。由此可见，我国目前对于公告离婚的适用条件是一方下落不明，不需要进行失踪宣告，也不限制下落不明时间的长短。以上对我国离婚案件可以缺席判决的相关规定可以归纳为四种情形：夫妻一方因特殊原因无法亲自到庭的可以在提交书面意见后缺席审理；夫妻一方被宣告失踪，应当缺席判决离婚；无行为能力人的法定代理人不能到庭的，可以缺席判决；夫妻一方下落不明即便不满 2 年，也可以缺席判决。除以上情形外，其他离婚案件不得适用缺席判决。

2001 年《婚姻法》第 32 条（被《民法典》第 1079 条继受）明确了只有在夫妻一方被宣告失踪的前提下才可以作出缺席判决、适用公告离婚，即对离婚诉讼缺席判决的适用范围作出了具体限制。实体法作出修改后，相关的程序规定一直未作变动，即便是2015 年初颁布的《民诉法解释》，对于夫妻一方下落不明另一方起诉离婚的情况，仍然准许人民法院缺席判决。"下落不明"显然比"宣告失踪"的范围大、要求低，这一实体法和程序规则不一致的现状造成司法实践中法院对婚姻一方下落不明但未被宣告失踪而另一方起诉要求离婚的情形没有统一的适用标准，有的法院会依程序法及最新司法解释的规定对案件进行受理并缺席判决离婚，有的法院则会严格依照实体法的规定不予受理并告知当事人先申请宣告失踪再起诉离婚。

前文已述，婚姻诉讼司法实务中之所以会造成婚姻一方当事人救济无门的大量"被离婚"案件，多是由于法院在一方当事人下落不明的情形下受理另一方当事人的离婚请求并未尽审查义务，作出离婚判决。湖北某基层法院 2009—2010 年共审理离婚案件 547件，其中适用公告送达、缺席判决的有 127 件，占全部离婚案件的23.2%，其中判决准予离婚的 106 件，占 83.5%。① 实际上，审判实践中一方当事人故意隐瞒对方居住地、人为制造"下落不明"、滥用公告送达的情形屡见不鲜，严重侵害了被离婚一方当事人的合法权益。并且，考虑到程序法与实体法对同一事项应当统一规定的要求，在婚姻诉讼程序立法中应当对离婚诉讼中缺席判决的适用条件予以明确，统一规定为："夫妻一方当事人被宣告失踪，另一方当事人提出离婚请求的，人民法院应当受理并依法作出离婚判决。"

（十一）裁判的效力

婚姻诉讼的生效判决具有对世效力，此点应在立法上予以明示，即婚姻诉讼的生效判决不仅对双方当事人产生效力，而且其效力及于第三人。同时，对于解除婚姻关系的生效判决、调解书，应当弃用现行《民事诉讼法》中第 202 条的规定，在婚姻诉讼程序

---

① 陶勇：《关于规范离婚案件缺席审判工作的几点建议》，湖北法院网2010 年 7 月 20 日发布。

立法中规定可以对其进行再审以纠正错误的生效离婚判决、调解书，保护婚姻当事人的合法权益。

四、亲子关系诉讼程序的完善

《民法典》及其司法解释已对于亲子关系诉讼的种类、适格原告、起诉条件、证明妨碍等内容作出明确。总的来看，亲子诉讼相关的程序性规定集中于实体法中，且操作规则不够细化，难免造成实践中适用不统一的情形。尤其是关于证明妨碍规则的适用，关系到各类亲子关系纠纷的事实认定和裁判结果，应当保持在必要的限度内，作出全面妥当的安排。证明妨碍规则的适用以当事人负有鉴定协议义务为前提。然而，并非所有的亲自关系案件均自然需要亲子鉴定，法律应当对亲子鉴定的启动及证明妨碍规则的适用设置一定的条件，以防止推定规则的滥用。

第一，亲子鉴定应当具有必要性。应当明确法院要求进行亲子鉴定的前置条件，不得毫无根据地开展鉴定。原告应当已提交了一定数量的间接证据，使法官对亲子关系的存否产生一定程度的内心确信；法官应已依职权调查了相关事实与证据，对案件事实已有一定的了解；已有证据足够使法官对亲子关系的存在情况产生合理怀疑；指令当事人或第三方履行鉴定协力义务不会侵害未成年子女的合法权益。

第二，鉴定协力义务的履行应当采用适当的方式。虽血液DNA鉴定是亲子关系判断中准确率最高的方式，但若义务人患有特定疾病不宜抽血检验的，也可使用毛发、皮肤组织等作为样本。

第三，证明妨碍规则的适用应当以法官充分履行释明义务为前提。法官对无正当理由拒不履行协力义务的当事人具有释明义务，在适用推定规则之前，应充分保障义务人对违反鉴定协力义务所要承担的诉讼法上不利后果的知情权，并告知其有权进行申辩。

五、收养关系诉讼程序的完善

在收养关系诉讼方面，完善重点在于扩充解除收养关系诉讼中的原告资格，尤其是未成年人被收养人的解除权问题。根据未成年人最大利益保护原则，当被收养的未成年人遭遇收养人虐待、遗弃等权利侵害行为的，有一定意思能力的被收养人应当享有直接向法院提出解除收养关系的权利。我国《民法典》规定8周岁以上的未成年人为限制民事行为能力人，但该年龄条件对于诉权的适当行使来说难免有偏低之嫌。域外对此处未成年人意思能力的年龄限制一般为14周岁或15周岁，我国也可参照规定。① 对于此年龄条件之下的未成年人，应当设置充分的保障机制，借助收养评估制度和跟踪回访机制，密切关注收养人的行为，切实维护被收养人的合法权益。民政部门应当定期对收养家庭进行回访，与被收养人保持联系，当从被收养人处获知收养人有不履行抚养义务、虐待、遗弃、暴力等非法行为时，应及时向送养人反馈。若无法及时与送养人取得联系或送养人不愿出面提请解除之诉的，可由民政部门在征得被收养人同意和授权后，代被收养人向法院提请解除收养关系诉讼，以保护未成年被收养人合法权益。

与此同时，立法也应考虑收养人因不可抗力或其他正当事由丧失收养能力的，应在满足特定条件的前提下拥有收养关系解除权。如收养人的健康状况或经济状况突遭变故，不再具备抚养未成年被收养人的物质条件或身体条件的。在此种情形下，收养人可联系民政部门，提供其无法继续履行抚养义务的相关证据，民政部门应仔细审核资料并询问被收养人的意见。审核后认为不宜维持收养关系的，应通知送养人解除收养关系。送养人与收养人无法达成一致的，收养人可诉请法院要求解除。

此外，为更好地实现收养制度的社会效果，可考虑在收养关系形成之前设置一定时间的试养期。与工作试用期类似，域外国家和地区在收养关系正式生效前，有设置"试养期"。如瑞士民法典规定收养关系的试养期为两年，日本则规定应对收养关系前六个月的监护状况进行考察。我国香港特别行政区也规定收养关系应设6个

---

① 如，《俄罗斯联邦家庭法典》第140条规定，年满14周岁的被收养儿童有权提出解除收养关系。《日本民法典》中关于此年龄的规定是15周岁。

月的试收养期，以避免盲目收养，切实保护被收养人的利益。笔者建议我国可以作如下规定：凡申请收养未成年子女者，从收养登记日起，收养人应连续照顾被收养人不得少于 6 个月的时间。

结　语

　　近年来，诸多学者一致呼吁在我国构建人事诉讼或家事诉讼程序，以期改变我国司法实践中依普通民事案件通用的诉讼法理来处理婚姻家庭身份关系纠纷的现状。这一建议的正当性是毋庸置疑的。在我国的民事诉讼程序框架内，立足我国身份关系诉讼程序方面的现有法律规定，借鉴域外婚姻诉讼程序较为成熟的国家和地区的立法经验与理论基础，从立法模式、特别原则、适用范围、管辖机构、具体规定等多个方面进行系统规制，着力构建独立、完善的身份关系诉讼程序。这不仅有助于解决司法实务中的诸多婚姻家庭纠纷，更重要的是可以为我国人事诉讼或家事诉讼程序的架构提供理论基础、立法建议及实践经验。

　　本书采用规范分析、比较分析及理论与实务相结合的方法，对身份关系诉讼程序理论进行了较为深入的探讨：厘清了身份关系诉讼程序的概念和性质；梳理了我国婚姻家庭程序的发展脉络；总结了两大法系国家和地区在身份关系诉讼程序方面具有代表性的理论和规则；审视了我国现有身份关系诉讼规则的具体规定和不足之处，尤其是对离婚诉讼中"错误的离婚判决、调解书不得再审"的规定提出了质疑；提出了构建我国身份关系诉讼程序的具体设想，旨在为婚姻家事诉讼程序体系的研究和构建尽微薄之力。

参 考 文 献

一、中文原著

［1］ 马起．中国革命与婚姻家庭［M］．沈阳：辽宁人民出版社，1959．

［2］ 戴炎辉，戴东雄．中国亲属法［M］．台北：三民书局出版有限公司，1988．

［3］ 陈鹏．中国婚姻史稿［M］．台北：中华书局，1990．

［4］ 本书编写组．中华人民共和国民事诉讼法释义［M］．北京：中国政法大学出版社，1991．

［5］ 王怀安主编．中国民事诉讼法教程［M］．北京：人民法院出版社，1992．

［6］ 陈荣宗，林青苗．民事诉讼法［M］．台北：三民书局出版有限公司，1996．

［7］ 中共中央马克思恩格斯列宁斯大林著作编译局．马克思恩格斯选集（第4卷）［M］．北京：人民出版社，1995．

［8］ 江伟．民事诉讼法学原理［M］．北京：中国人民大学出版社，1999．

［9］ 夏吟兰．美国现代婚姻家庭制度［M］．北京：中国政法大学出版社，1999．

［10］ 曹诗权．婚姻家庭继承法学［M］．北京：中国法制出版社，1999．

［11］ 史尚宽．亲属法论［M］．北京：中国政法大学出版社，2000．

［12］ 杨桢．英美契约法论［M］．北京：北京大学出版社，2000．

［13］ 夏吟兰等 . 21世纪婚姻家庭关系新规制 ［M］. 北京：中国检察出版社，2001.

［14］ 汪玢玲 . 中国婚姻史 ［M］. 上海：上海人民出版社，2001.

［15］ 巫昌祯主编 . 中华人民共和国婚姻法讲话 ［M］. 北京：中央文献出版社，2001.

［16］ 巫昌祯 . 我与婚姻法 ［M］. 北京：法律出版社，2001.

［17］ 杨立新 . 大清民律草案民国民律草案 ［M］. 长春：吉林大学出版社，2002.

［18］ 马原主编 . 新婚姻法条文释义 ［M］. 北京：人民法院出版社，2002.

［19］ 杨大文 . 亲属法 ［M］. 北京：法律出版社，2003.

［20］ 谭兵主编 . 民事诉讼法学 ［M］. 北京：法律出版社，2004.

［21］ 欧福永 . 英国民商事管辖权制度研究 ［M］. 北京：法律出版社，2004.

［22］ 张希坡 . 中国婚姻立法史 ［M］. 北京：人民出版社，2004.

［23］ 赵文宗，李秀华，林满馨 . 中国内地、香港婚姻法实务 ［M］. 北京：人民法院出版社，2005.

［24］ 高凤仙 . 亲属法：理论与实务 ［M］. 台北：台湾五南图书出版公司，2005.

［25］ 郭丽红 . 冲突与平衡：婚姻法实践性问题研究 ［M］. 北京：人民法院出版社，2005.

［26］ 王甲乙，杨建华，郑健才 . 民事诉讼法新论 ［M］. 台北：三民书局出版公司，2005.

［27］ 陈苇 . 外国婚姻家庭法比较研究 ［M］. 北京：群众出版社，2006.

［28］ 杨大文，龙翼飞 . 婚姻家庭法学 ［M］. 北京：中国人民大学出版社，2006.

［29］ 陈计男 . 民事诉讼法论 ［M］. 台北：三民书局出版公司，2006.

［30］ 黄松有 . 婚姻家庭司法解释实例释解 ［M］. 北京：人民法院出版社，2006.

[31] 张学仁. 香港法概论 [M]. 武汉：武汉大学出版社，2006.

[32] 李浩. 民事诉讼法学 [M]. 北京：高等教育出版社，2007.

[33] 巫昌祯，夏吟兰. 婚姻家庭法学 [M]. 北京：中国政法大学出版社，2007.

[34] 余延满. 亲属法原论 [M]. 北京：法律出版社，2007.

[35] 夏吟兰. 离婚自由与限制论 [M]. 北京：中国政法大学出版社，2007.

[36] 蒋月. 英国婚姻家庭制定法选集 [M]. 北京：法律出版社，2008.

[37] 杨大文. 婚姻家庭法 [M]. 北京：中国人民大学出版社，2008.

[38] 唐德华. 新民事诉讼法条文释义 [M]. 北京：人民法院出版社，2008.

[39] 陈爱武. 人事诉讼程序研究 [M]. 北京：法律出版社，2008.

[40] 江伟主编. 民事诉讼法典专家修改建议稿及立法理由 [M]. 北京：法律出版社，2008.

[41] 李喜蕊. 英国家庭法历史研究 [M]. 北京：知识产权出版社，2009.

[42] 陈苇. 澳大利亚家庭法 [M]. 北京：群众出版社，2009.

[43] 辞海编辑委员会. 辞海（第六版彩图本）[M]. 上海：上海辞书出版社，2009.

[44] 金眉. 唐代婚姻家庭继承法研究：兼与西方法比较 [M]. 北京：中国政法大学出版社，2009.

[45] 许莉. 《中华民国民法·亲属》研究 [M]. 北京：法律出版社，2009.

[46] 王礼仁. 婚姻诉讼前沿理论与审判实务 [M]. 北京：人民法院出版社，2009.

[47] 金眉. 中国亲属法的近现代转型——从《大清民律草案·亲属编》到《中华人民共和国婚姻法》[M]. 北京：法律出版社，2010.

[48] 陈爱武. 家事法院制度研究 ［M］. 北京：北京大学出版社，
2010.

[49] 张玉敏. 新中国民法典起草五十年回顾与展望 ［M］. 北京：
法律出版社，2010.

[50] 单国军. 婚姻法司法解释理解与运用·典型案例裁判理由
［M］. 北京：中国法制出版社，2010.

[51] 巫昌祯. 改革开放三十年（1978—2008）中国婚姻家庭继承
法研究之回顾与展望 ［M］. 北京：中国政法大学出版社，
2010.

[52] 何家弘. 当代美国法律 ［M］. 北京：社会科学文献出版社，
2011.

[53] 张晓茹. 家事裁判制度研究 ［M］. 北京：中国法制出版社，
2011.

[54] 程维荣，袁奇钧. 婚姻家庭法律制度比较研究 ［M］. 北京：
法律出版社，2011.

[55] 杨立新. 最高人民法院婚姻法司法解释（三）理解与运用
［M］. 北京：中国法制出版社，2011.

[56] 陈苇. 当代中国内地与港、澳、台婚姻家庭法比较研究
［M］. 北京：群众出版社，2012.

[57] 白红平. 中澳婚姻家庭法律制度比较研究 ［M］. 北京：法律
出版社，2012.

[58] 杨大文. 婚姻家庭法 ［M］. 北京：中国人民大学出版社，
2012.

[59] 全国人大常委会法制工作委员会民法室.《中华人民共和国
民事诉讼法》条文说明、立法理由及相关规定 ［M］. 北京：
北京大学出版社，2012.

[60] 陈祺宗，黄宗乐，郭振恭. 民事亲属新论 ［M］. 台北：三民
书局出版公司，2013.

[61] 姜世明. 家事事件法论 ［M］. 台北：元照出版公司，2013.

[62] 郭钦铭. 家事事件法逐条解析 ［M］. 台北：元照出版公司，
2013.

［63］吴明轩．中国民事诉讼法［M］．台北：三民书局出版公司，2013．

［64］林家祺．例解民事诉讼法［M］．台北：五南图书出版公司，2013．

［65］赵蕾．非讼程序论［M］．北京：中国政法大学出版社，2013．

［66］林秀雄．亲属法讲义［M］．台北：元照出版公司，2013．

［67］王丽丽，李静．中国诸法域婚姻家庭法律制度比较研究［M］．北京：中国政法大学出版社，2013．

［68］杨立新．家事法［M］．北京：法律出版社，2013．

［69］姚秋英．婚姻效力研究［M］．北京：中国政法大学出版社，2013．

［70］来文彬．家事调解制度研究［M］．北京：群众出版社，2014．

［71］陈顾远．中国婚姻史［M］．北京：商务印书馆，2014．

［72］齐树洁．台港澳民事诉讼制度［M］．厦门：厦门大学出版社，2014．

［73］赵钢，占善刚，刘学在．民事诉讼法［M］．武汉：武汉大学出版社，2015．

［74］蒋月．20世纪婚姻家庭法：从传统到现代化［M］．北京：中国社会科学出版社，2015．

［75］张民安．法国民法［M］．北京：清华大学出版社，2015．

［76］杨大文．婚姻家庭法［M］．北京：中国人民大学出版社，2015．

［77］石磊．英国现代离婚制度研究［M］．北京：群众出版社，2015．

［78］最高人民法院民法典贯彻实施工作领导小组．《中华人民共和国民法典》婚姻家庭编继承编理解与适用［M］．北京：人民法院出版社，2020．

［79］黄薇．《中华人民共和国民法典》婚姻家庭编解读［M］．北京：中国法制出版社，2020．

［80］ 国家法官学院，最高人民法院司法案例研究院．中国法院
2020 年度案例［M］．北京：中国法制出版社，2020.

［81］ 中国审判理论研究会民事专业委员会．民法典婚姻家庭编条
文理解与司法适用［M］．北京：法律出版社，2020.

［82］ 江必新．民法典重点修改及新条文解读（下）［M］．北京：
中国法制出版社，2020.

二、中文译著

［1］ ［英］莫里斯．法律冲突法［M］．李东来，译．北京：中国
对外翻译出版公司，1990.

［2］ ［日］三月章．日本民事诉讼法［M］．汪一凡，译．台北：五
南图书出版公司，1997.

［3］ ［日］中村英郎．新民事诉讼法讲义［M］．陈刚，林剑锋，郭
美松，译．北京：法律出版社，2001.

［4］ ［法］让·文森，塞尔日·金沙尔．法国民事诉讼法要义
［M］．罗结珍，译．北京：中国法制出版社，2001.

［5］ ［日］谷口安平．程序的正义与诉讼［M］．王亚新，刘荣军，
译．北京：中国政法大学出版社，2002.

［6］ ［美］威廉·伯纳姆．英美法导论［M］．林利芝，译．北京：
中国政法大学出版社，2003.

［7］ ［日］棚懒孝雄．纠纷的解决与审判制度［M］．王亚新，译．
北京：中国政法大学出版社，2004.

［8］ ［美］凯特·斯丹德利．家庭法［M］．屈广清，译．北京：中
国政法大学出版社，2004.

［9］ ［日］梶村太市，德田和幸．家事事件手续法［M］．东京：有
斐阁，2005.

［10］ ［德］卡尔·拉伦茨．法学方法论［M］．陈爱娥，译．台北：
商务印书馆，2005.

［11］ ［日］高桥宏志．重点讲义民事诉讼法［M］．张卫平，许
可，译．北京：法律出版社，2007.

［12］ ［德］罗森贝克，施瓦布，戈特瓦尔德．德国民事诉讼法

［M］. 李大雪，译. 北京：中国法制出版社，2007.

［13］［日］新堂幸司. 新民事诉讼法［M］. 林剑锋，译. 北京：法律出版社，2008.

［14］［英］J. A. 乔罗威茨. 民事诉讼程序研究［M］. 吴泽勇，译. 北京：中国政法大学出版社，2008.

［15］［美］哈里·D. 格劳斯. 美国家庭法精要［M］. 陈苇等，译. 北京：中国政法大学出版社，2010.

［16］［德］迪特尔·施瓦布著. 德国家庭法［M］. 王葆莳，译. 北京：法律出版社，2010.

［17］［日］松本博之. 日本人事诉讼法［M］. 郭美松，译. 厦门：厦门大学出版社，2012.

三、期刊论文

［1］李杰. 完善我国身份关系诉讼制度的构想［J］. 中国法学，1990（6）.

［2］宋雷. 英国家事法［J］. 现代法学，1993（2）.

［3］张学军. 离婚诉讼中的调解研究［J］. 法学研究，1997（3）.

［4］刘引玲. 论离婚诉权及其行使［J］. 法商研究，2000（4）.

［5］马忆南. 中国婚姻家庭法的传统与现代化——写在婚姻法修改之际［J］. 北京大学学报（哲学社会科学版），2001（1）.

［6］赵钢，刘学在. 婚姻无效之诉与撤销婚姻之诉研究［J］. 民商法论丛，2002（2）.

［7］王礼仁. 设立人事诉讼制度之我见［J］. 法律适用（国家法官学院学报），2002（10）.

［8］李青. 中日"家事调停"的比较研究［J］. 比较法研究，2003（1）.

［9］喻怀峰. 论离婚诉讼中诉讼标的的认定［J］. 甘肃教育学院学报，2003（2）.

［10］梁宏辉，张德峰. 论我国人事诉讼程序之建构［J］. 广西政法管理干部学院学报，2003（5）.

［11］蔡虹. 非讼程序的理论思考与立法完善［J］. 华中科技大学

学报（社会科学版），2004（3）.

［12］马忆南．离婚救济制度的评价与选择［J］.中外法学，2005
（2）.

［13］张生．民国《民律草案》评析［J］.江西社会科学，2005
（8）.

［14］江伟．略论检察监督权在民事诉讼中的行使［J］.人民检察，
2005（9）.

［15］陈爱武．人事诉讼程序的法理与实证［J］.金陵法律评论，
2006（1）.

［16］马霞．唐代婚姻家庭制度的法律文化意义及其当代启示［J］.
宁夏社会科学，2006（2）.

［17］张晓茹．我国应设立家事事件程序［J］.法律适用，2006
（4）.

［18］张晓茹．家事事件程序的法理分析［J］.河北法学，2006
（6）.

［19］刘敏．论我国民事诉讼法修订的基本原理［J］.法律科学，
2006（4）.

［20］张晓茹．检察机关参与"人事诉讼"制度刍议［J］.人民检
察，2006（11）.

［21］陈爱武，赵莉．婚姻无效之诉若干问题研究［J］.江海学刊，
2007（1）.

［22］张晓茹．论婚姻诉讼中诉的变更与合并［J］.政治与法律，
2007（5）.

［23］陈爱武．家事调解：比较借鉴与制度重构［J］.法学，2007
（6）.

［24］杨莉．简析当代婚姻家庭发展的新趋势［J］.学习与实践，
2007（7）.

［25］蒋月．家事审判制：家事诉讼程序与家事法庭［J］.甘肃政
法学院学报，2008（1）.

［26］蒋月．构建婚姻家庭诉讼司法调解制度［J］.甘肃社会科学，
2008（1）.

［27］ 陈爱武．日本人事诉讼法的修订及其对我国的启示［J］．金陵法律评论，2008（2）．

［28］ 白红平，杨志勇．澳大利亚家庭法院的特点及对我国的启示［J］．山西大学学报（哲学社会科学版），2008（2）．

［29］ 张晓茹．日本家事法院及其对我国的启示［J］．比较法研究，2008（3）．

［30］ 吴志刚．家事诉讼制度基本范畴研究［J］．温州大学学报（社会科学版），2008（6）．

［31］ 郭美松．日本人事诉讼案件一元化审理模式及启示意义［J］．贵州民族学院学报（哲学社会科学版），2008（6）．

［32］ 陈群峰．我国应当建立家事诉讼纠纷调解前置程序［J］．人民司法，2008（13）．

［33］ 巫昌祯、夏吟兰．改革开放三十年中国婚姻立法之嬗变［J］．中华女子学院学报，2009（1）．

［34］ 郭美松．人事诉讼判决效力的扩张与第三人程序保障［J］．现代法学，2009（2）．

［35］ 刘敏．论家事诉讼程序的构建［J］．南京大学法律评论，2009（2）．

［36］ 曾琼．建国初期婚姻诉讼的特点和理念探析［J］．学术界，2009（3）．

［37］ 谢冬慧、王鹏．民国时期人事诉讼程序考察［J］．湖北社会科学，2009（3）．

［38］ 孙永军．诉讼事件非讼化：含义、法理基础与界限［J］．甘肃政法学院学报，2009（3）．

［39］ 余文唐．论婚姻诉讼之程序衡平［J］．福建法学，2009（4）．

［40］ 郭美松．设立具有中国特色人事诉讼程序之构想［J］．重庆大学学报（社会科学版），2009（5）．

［41］ 郭美松．人事诉讼中传统当事人适格理论之嬗变——兼析检察官以当事人身份参与人事诉讼，载西南民族大学学报（人文社科版）2009（6）．

［42］ 曾琼．婚姻家事案件对诉讼程序的特殊需求［J］．湖北社会

科学，2009（6）.

[43] 滕威. 对我国设立家事诉讼程序制度的宏观思考［J］. 金陵法律评论，2010（1）.

[44] 喻芳. 我国家事纠纷多元化解决机制的评析与构建［J］. 成都大学学报（社会科学版），2010（2）.

[45] 陶岩. 婚姻诉讼实务分析［J］. 理论观察，2010（3）.

[46] 郭美松. 论人事诉讼中辩论主义与职权探知主义的协同模式［J］. 甘肃政法学院学报，2010（3）.

[47] 陈爱武. 检察机关参与人事诉讼程序［J］. 政治与法律，2010（4）.

[48] 陈桂明、赵蕾. 中国特别程序论纲［J］. 法学家，2010（6）.

[49] 汤鸣. 澳大利亚家事调解制度：问题与借鉴［J］. 法律适用，2010（10）.

[50] 章武生. 我国法院调解制度的发展与规范［J］. 公民与法，2010（12）.

[51] 王礼仁. 解决婚姻行政诉讼与民事诉讼打架之路径［J］. 法律适用，2011（2）.

[52] 严军，刘琳. 我国家事案件发展现状及诉讼程序的独立构建［J］. 兰州大学学报（社会科学版），2011（2）.

[53] 章武生. 非讼程序的反思与重构［J］. 中国法学，2011（3）.

[54] 陈苇、曹贤信. 澳大利亚家事纠纷解决机制的新发展及其启示［J］. 河北法学，2011（8）.

[55] 石雷. 现代英国家事案件审判体制的变迁及其启示［J］. 时代法学，2012（5）.

[56] 刘宏恩. 台湾离婚调解制度的演变——兼论"家事事件法"关于调解程序的若干疑问［J］. 台湾法学杂志，2012（6）.

[57] 傅郁林. 家事诉讼特别程序研究［J］. 法律适用，2011（8）.

[58] 杨冰. 从理念转变到多元协作——略论美国家事纠纷解决机制新发展［J］. 河北法学，2011（12）.

[59] 陆晴. 钢铁巨头之妻"被离婚"案［J］. 三联生活周刊，2011（24）.

［60］陈爱武．论家事审判机构之专门化——以家事法院（庭）为中心的比较分析［J］．法律科学，2012（1）．

［61］张晓茹．家事事件程序初探［J］．社会科学论坛，2012（6）．

［62］邱联恭．"家事事件法"之解释、适用应遵循之基本方针与审理原则［J］．月旦法学杂志，2012（10）．

［63］许士宦．家事审判之事证收集原则（下）［J］．月旦法学教室，2013（134）．

［64］孙永军．诉讼事件非讼化新探［J］．现代法学，2014（1）．

［65］陈爱武．家事诉讼程序．徘徊在制度理性与实践理性之间［J］．江海学刊，2014（2）．

［66］齐树洁，邹郁卓．我国家事诉讼特别程序的构建［J］．厦门大学学报（哲学社会科学版），2014（2）．

［67］黄丹翔．家事诉讼．比较借鉴与制度完善［J］．黑龙江省政法管理干部学院学报，2014（2）．

［68］许少波．家事纠纷类型化分析［J］．江海学刊，2014（3）．

［69］孙永军．论非讼法理在家事诉讼中的适用［J］．青海社会科学，2014（4）．

［70］蒋月，冯源．台湾家事审判制度的改革及其启示——以"家事事件法"为中心［J］．厦门大学学报（哲学社会科学版），2014（5）．

［71］陈薇．"被离婚者"的缺席审判［J］．中国新闻周刊，2015（5）．

［72］邱联恭．诉讼法理与非讼法理之交错适用［J］．法学丛刊（126）．

四、外文文献

［1］［日］三月章．诉讼事件非讼化及其界限［J］．民事诉讼研究，1972（5）．

［2］［日］冈恒学，吉村德重．注释人事诉讼手续法［M］，东京：青林书院，1987．

［3］［日］山本克己．外国法の探查・适用に伴う民事手続法上の

諸問題——（西）ドイツ法の素描 ［J］. 法学論叢 1991 年
（10）.

［4］ ［日］ 鈴木経夫. 調停離婚・審判離婚 ［A］. 現代裁判法大系
（10）［C］. 北京：新日本法規出版社，1998.

［5］ ［美］ Harry D. Krause. Family Law ［M］. 北京：法律出版社，
1999.

［6］ ［日］ 梶村太市. 家事審判制度研究 ［M］. 东京：有斐阁，
2007.

［7］ ［德］ Leo Rosenberg, Karl Heinz Schwab, Peter Gottwald.
Zivilprozessrecht（Großes Lehrbuch），17. Auflage，Verlag C. H.
Beck，22. Februar 2010.

［8］ ［日］ 和波宏典. 家事事件等の概況と家庭裁判所の課題につ
いて ［J］. 法の支配，2013（10）.

［9］ ［德］Thomas Rauscher, Katharina Hilbig-Lugani etc.，Münchener
Kommentar zum FamFG，2. Auflage，Verlag C. H. Beck，29.
Juli 2013.

［10］ ［德］Keidel，FamFG，18. Auflage，Verlag C. H. Beck，2014.

［11］ ［德］Musielak/Borth，FamFG，5. Auflage，Verlag C. H. Beck，
2015.

［12］ ［德］ Saenger，Zivilprozessordnung，6. Auflage，Verlag Nomos，
15. Januar 2015.

［13］ ［德］Hahne/Munzig，Beck'scher Online-Kommentar FamFG，18.
Auflage，Verlag C. H. Beck，1. Januar 2016.

［14］ ［日］ 垣内秀介. ドイツにおける新たな家事事件・非訟事
件手続法の制定 ［J］. 法の支配，2009（10）.

五、学位论文

［1］ 张晓茹. 家事裁判制度研究 ［D］. 北京：中国政法大学，
2004.

［2］ 郭美松. 人事诉讼程序研究 ［D］. 重庆：西南政法大学，
2005.

［3］来文彬．家事调解制度研究［D］．重庆：西南政法大学，2010．

［4］石雷．英国现代离婚制度研究［D］．重庆：西南政法大学，2014．